农业风险管理与期货市场创新发展

Agricultural Risk Management and Innovative Development of Futures Market

张秀青◎著

中国经济出版社
CHINA ECONOMIC PUBLISHING HOUSE
北 京

图书在版编目（CIP）数据

农业风险管理与期货市场创新发展 / 张秀青著. --
北京：中国经济出版社，2021.10
ISBN 978-7-5136-6701-2

Ⅰ.①农… Ⅱ.①张… Ⅲ.①农产品-期货市场-风险管理-研究-中国 Ⅳ.①F832.5

中国版本图书馆 CIP 数据核字（2021）第 212367 号

责任编辑　贺　静
责任印制　巢新强
封面设计　久品轩

出版发行　中国经济出版社
印 刷 者　北京富泰印刷有限责任公司
经 销 者　各地新华书店
开　　本　710mm×1000mm　1/16
印　　张　18
字　　数　258 千字
版　　次　2021 年 10 月第 1 版
印　　次　2021 年 10 月第 1 次
定　　价　79.00 元
广告经营许可证　京西工商广字第 8179 号

中国经济出版社　**网址** www.economyph.com　**社址** 北京市东城区安定门外大街 58 号　**邮编** 100011
本版图书如存在印装质量问题，请与本社销售中心联系调换（联系电话：010-57512564）

目　录

第一章　绪　论

一、研究背景

当今世界正处于百年未有之大变局，世界经济增长乏力，全球化逆流，新冠肺炎疫情蔓延，国际经济、政治、科技、文化等领域风起云涌，世界范围内的不确定性和不稳定性增加。据世界银行数据，自 2010 年以来，全球国内生产总值（GDP）增速、贸易增速和资本增速呈现出下降趋势，2019 年分别为 2.48%、1.46% 和 2.09%，较 2010 年分别下降了 1.8 个、10.1 个和 7.9 个百分点。当前新冠肺炎疫情肆虐全球，拐点尚未显现。据世界卫生组织预测，全球新冠肺炎疫情影响将持续数十年，对世界贸易和投资都将产生严重冲击。据权威机构预测，2020—2035 年全球经济平均增长率为 2.6%；发达经济体的整体增速大约在 1.7%，低于过去 50 多年的平均增速①②。同期，逆全球化思潮涌起，全球化进程转入低潮，保护主义、单边主义、民粹主义进一步加剧。特别是自 2018 年 3 月以来，中美贸易摩擦不断升级。目前，中美双方虽然已经达成第一阶段贸易协定并正在推动实施，但是未来双方抢夺科技领域制高点的斗争不会停止，贸易摩擦的不确定性仍是经济运行中的最大风险点。

我国国内发展环境也在深刻调整，特别是随着农业扩大对外开放和市

---

① 根据国际货币基金组织（IMF）曾用定义，全球经济增长速度降至 3% 或以下就被认为“陷入衰退”。

② 国务院发展研究中心“未来国际经济格局变化和中国战略选择”课题组．未来 15 年国际经济格局变化和中国战略选择[J]．管理世界，2018(12)：1－12.

场化改革的推进，农业生产和经营越来越受到国内外多方面因素的影响。2001 年，中国加入世贸组织（WTO），掀开了我国对外开放的新篇章。20 年来，中国农业作为国民经济的基础部门和重要组成部分，实现了由封闭半封闭向全面对外开放的历史性转变。展望未来，中国农业对外开放的大门只会更加开放，这既会带来新的机遇，也会带来新的风险、挑战和不确定性。

自 2014 年以来，我国农业支持保护体系又进入新一轮调整。由于前期政策实施带来粮食领域高产量、高库存、高进口、高价格的“四高”叠加特征，自 2014 年起，我国再次对粮食生产领域进行重大改革，取消了所有品种的临时收储政策，进一步完善了最低收购价政策。其中，大豆的临时收储政策退出后改为“价补分离”的目标价格补贴试点，玉米的临时收储政策退出后改为“市场定价 + 生产者补贴”政策，稻谷和小麦的最低收购价分别从 2016 年和 2018 年开始结束了价格刚性上涨的局面，价格波动逐步回归市场。随着价格支持趋弱、直接补贴和农业保险作用加强，“政策市”逐渐让位“市场市”，农业市场风险一定会较之前明显上升。

综合来看，国际经济环境复杂多变，国内市场化不稳定因素日趋增多，农业实体经济发展对风险管理的需求骤然增加。除了农业风险增加之外，当前我国农业领域还存在一些亟待解决的主要问题：一是我国农产品市场规模小、发育不充分、抗风险能力小，不利于价格形成和资源配置；二是农业产业链条短，加工能力弱，产品质量不稳定，同质化严重，一些附加值高的优质粮食产品市场供给十分有限；三是我国政府对农产品进行市场价格支持和补贴支持已经触及 WTO 规则允许的“天花板”。在此背景下，作为拥有十几亿人口的农业大国，如何有效抵御农业风险影响，如何提升农业规模化经营、延伸产业链，如何创新合规高效的农业支持方式，这些都需要创新性的解决方案。

二、研究意义及目的

期货、期权等衍生品是国际公认的“中性”风险管理工具①，诞生于19世纪中叶，迄今约170年的历史。我国期货市场诞生于20世纪90年代，顺应改革开放而生、伴随改革开放成长，呈现出市场供给不断增加、市场结构不断优化、市场规则不断完善、市场质量不断提升、对外开放不断扩大、服务实体经济的能力不断增强的态势，迄今已经成为我国市场体系的重要组成部分。期货与期权市场具有价格发现、套期保值和资产配置等功能，在有效化解实体企业和金融机构面临的市场风险、提升国民经济的运行质量和效率等方面具有重要作用②。期货与期权市场还可以通过与其他金融工具、组织方式、财政政策等创新结合，更好地服务于涉农企业、乡村产业或宏观经济，解决价格信号和资源配置问题，优化国内农业支持政策，提高企业经营效率。当前，我国已经打赢脱贫攻坚战、全面建成小康社会、实现第一个百年奋斗目标。进入“十四五”时期，我国开启了全面建设社会主义现代化国家新征程，开始向第二个百年奋斗目标进军。新征程需要新动能。大力推进期货市场的完善与创新发展，进而促进农业供给侧结构性改革，优化要素配置，转变发展方式，为农业发展提供新动能，这正是本书研究的核心要义。

三、研究框架与内容

本书共分十章，每一章自成体系但彼此又有紧密联系。本书的框架结构如图1－1所示。

---

① 所谓“中性”，是指期货、期权等衍生产品既是风险对冲或转移的有效工具，同时也具有高风险的特质。

② 该结论来自《期货期权交易对经济的影响研究》(*A Study of the Effects on the Economy of Trading in Futures and Options*)。它是美国联邦储备委员会、商品期货交易监管委员会、证券交易监管委员会会同美国财政部，按美国1982年《期货交易方案》的要求，于1985年联合完成并向美国众议院农业委员会提交的一份研究报告。该报告肯定了金融期货与期权市场的风险转移功能，并认为其对实体经济、金融机构具有积极作用。

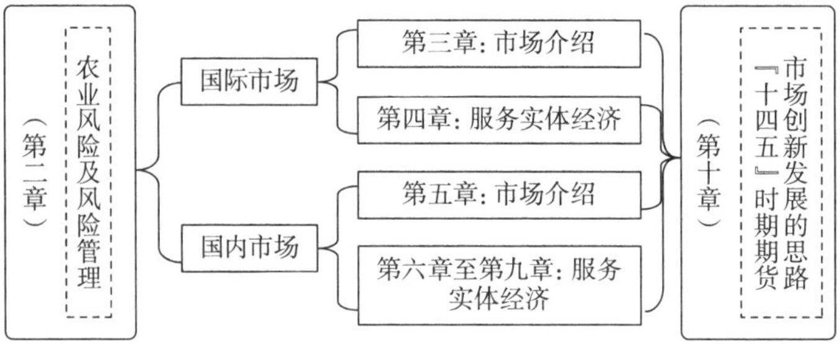

图1-1 本书的框架结构

第一章为绪论。该章是本书的概述，主要包括本书的研究背景、研究意义及目的、主要研究对象、创新点等内容。

第二章为农业风险及风险管理。该章首先介绍了农业风险的分类及其特征，表现为生产风险影响减少，市场风险影响增加，而制度风险也逐渐凸显。其次介绍了农业风险管理体系及其具体的风险管理策略，以此引出期货与期权是基于市场的正式风险管理工具，具有价格发现、套期保值和管理风险的作用，为后续研究作了铺垫。

第三章为国际期货与期权市场发展。该章主要是让读者了解国际期货与期权市场的全貌及其未来发展趋势。首先，从市场规模、产品结构、区域结构、合约规模、是否实物交割等角度介绍了国际期货与期权市场发展现状；其次，从合约设计、国际化、市场投资者、中介服务机构、新技术影响、市场监管等六个方面阐述了市场的未来发展趋势；再次，进一步挖掘了国际期货与期权市场发展的基本逻辑，形成了现货和期货六大方面的分析框架；最后，从国际市场发展得出对促进我国期货市场发展的启示。

第四章为国际期货与期权市场在农业领域的风险管理模式。国际市场服务实体经济的模式可以分为两种：一是直接参与模式，主要满足农户及农业企业通过套期保值进行风险管理、锁定价格的需求；二是联合多种风险管理工具综合管理风险模式，例如，通过与银行、保险公司、政府以及其他机构合作，满足农户和农业企业的风险管理需求。该章首先介绍了“期货+信贷”“期货+保险”“期货+订单”“期权+国内农业支持政策”

等四种主要模式；其次总结了国际上运用期货与期权进行风险管理的效果。

第五章为中国期货市场发展。30 年来，中国期货市场取得了令人瞩目的成绩，期货品种创新提速，交易规模波动增长，农产品板块依然领先，重点农产品的产业链集聚效应逐渐显现，市场资金总数连创新高，期货公司发展稳健，市场功能得到加强。综合来看，我国期货仍然存在市场组织、产品结构、投资者结构等不合理问题，但也面临市场化进程加快、市场建设提速等机遇；未来，我国期货市场将继续呈现良好的发展势头，衍生品工具不断丰富，业务模式不断创新，期货公司综合服务能力和监管能力不断提升，为期货市场服务实体经济打下良好基础。

第六章为期货市场服务宏观调控。该章首先回顾了预期管理理论的发展历史并阐述了现有预期测度方法的不足。在此基础上，从理论视角分析了期货市场的功能，说明其不仅可用于宏观预期，而且能有效克服传统预期测度方法的实施障碍；同时，介绍了在预期管理中如何运用期货市场数据，并通过近三年的数据对经济走势进行分析研判。其次介绍了国际大宗商品定价权与期货市场的关系，提出加快建设期货市场有利于我国获取部分大宗商品的国际定价权，可以服务于我国经济良性健康发展。

第七章为期货市场服务涉农企业提质增效。该章详细介绍了期货市场服务涉农企业的主要方式，包括套期保值、套利交易、库存管理、仓单服务、场外衍生品等。其中，基差交易和套期保值运用相对成熟，仓单服务、库存管理等其他模式受期现基差、企业操作水平等影响还相对薄弱。根据调研，该章总结了涉农企业参与期货市场的历程、现状及实践效果。

第八章为期货市场服务乡村产业发展。该章详细介绍了期货市场服务乡村产业发展的四种主要模式，分别为“订单 + 期货”“新型粮食银行”“场外期权 + 期货”和“保险 + 期货”，每种主体模式中还可附带一些新工具，从而可以不断完善和增强服务模式的功能。从实践来看，这些模式发展中还是遇到观念上、技术上、政策上等多方面的障碍，同时也迎来价格改革持续推进、农业经营方式转变和不断扩大对外开放等方面契机。最后分析阐述了这些服务模式的发展趋势。

第九章为期货市场服务“双循环”新发展格局。首先，介绍了“双循环”新发展格局的战略要点，以国内大循环为主体，国内国际双循环相互促进；其次，介绍了期货与期权市场服务新发展格局的机制，其着力点就在于国际化，综合来看，我国期货与期权市场服务新发展格局具备坚实基础，期货业“走出去”和“引进来”有序推进，已经有了初步成果，但开放程度还有待进一步提高；再次，介绍了美国、英国、日本、新兴市场国家的期货市场国际化经验；最后，提出了我国市场国际化的政策选择。

第十章为“十四五”时期我国期货市场创新发展的思路。通过前面九个章节的阐述，全面了解了国内外期货与期权市场的发展现状、市场功能发挥情况、如何进行农业风险管理以及如何服务农业实体经济。在此基础上，该章全面总结了“十三五”时期我国期货与期权市场的发展成就和问题，并提出了“十四五”时期期货与期权市场创新发展的指导思想、基本原则和总体目标，以及主要思路和举措，以期全面推进期货与期权市场创新发展，使之取得与我国的实体经济规模和国际经济地位相匹配的国际影响力和市场竞争力，更好地服务于“双循环”新发展格局及乡村振兴等国家战略实施。

第二章　农业风险及风险管理

一、农业风险及其特征

从古至今，农业始终是国民经济和社会发展的基础。由于其生产过程依赖自然环境且生产周期长，农业又是典型的风险产业。21 世纪以来，随着农业信息化、现代化、工业化深入推进以及农业产业链的延伸，农业生产力得到了大幅度提升。同时，随着农产品市场与能源价格、金融市场、气候变化、宏观经济的联系日益密切，农业风险也日趋多元化和复杂化，波及整个农业产业链以及其他相关产业的风险也越来越高。

通常来讲，农业风险是指在农业生产或经营过程中由于多种因素影响，使农业生产经营者遭受损失的不确定性①。但是，对农业风险种类的划分具有一定的主观性，不同的风险种类界限并不清晰，风险分类尚未形成统一标准。国内外学者一般采用两分类法和多分类法对农业风险进行划分。其中，两分类法将风险分为生产风险和市场风险。多分类法则认为除了生产风险和市场风险外，还有其他风险，如货币风险、制度风险、融资风险、法律风险和人身风险（Baquet et al.，1997；Hardaker et al.，1997），金融风险、制度风险和其他风险（Harwood et al.，1999），制度风险、技术风险、信贷风险等（孙良媛、张岳恒，2001），环境污染风险（张叶，2001），资源风险（刘惟洲，2002），信用风险（安毅，2018）等。

① 目前，对于“风险”，没有一个明确的、能够普遍接受的定义，但多数定义都包含“不确定性”和“损失”这两个共同要素。这里的“农业风险”也根据这两个共同要素给出。

综合国内外研究成果以及本书的研究重点，本书将农业风险主要分为三类，分别是生产风险、市场风险和制度风险。在这里，市场风险、生产风险和制度风险都是集合概念（见图2－1）。其中，市场风险主要表现为价格风险，包括商品价格和金融产品价格，具有系统性特点。生产风险是指因自然灾害、虫害疾病、技术适应性、资源枯竭或污染等原因造成的产出不确定性。制度风险是指因法律变化、政策干预以及因法律法规不健全而导致的违约等不确定问题。生产风险和制度风险最终会通过影响市场价格而转化为市场风险。

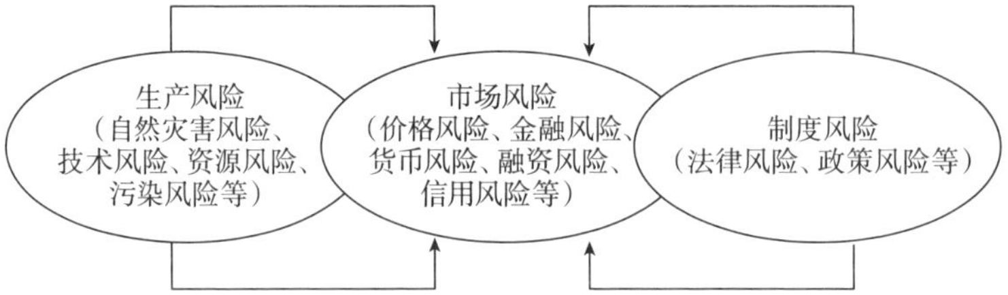

图2－1 农业风险分类

自2000年以来，中国农业风险呈现出如下特征。

（一）生产风险影响下降

长期以来，生产风险一直是农业发展要防范的首要风险。但是，近20年来，受中国自然灾害总体下降、技术水平不断提升等因素影响，生产风险呈现出下降趋势。2000—2019年，农作物受灾面积从5469万公顷下降到1926万公顷，下降了64.8%；受灾率从35.0%下降到11.6%，下降了23.4个百分点；成灾面积从3437万公顷下降到791万公顷，下降了77.0%；成灾率从62.9%下降到41.1%，下降了21.8个百分点。[①]

同期，中国粮食产量稳步增长，从2000年的4.9亿吨增至2019年的6.6亿吨，年均增长1.83%；粮食因灾减产损失呈明显下降趋势，从2000年的4394万吨降至2019年的1358万吨，占当年粮食产量的比重从9.5%

① 受灾率＝受灾面积/农作物播种面积；成灾率＝成灾面积/受灾面积。

降至2.1%（见图2－2）。2019年，我国农业科技进步贡献率达到59.2%，在种植业领域，主要农作物自主选育品种覆盖率高达95%①，水稻功能基因组与绿色超级稻、农作物强杂交优势利用与新品种创制等处于国际领先地位，对粮食增产稳产也起到了关键作用。

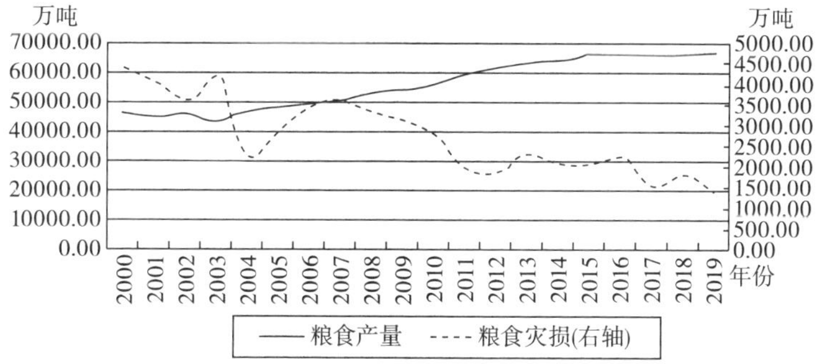

图2－2　2000—2019年中国粮食产量及因灾减产损失对比

注：粮食因灾减产损失＝单产×成灾面积×30%。

资料来源：Wind数据库。

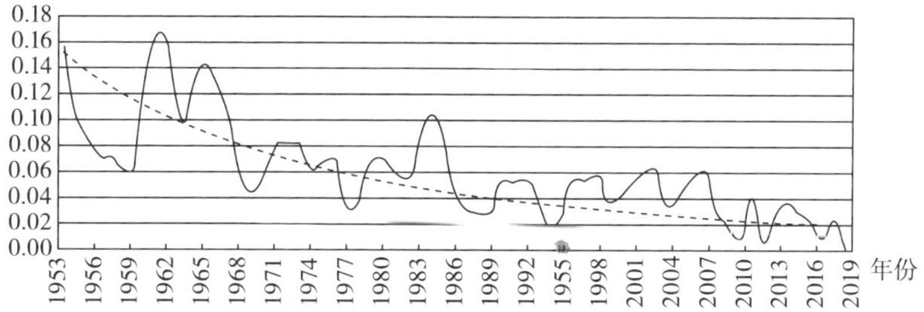

图2－3　1953—2019年中国粮食产量变异系数

资料来源：由笔者计算所得。

同时，自20世纪50年代以来，中国粮食产量变异系数②波动趋于减

① 农业农村部，国家发展改革委等．乡村振兴战略规划实施报告（2018—2019年）[M]．北京：中国农业出版社，2021.

② 中国粮食产量变异系数是指对应年份及之前四年的粮食产量的标准差除以产量均值。变异系数反映的是离散程度，离散程度越小，相应地，因风险带来的产量波动就越小，也就表明风险越小。

小，从50年代的0.16左右降至2019年的接近零，产量波动趋于平稳，这与粮食因灾减产损失下降的结论基本一致（见图2－3）。

（二）市场风险影响显著增加

在计划经济时期，中国实行一整套封闭式的购销与价格管理体制，农产品价格稳定，市场风险并不突出。自1984年水果、水产品市场完全放开以来，中国对农产品购销体制进行了一系列改革，市场调节成分越来越高，农产品价格波动逐渐显著，相应地，农产品生产经营者面临的价格风险不断增加。从20世纪80年代中期开始，农产品生产价格指数的波动趋势开始明显；特别是近年来，随着国内宏观经济周期性变化、农业生产结构调整、农产品金融属性渐强，我国农产品价格波动加剧、涨跌频繁。如2007年农产品价格指数上涨了18.4%，2009年下降了14.5%，随后两年又累计上涨了18.6%。本书通过对农产品价格变异系数的度量，也证实了价格波动增强的事实。如图2－4所示，中国农产品生产价格变异系数波动显著，2001—2005年的变异系数均值为0.056，而2007—2011年的变异系数均值提高到0.077，随后几年有所降低，但自2017年以来又显著回升。

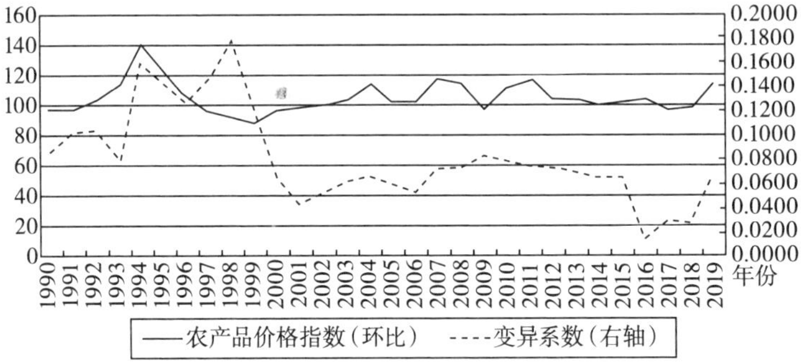

图2－4　1990—2019年中国农产品生产价格指数及变异系数

资料来源：Wind数据库。

从2000年之后，随着国际金融市场的迅猛发展①，农产品市场逐渐与货币市场、外汇市场、期货市场、衍生品市场融为一体。因此，国际粮食市场与其他大宗商品和金融产品价格的相关性也越来越强，各类农产品价格波动加剧，市场不确定性明显增加。同时，中国农产品市场也表现出需求总量刚性增长、供求总量趋紧、结构性矛盾日益凸显等特征。由于国内外不确定性因素相互传导，中国农业面临的市场风险进一步凸显。

（三）制度风险逐渐凸显

制度风险集中体现为国家法律、政策等营商环境方面的不确定性。近年来，全球化逆流、新冠肺炎疫情等不确定和不稳定因素陡增，国际经济、政治、科技、文化等领域风起云涌，国内农业发展环境也在深刻调整，制度风险逐渐凸显。例如，2008年的全球粮食危机期间，印度、俄罗斯、乌克兰、阿根廷、埃及等粮食主产国纷纷调低进口关税而大幅度提高出口关税，限制粮食和资源类产品出口，推动国际粮价飙升。2020年，新冠肺炎疫情蔓延全球，此类情况再次发生。哈萨克斯坦、越南率先宣布禁止大米、小麦等粮食出口，随后12个国家相继跟“禁”或限制粮食购买数量②。另外，随着新冠肺炎疫情的发展，印度、澳大利亚、土耳其、阿根廷等国已经采取14天隔离措施或码头停摆，使得很多集装箱无法入港卸货。全球交通、货运效率的降低对农产品贸易和生产资料供应的影响将逐步显现。这些都为农业生产带来了不确定性风险。另外，我国正在进行农业供给侧结构性改革，一些改革已经取得实质性成果，但是也存在政策变动带来的阵痛。例如，即使是一些初衷良好或设计良好的农业政策，也可能随着时间的变化、制度的变迁而逐渐对农户的生产和经营造成风险损害。当然，如果农业政策调整的过程、体制变迁的过程与农户适应的过程

---

① 美国于2000年出台《商品期货现代化法案》，推动场外衍生品发展，2003年，美国联邦储备委员会首次批准商业银行交易实货商品。欧盟于2004年出台《金融工具市场指令》，推动场外新兴交易平台发展。

② 根据笔者掌握的资料，这12个国家分别是哈萨克斯坦、越南、俄罗斯、塞尔维亚、泰国、埃及、印度、柬埔寨、乌克兰、白俄罗斯、吉尔吉斯斯坦、亚美尼亚。

衔接不畅，那么也是农业风险的一个重要表现。

二、农业风险管理

（一）农业风险管理体系

为了降低农业风险损失、稳定农业生产和农民收入，农业风险管理需要一整套高效的风险管理体系。在这方面，世界银行的农业风险管理框架是一个典范[①]，被广泛应用于世界银行对多个国家投资贷款项目的农业风险评估工作中，并被多国农业风险管理体系建设所借鉴。世界银行的这套农业风险管理体系涉及四个要素，分别是风险评估、风险管理主体评估、风险管理策略和风险管理实施工具（见图2－5）。在整个框架中，风险被分为生产风险（包括干旱、洪水、飓风等气候灾害，病虫害，森林大火等）、市场风险（包括价格波动、汇率和利率波动、交易双方信用风险等）和制度风险（包括法律法规变化、贸易限制等政策调整、政治风险、战争等）三类风险[②]；风险管理主体主要包括农户及经营组织（主要是发展中国家的小微及中型农民，还有农业合作社、家庭农场等）、商业部门（包括贸易商、中间人、批发和零售商、金融机构和投入品供应商等）和公共部门（政府、半官方组织和捐赠人等）；风险管理策略主要有减缓风险、转移风险和应对风险；风险管理实施工具主要包括投资、技术支持和政策支持。根据是否为农户个人行为，这些风险管理实施工具又可以分为“正式”与“非正式”两大类，其中正式的风险管理工具又包括基于市场的和基于政府的两大类（见表2－1）。

① The World Bank's Agricultural Risk Management Team. Agricultural Sector Risk Management. www. worldbank. org/agrm.

② 本书根据实际需要对该风险管理框架作了细微调整。

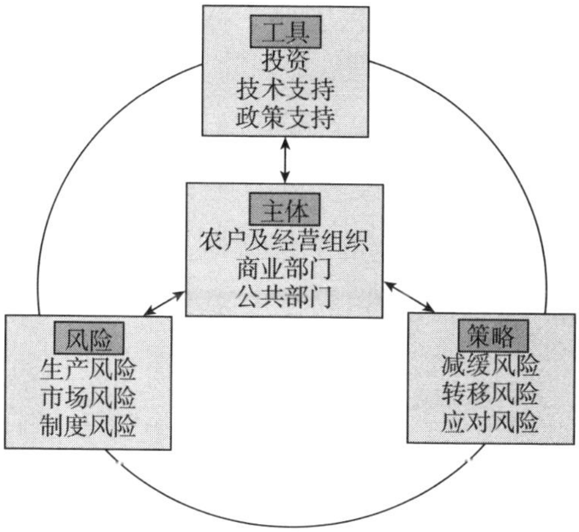

图 2-5　农业风险管理框架体系

资料来源：The World Bank's Agricultural Risk Management Team. Agricultural Sector Risk Management. www. worldbank. org/agrm.

表 2-1　不同风险等级下风险管理策略的具体措施举例

	非正式风险管理工具	正式风险管理工具	
		基于市场的	基于政府的
风险减缓	1. 避免风险暴露 2. 缓冲库存 3. 采用先进种植技术（施肥、灌溉、抗性品种）	1. 风险管理培训 2. 风险预警系统 3. 谷物的收储和拍卖	1. 宏观经济政策 2. 农业拓展 3. 害虫管理系统基础设施（路、大坝、灌溉系统）
风险转移	1. 作物分享 2. 非正式风险池 3. 作物多样化和间作 4. 地块多样化 5. 收入来源多样化 6. 财产投资多样化 7. 农业垂直一体化生产和营销	1. 农业订单 2. 农产品期货与期权 3. 农业保险 4. 基差销售	1. 税收系统平滑收入差距 2. 边境或其他措施 3. 反周期项目
风险处置	1. 财产出售 2. 劳动力重新分配 3. 多边援助	1. 农业贷款	1. 社会援助 2. 社会基金 3. 现金转移 4. 农业支持项目

资料来源：Agriculture and Rural Development Department. Managing Agricultural Production Risk. Report NO. 32727 - GLB. World Bank. 2005：8.

世界银行农业风险管理框架中的四个要素之间相互影响、相互制约，只有恰当的要素组合才能有效管理农业风险。如图2－6所示，根据风险发生概率和损失程度的不同，世界银行采用风险分层方法以选择适当的风险管理策略。根据这一方法，第一层次风险频率高且损失小，这种情况适合采取降低负面影响或者损失程度的减缓策略，主要方式如提高灌溉能力、良种推广、完善预警系统和提高田间技术等；第二层次风险频率低而损失中等，这种情况不仅适合采取减缓策略，通常还会利用商业保险和对冲等手段将风险转移以减轻损失；第三层次风险频率很低但损失很大，这时不仅要采取减缓策略和转移策略，还要通过社会安全网、缓冲基金、储蓄、战略储备等手段及时应对，以减轻风险发生后造成的巨大损失，使风险管理主体能够正常运转。

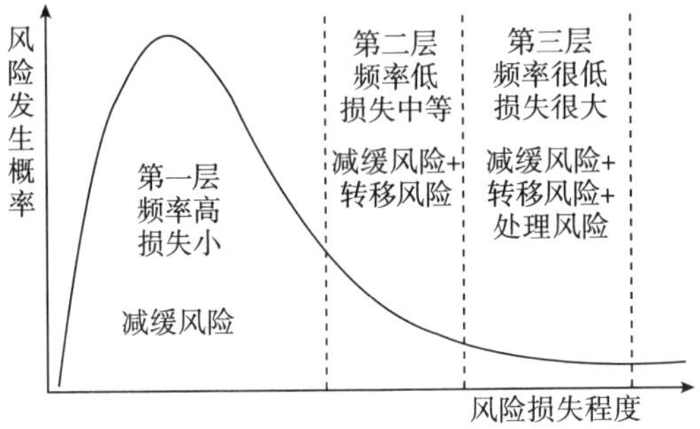

图2－6　风险发生概率与损失程度曲线以及管理策略组合

资料来源：The World Bank's Agricultural Risk Management Team. Agricultural Sector Risk Management. www. worldbank. org/agrm.

（二）期货与期权的功能及作用

期货与期权是基于市场的正式的风险管理工具，是一种"中性"风险转移和分散的工具。期货开端于19世纪中叶的美国芝加哥，最先交易的是农产品。1973年，布雷顿森林体系解体以后，金融市场的不确定性加剧。为了满足管理金融风险的需求，金融衍生品市场迅速增长。金融衍生品市场可以分为场内市场（Exchanges－Traded，ET）和场外市场（Over－the－

Counter，OTC）。无论是场内金融衍生品还是场外金融衍生品，都为企业和金融机构提供了以较低成本管理金融风险的有效工具。期货与期权是国际金融衍生品市场的重要组成部分（见图2－7）。

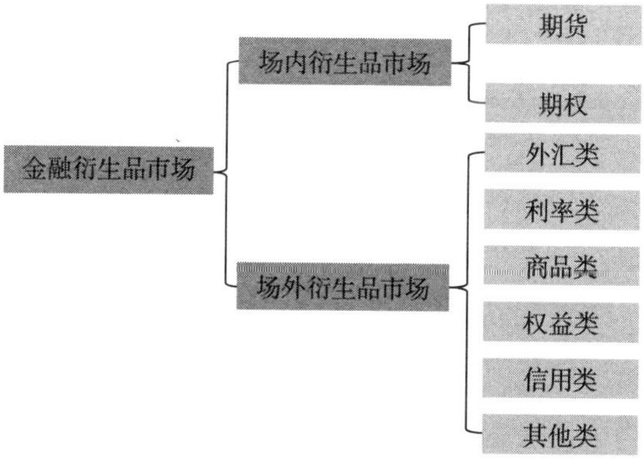

图2－7　国际金融衍生品市场结构

资料来源：国际清算银行（BIS）。

1. 期货的功能

期货是由期货交易所统一制定的、在将来某一特定时间和地点交割一定数量标的物的标准化合约。期货的标的物，又叫基础资产，可以是某种商品，如玉米、原油，也可以是某个金融工具，如外汇、债券等。由于期货交易透明度高、参与者众多、供求集中、市场流动性好，通过期货交易形成的期货价格具有真实性、预期性、连续性和权威性的特点，因此能够比较真实地反映出供给和需求的情况及其未来变化趋势，也使期货市场具有价格发现和套期保值两大最基本的经济功能。

从价格发现来看，价格调节供需关系，供需引导资源配置，所以价格对优化资源配置具有决定性作用。与现货市场相比，期货市场发现的远期价格具有连续性、前瞻性和权威性，能够比较真实地反映商品和金融资产未来的价格变动趋势，可以对优化社会资源配置发挥重要作用。期货市场具有集中、公开、透明的交易机制，通过连续不断报价和良好的流动性，为市场经济活动提供透明、连续和即时传播的价格信息，方便了经济活动的方方面面。市场经济国家的经济史证明，期货市场的价格在大到国家宏观调控，中到产业调结构、转方式，小到企业和个人财务管理等各层面都发挥着作用，不仅被参与者高度重视，未参与交易的其他主体也会因此受益，具有广泛的社会效益。目前，各种媒体和信息终端上显示的原油、金属、农产品、金融资产的期货价格，都在指导着实体经济的生产、贸易、财富管理活动。如果没有期货价格的引导，那么管理市场经济活动的难度将大大提高，资源配置的有效性也将大打折扣。

从套期保值和管理风险来看，期货市场的积极作用也是非常明显的。在市场经济中，价格波动是常态。对于企业而言，其生产、销售、库存以及财务管理等活动，都在受原材料、产成品以及汇率、利率等价格波动的影响。若对市场价格波动风险管理不好，则会导致企业经营利润下降，出现亏损甚至破产。为规避经营风险，企业可以在期货市场上建立与现货市场方向相反、数量匹配的交易头寸，使期货市场与现货市场的盈亏形成一个相互冲抵的关系，从而实现风险在不同市场、不同时空的对冲和转移，保证自身的财务安全。企业通过期货市场进行套期保值，锁定了风险，稳定了收益；对于投机者而言，作为套期保值的对手方，虽然承担了价格波动的风险，但是获得了价格朝对自身有利方向变化时的收益。可见，期货在管控违约风险和吸引市场流动性方面具有突出优势，逐步成为市场经济条件下管理风险的必备工具，被广泛运用于经济社会的各个领域。

2. 期权的作用

期权是一种衍生性金融工具，又称选择权，期权合约赋予买方在未来某一时间以特定价格买入或者卖出标的资产的权利。根据交易地点的不同，期权可以分为在交易所内交易的“场内期权”和在交易所外交易的“场外期权”。期权的本质就是将未来买卖的权利进行定价。从具体操作来看，期权买方向卖方支付一定数量的权利金，以获得在未来某一时期以事先规定好的价格（即执行价格）购买或出售一定数量特定标的物的权利。对于期权买方，这种权利是一种选择权，不负有必须买进或卖出的义务，放弃行使权利的最大损失仅为已付权利金，但可以获得价格朝对自身有利方向变动时的收益，无须支付和追加保证金，比期货套保成本低。对于期权卖方，如果买方要求行使权利，卖方必须履行；如果买方放弃行使权利，则权利金收益可以摊薄卖方企业的运行和管理成本。期权对促进市场发展、推动解决金融服务“三农”存在的问题都具有积极作用。

（1）期权是直接服务“三农”的重要金融工具。没有期权的期货市场不是完全的风险管理市场，虽然期权出现的时间晚于期货，但是自产生以来发展迅速，目前，全球期货市场期权的交易量已经和期货基本相当。相比期货，期权在风险管理方面具有独特的作用，在防止价格不利变动带来损失的同时，还能保留价格有利变动带来的收益，且使用起来更加灵活。从国外来看，期权在为商品买方构建最高买价合同（在签订现货合同的同时，买方买入一个看跌期货期权）和为卖方构建最低卖价合同（在签订现货合同的同时，卖方买入一个看涨期货期权）中应用非常普遍，还有部分国家通过为农民购买期权提供权利金补贴的方式，帮助农民锁定最低粮食销售收入，以完善农业补贴制度。从国内来看，在期货市场尚未推出场内期货期权的情况下，金融机构通过创新场外期权产品，将企业和农民面临的价格波动风险剥离出来，在稳定农民收入、促进企业发展、稳固订单关系方面都可发挥积极作用。

（2）期权与保险互相补充，共同构建现代风险管理体系。根据系统性程度的不同，农业生产面临从局部自然灾害到整体市场价格变化的一系列风险。20 世纪 90 年代后期，世界银行研究也认为独立单一风险（比如生命、大火风险等）适合通过保险市场进行避险，系统性综合风险（比如市场价格风险）适合通过期货与期权市场进行避险，农业生产面临的风险处于“独立单一风险”和“系统性综合风险”之间，应结合保险和期货与期权两类工具进行避险①（见图 2－8）。为了及时将其运用于实践，世界银行在 20 世纪 90 年代末专门成立了国际商品风险管理特别工作组（ITF），在亚洲、非洲、美洲等多个发展中国家开展试点，以提高农业主体对市场

① Agriculture and Rural Development Department. Managing Agricultural Production Risk. Report NO. 32727 - GLB. World Bank. 2005:9.

化风险管理工具的利用能力，并且通过试点进一步证实了期权是最为理想的价格风险管理工具。此外，美国农业保险发展演变主要是从保成本向保产量、保收入发展，价格风险仍主要通过期货市场进行管理。即使对于目前占美国农业保险保费收入80%以上的收入保险，由于收入变动既受产量因素影响，又受价格因素影响，农险公司通常会参考期货、期权价格信息来设计产品、确定费率、进行赔付，并到期货及衍生品市场对冲风险。

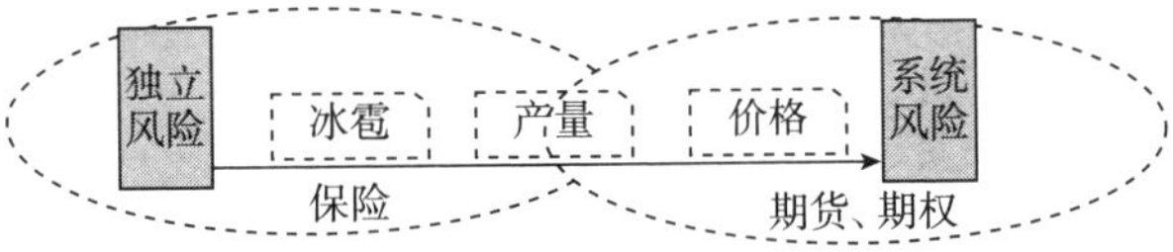

图2-8　风险分类、内容及风险管理手段

资料来源：Barry J. Barnett and Keith H. Coble. Understanding Crop Insurance Principles: A Primer for Farm Leaders. Mississippi State University Research Report No. 209, February 1999.

（3）期权有助于促进信贷发展。信贷资金安全是银行发放信贷的重点考虑因素，贷款的农业企业参与期货市场套期保值有助于降低风险、稳定经营，从而为按时还本付息提供保障。尤其在大宗农产品融资业务上，贷款企业利用期货、期权工具对抵押农产品进行套期保值，能有效降低银行面临的抵押品市场风险，在保证银行信贷资金安全的同时，企业也能够从银行获得更高的质押率。目前，上述情况在成熟市场已经非常普遍，银行为了保证信贷资金安全，有时也会直接参与期货市场套期保值。据调研，国内部分银行已经在开展此类业务模式试点，一方面鼓励贷款企业利用期货市场稳定经营，或对贷款抵押品进行套期保值；另一方面也希望银行能够直接参与商品期货交易，多一条主动管理农业信贷风险的渠道。

（4）期权有助于发挥金融服务合力。在实践中，企业的风险管理和投融资需求通常具有非线性、多样化、个性化的特点，依靠标准化金融工具难以充分满足。期权作为在全球广泛应用的一种基础衍生工具，风险收益具有独特的非线性特征，银行、保险、证券、期货等各类金融机构可以充分利用其特性与其他金融工具进行组合，为主体提供量身定制的金融产品及服务。这将有助于解决当前金融产品同质化问题，大大拓宽金融服务的广度和深度。美国农业金融服务协同配合示意图见图 2 -9。

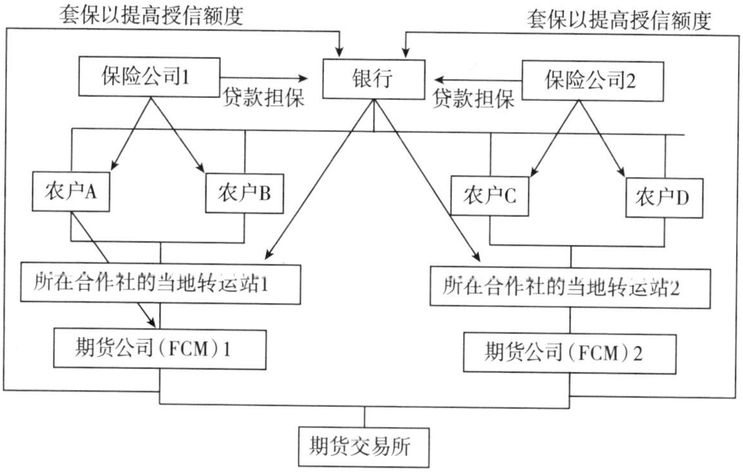

图 2 -9　美国农业金融服务协同配合示意图

第三章　国际期货与期权市场发展

世界商品期货与期权市场是大多数国家市场体系的重要组成部分。大宗商品的生产、贸易、加工等各个环节时时处处都体现着期货与期权市场的影子，生产商和贸易商已经把使用期货价格作为安排生产、签订贸易合同的定价基准。可以说，在国际大宗商品市场上，参与期货交易是普遍的、通行的做法，也是风险管理的最基本方式。当前，世界期货与期权市场正在经历着一场深刻的变革，品种与制度创新是其主基调。

一、国际期货与期权市场发展情况

（一）近年来市场规模快速增长，连创历史新高

纵观世界经济的发展过程，大致经历了传统的农业经济、工业经济、金融服务业经济三个发展阶段。期货品种上市经历了从农产品期货到金属和能源期货，再到金融期货的发展阶段，以迎合世界经济的发展阶段。具体来看，农产品期货的产生以19世纪美国西部地区农产品产量迅速增加为背景；随着工业革命后的英国对工业原料逐渐增加的巨大需求，铝和铜期货应运而生；工业经济进入发达阶段，经济发展高度依赖能源和天然气，能源类期货随即诞生；在后工业经济时代，金融对经济的推动作用日益明显，相应地，全球金融期货在全部期货交易中所占的比例高达85%。总而言之，期货品种由初级产品向高级产品过渡的趋势，是国民经济产业结构

变化的结果①，而且多数期货品种都有与之匹配的期权工具。

20 世纪中后期，全球经济发生了深刻变革，政府的作用逐渐减弱，市场的作用不断增强。随着市场体系的重构和风险管理需求的增长，国际期货与期权市场规模持续快速扩大。根据美国期货业协会（FIA）的数据，1985—2008 年，国际期货与期权市场成交量以年均 14% 的速度增长，特别是 2000—2008 年每年增速高达 25%。国际金融危机之后，随着《多德—弗兰克法案》的出台和更为严格的金融监管措施的逐步落实②，加上欧债危机的爆发，国际期货与期权市场的发展速度明显放缓，2008—2011 年的成交规模年均增速降至 3.5%。2012 年，市场成交规模仅为 212 亿手，同比下降 15.2%。2015 年之后，随着全球经济缓慢复苏，国际期货与期权市场开始企稳回升。2016 年，市场成交规模增至 252 亿手，已经超过 2011 年 250 亿手的峰值水平。自 2017 年以来，市场成交规模连续创历史最高水平，年均增长 20% 以上。2020 年达到 468 亿手，同比增长 35.6%（见图 3－1）。

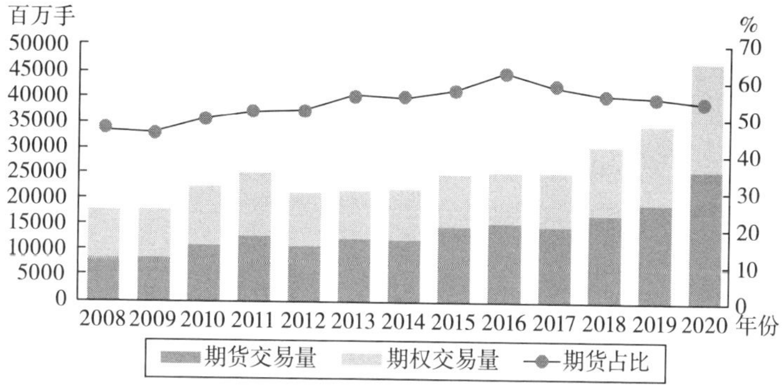

图 3－1　2008—2020 年国际期货市场交易规模变化情况

注：FIA 对全球交易场所统计总数不同，造成统计口径不一致，但从全球交易总规模来看，可以忽略不计。

资料来源：美国期货业协会（FIA）。

① 吕保军. 世界期货市场品种的演变与启示[Z]. 郑州商品交易所研究文稿.

② 国际金融危机之后，为避免和防范市场风险再次爆发，美国国会于 2010 年 7 月通过《多德—弗兰克法案》，其被誉为美国 20 世纪 30 年代经济大萧条之后最严厉的金融监管改革。该法案加强了对证券化市场（主要是资产支持型证券 ABS）、OTC 以及支付、清算和结算体系的全面监管，并将美国商品期货委员会（CFTC）的监管职责扩大至整个场外市场。

（二）商品类和创新类交易稳步发展，金融类交易显露复苏迹象

目前，根据合约标的物的不同，国际期货与期权市场的合约可大致分为三类：一是以农产品、能源、金属等大宗商品为标的的商品类合约。目前，世界期货市场上正在挂牌交易的商品期货合约中，能源和金属类共占合约总数的90%以上，在量上居于绝对优势地位。二是以股票指数、个股、利率、外汇等为标的的金融类合约。三是以碳排放权、天气、海运协议等为标的的创新类合约。

从市场份额来看，金融类期货与期权合约先降后升，商品类先升后降，创新类不断提升。首先看金融类合约，虽然金融类期货与期权合约的成交规模一直保持绝对优势，2016年，交易量为183亿手，较2008年增长15.8%，但是市场占比由89.4%降至72.6%；其次看商品类与创新类合约，商品类与创新类期货和期权合约的成交量增长较快，市场占比稳步提升。2016年，商品类期货与期权合约的成交量为63亿手，较2008年增长247.0%，市场占比由10.3%增至25.0%，成为市场亮点。随着市场的多元化发展，创新类期货与期权合约的市场规模迅速扩大，2016年，交易量达6.2亿手，较2008年增加12.5倍，市场占比由0.3%增至2.5%（见图3-2）。

进一步分析，金融类期货与期权市场份额显著下降，是由于2008年金融危机和2012年欧债危机相继爆发，多国股市低迷不振，占其70%以上份额的股票类期货与期权产品（主要是个股和股票指数类）的交易量大幅度下降。与之相比，商品类期权合约交易规模受危机影响较小，保持了较强的增长势头，由2008年的1.5亿手增至2017年的2.7亿手，增幅高达80%。值得一提的是，由于个股和股票指数期权在期权市场的占比达80%以上，这也使得国际市场上期货与期权的市场比例结构发生了改变。2008—2016年，期货交易量从82亿手上升至159亿手，市场份额由最低时的46%上升至63%；相比之下，期权交易量一直在100万手左右波动，市场份额从54%下降至37%。

2020 年，随着国际期权市场交易的温和复苏，金融类市场规模增至 372 亿手，较 2016 年增长 103.3%，市场占比回升至 79.6%；商品类市场规模达 81 亿手，同比增长 28.6%，市场占比降至 17.3%。创新类市场规模达 14.5 亿手，同比增长 133.9%，市场占比继续增至 3.1%（见图 3－2）。总的来看，国际期货的市场份额降至 2020 年的 54.6%，而期权回升至 45.4%。

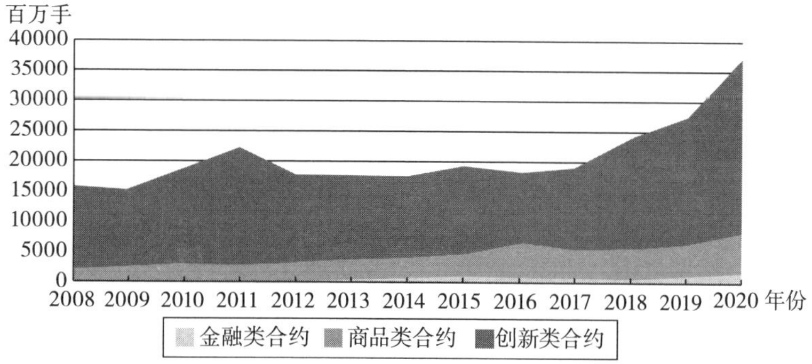

图 3－2　2008—2020 年国际期货市场各类别市场变化情况

注：金融类期货主要包括股票指数、个股、利率、外汇等期货品种；商品类期货主要包括农产品、能源、贵金属、工业金属等期货品种。

资料来源：FIA。

（三）北美、亚太和其他地区市场形成“三足鼎立”态势

现代意义上的国际期货与期权市场开始于美国[①]。多年来，北美市场始终保持先发优势，2014 年之前一直主导全球市场。近几年来，受金融危机和监管趋严的影响，北美地区的期货与期权市场增长速度放缓，市场份额显著下降。2020 年，北美地区市场规模为 129 亿手，占全球市场份额的 27.5%，与 2008 年 39.6% 的市场份额相比下降了 12.1 个百分点，居全球市场第二位。

---

① 现代意义上的期货和期权交易均开始于美国。1848 年，82 位芝加哥商人组建的芝加哥期货交易所（CBOT）是现代期货交易的开端。1973 年，芝加哥期权交易所（CBOE）正式成立，成为场内期权市场的开端。

随着新兴市场国家的崛起，亚太地区各国越来越重视衍生品市场建设，特别是中国、印度、韩国和新加坡等国期货与期权市场的发展速度更是日新月异。2015 年，亚太地区的市场规模一度达到 97 亿手，市场占比 39.1%，超越北美地区。然而，由于 2016 年印度市场规模下降 25%，2017 年继续微降 0.2%，接着是 2017 年中国市场规模下降 26%，导致亚太地区的期货与期权市场规模连续下降。2017 年，亚太地区市场规模为 88 亿手，同比下降 4.0%；市场份额为 35.0%，同比下降 1.4 个百分点，排位降至全球市场第二。2018 年之后，亚太地区市场连续快速增长，2019 年、2020 年市场规模分别达到 145 亿手、201 亿手，同比分别增长 29.6% 和 38.9%；2020 年，市场占比已经达到 43.1%，高于北美市场 15.6 个百分点，再次居全球市场首位。

欧洲、拉美及其他地区的期货与期权市场份额相对较小，2020 年的成交规模分别达 56 亿手、64 亿手和 17 亿手，同比分别增长 11.3%、56.9% 和 194.5%。虽然这三个市场的交易规模在增加，但是欧洲地区因增速慢，市场份额持续下降，从 2008 年的 23.6% 降至 2020 年的 12.0%；拉美和其他地区市场规模增长较快，市场份额也持续上升，分别从 2008 年的 4.8% 和 0% 上升至 2020 年的 13.8% 和 3.7%（见图 3－3）。

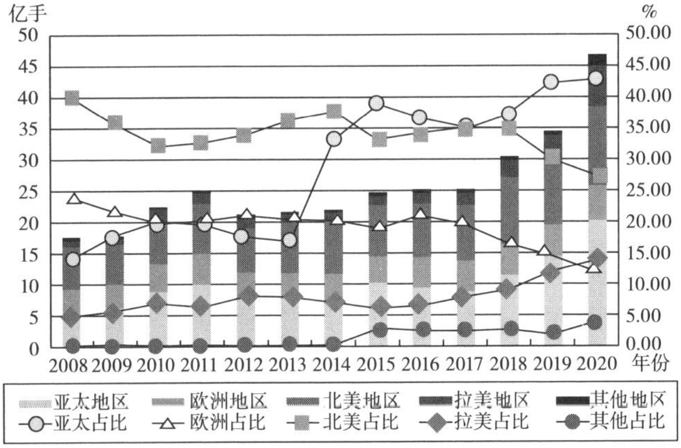

图 3－3　2008—2020 年国际期货市场各区域交易规模情况

注：FIA 对全球交易场所统计总数不同，造成统计口径不一致，但从全球交易总规模来看，可以忽略不计。

资料来源：美国期货业协会（FIA）。

（四）全球性品种和区域性品种并存

目前，世界上既有具备一定共性的全球性品种，也有需求仅局限在一个国家或地区的区域性品种。全球性品种主要有小麦、玉米、大豆、棉花、糖、可可等农产品，金、银、铜、铝等金属期货，原油、天然气、燃料油等能源类期货。由于世界范围内气候条件差异较大，区域性期货与期权品种也很丰富。但是，因区域性品种市场相对狭小，成功的品种较少。例如，印度是世界上最大的豆类（如胍尔豆、鹰嘴豆、豌豆、黑吉豆等）和香料（如黑胡椒、小豆蔻、姜、姜黄、辣椒、芫荽、肉豆蔻等）生产国，依托其产销大国的比较优势，推出多个区域性期货品种，上市之初取得了良好的市场表现。2011 年，印度的胍尔豆籽（胶）（Guar Seed/Gum）交易量分别累计达到 922 万手和 157 万手，鹰嘴豆（Chana）791 万手，芥菜籽（Mustardseed）352 万手，薄荷油（Mentha Oil）119 万手，姜黄（Turmeric）50 万手，黑吉豆（Urad）19 万手。到 2020 年，胍尔豆籽（胶）交易量已经分别降至 157 万手和 84 万手，鹰嘴豆（Chana）153 手；其他三种区域性期货品种已经全部退市。

（五）亚太地区合约规模普遍小于欧美

鉴于欧美与亚太之间在现货市场发达程度和投资者结构方面的差异，亚太地区合约规模相对欧美等国较小，如印度农产品主流合约规模是每手 10 吨，日本的玉米、大豆每手是 10 ~ 50 吨，红小豆、大米每手仅为 1.2 ~ 6 吨；印度的原油期货是每手 100 桶；新加坡及印度的铜、锌、铝等金属是每手 1 ~ 5 吨。而在美国，谷物期货的合约规模多为每手 5000 蒲式耳，折合每手 136 吨；原油每手为 1000 桶，是亚太地区的几倍甚至十几倍。在欧洲，农产品的合约规模一般为每手 50 ~ 100 吨，持平或大于亚太地区；铜、锌、铝等金属合约规模一般为每手 20 ~ 25 吨，达到亚太地区的 4 倍以上水平。

（六）以实物交割为主，辅之以现金交割

实物交割随期货市场的产生而产生，目前仍然是商品期货最主要的交

割方式。现金交割自1981年首次被应用于金融期货后，现在是金融期货的主要交割方式。由于交割成本低，国际上一些商品期货，如畜产品、乳制品、谷物等逐渐采用了这一交割方式，美国采用现金交割的商品期货就达30种之多，欧洲采用现金交割的以农产品期货为主。由于亚太地区市场的金融期货市场发展落后于欧美，仅有几个品种采用这一交割方式，而且主要集中在金融衍生品期货较为发达的地区，如新加坡的铜、铝、锌，韩国的迷你金和生猪。

二、国际期货与期权市场发展新趋势

近年来，随着市场交易规模增长和市场结构的变化，国际期货与期权市场中的合约产品、交易者、组织者（交易所）、中介机构、技术支撑和监管政策等方面都呈现出新的发展趋势。

（一）场内交易的合约产品设计更为丰富多样

场内期货与期权市场的交易对象是高度标准化的合约，合约产品设计与创新是市场核心竞争力的体现①。为了满足市场风险管理的需要，期货与期权市场自诞生之日起就在不断丰富合约种类。从合约标的的演进历程来看，国际期货市场的场内交易种类大致历经了农产品期货、工业品期货和金融期货三个主要阶段；场内期权市场诞生较晚，合约标的的演进顺序是先金融标的再商品标的，与期货有所不同②。目前，主要场内市场已上市的期货合约大都配有相应的期权合约，而新上市合约则多为期货和期权合约同时推出。从近年的情况来看，合约标的创新层出不穷，各类价格指数、碳排放权、海运协议等标的新气未脱，房产所有权、比特币等新标的

① 根据交易场所的不同，期货、期权等衍生品还可以分为交易所内交易的衍生品即场内衍生品（Exchange - traded Derivatives，ETD）和交易所外交易的衍生品即场外衍生品（Over - the Counter Derivatives，OTCD）。没有特别说明，本书所提期货与期权均指场内交易。

② 世界期权市场的开端可以追溯到17世纪的荷兰郁金香交易。1973年，美国芝加哥期权交易所（CBOE）成立并推出了第一个场内期权产品（个股期权），标志着现代期权交易的开始。1984年，美国芝加哥期货交易所（CBOT）率先推出了大豆和玉米期权，商品期权诞生。

又接踵而来，合约产品丰富，多元化特征显著。根据美国期货业协会（FIA）的数据，2020 年，全球 80 家主要交易所上市期货和期权合约共计 2857 个，其中能源、股指、货币类合约增加较多（见表 3-1）。

表 3-1　2015—2020 年国际期货与期权市场合约变动情况

单位：个

年份	农产品	货币	能源	股指	个股	利率	工业金属	贵金属	其他	合计
2015	212	271	752	511	96	212	73	94	62	2283
2016	309	394	837	682	92	228	88	123	89	2842
2017	303	387	881	700	93	224	96	142	72	2898
2018	306	432	847	723	94	230	104	130	84	2950
2019	301	430	713	853	98	210	119	148	72	2944
2020	288	405	754	801	84	203	111	138	73	2857

资料来源：FIA。

国际上，期货与期权合约创新途径主要有三种：一是复制其他市场已有的较活跃合约。如伦敦金属交易所推出的中国钢材系列期货品种（铁矿石、焦煤、热轧卷板）和贵金属系列期货品种（黄金、白银、钯金、铂金等），这几个品种都是活跃品种。二是推出创新性标的产品。如芝加哥商业交易所推出的“黄金/白银比率”期货、印度商品交易所推出的钻石期货等。三是“场外市场场内化”带来的创新产品。如洲际交易所（ICE）和芝加哥商业交易所（CME）推出的“互换期货”①。互换交易通常是场外交易，其合约不具备高度标准化特征。由于美国《多德—弗兰克法案》要求将场外交易的互换产品转入清算所或交易所内进行清算，由此形成一种标准化程度较高的清算互换合约。该类合约可在提交给清算所或交易所进行集中清算时，拆分成两个分别以清算所或交易所为中央对手方的清算互换合约，即“互换期货”。

（二）交易所国际化由跨国并购为主转为多种方式并举

期货交易所是市场交易服务组织，致力于创造高效的市场机制和良好的市场环境，自身不参与期货交易。20 世纪 70 年代，为了增强自身竞争

① 王赞钧．模糊场内场外界限　互换披上期货“外衣”[N]．期货日报，2014-12-01(003).

力，主要市场经济国家的交易所掀起了国内并购浪潮，整合资源发展壮大。进入21世纪，随着经济全球化不断加快，国际主要交易所积极实施跨国并购，提高跨区域服务能力，以满足实体经济在全球范围进行风险管理的需求，同时也为自身开辟了多地区收入来源。CME、纽约泛欧证券交易所（NYSE Euronext）、纳斯达克－OMX集团（NASDAQ OMX）、洲际交易所（ICE）等巨头都是通过跨国并购快速发展起来的。这些交易所的规模扩张速度均高于国际同期平均水平，在节省运营成本和提高盈利能力方面成效显著。其中，ICE更是通过跨国并购在短短10余年的时间里快速成长为跨欧美亚等多个地区、居全球第三位的综合性衍生品交易所。

当前，期货交易所的跨国并购已经从以欧美地区为主（源于其具有较高的市场化水平和相似的市场监管理念）逐步拓展到新兴市场国家。不仅如此，除了跨国并购方式之外，相互参股、引进境外机构投资者、跨境新设、跨境联网、平台互换等方式也已经成为期货交易所国际化的常用手段，以实现市场融合、互联互通。例如，2016年11月，新加坡交易所（SGX）完成收购波罗的海交易所（Baltic Exchange），实现新加坡和伦敦两个国际航运中心的优势互补；2017年2月，巴西证券交易所（BM & FBOVESPA）收购秘鲁利马证券交易所（Bolsa de Valores de Lima，BVL）8.59%的股份。其中，巴西证券交易所还持有智利、哥伦比亚和墨西哥等多个交易所的股份；2017年3月，印度证券交易委员会（SEBI）宣布印度商品衍生品交易所将逐步引入外国投资基金、资产组合管理服务机构、共同基金、银行和保险公司等境外机构投资者；2017年10月，SGX在芝加哥成立了北美地区首家代表处以扩大欧美地区业务；2017年11月，香港交易所（HKEX）旗下的香港联合交易所（HKSE）和香港期货交易所（HKFE）在新加坡开设了办事处。

（三）机构投资者的市场参与度稳步提升

机构投资者通常具有雄厚的资金实力、较强的风险承受力和较高的专业水平，是国际衍生品市场稳定运行的重要力量。机构投资者主要包括生产加工商、流通贸易商、金融机构（如银行、保险）、基金（如养老、商品投资）等。近年来，机构投资者的市场参与度稳步提升。根据国际掉期与衍生品协会（ISDA）发布的调查报告，2008 年，世界500 强企业中，有94.2% 的企业都在利用金融衍生品进行风险管理，比2002 年提高了4 个百分点。其中，位于加拿大、法国、英国、日本和新西兰的企业均使用了衍生品工具，德国、美国的企业分别占比97%、92%，而中国仅为62%；另据美国商品期货交易委员会（CFTC）的数据，近两年，美国机构投资者合约持仓量已占总持仓量的80% 以上。其中，2016 年，美国的银行在期货、期权合约上的持仓量分别达到4970 万手和3522 万手，同比分别增长10.2% 和18.2%。

根据2014 年全球知名智库美国米尔肯研究院（Milken Institute）的研究，截至2012 年，标普500 指数中的非金融公司中有360 家使用衍生品进行风险管理，比2003 年增长17.3%；参与衍生品市场的银行数量为1300 家，在美国商业银行中的占比从7.8% 提高到18.7%。根据2003 年第一季度到2012 年第三季度数据的定量分析，美国商业银行通过使用衍生品管理风险，提高对企业的贷款量，推动美国实际GDP 增加约1080 亿美元/年；实体企业通过使用衍生品提升了公司资本支出能力，推动美国实际GDP 增加约400 亿美元/年。①

（四）中介机构呈集中度提高和业务多元化发展趋势

期货中介机构是投资者和交易所之间的桥梁。美国期货中介机构主要包括期货经纪公司（FCM）、介绍经纪人（IB）、商品基金经理（CPO）和商品交易顾问（CTA）四类。其中，FCM 是最主要的期货中介机构，相当于我国的期货公司。近年来，为了降低经营成本和获得规模经济效益，FCM 之间不断并购重组，行业集中度持续提高。根据CFTC 数据，截至2020 年年底，注册登记的FCM 公司数量为65 家，较21 世纪之初最多时的

① Apanard(Penny) Prabha, Keith Savard, Heather Wichramarachi. Deriving the Economic Impact of Derivatives—Growth Through Risk Management. Milken Institute, 2014(3).

近 188 家，下降幅度接近 2/3。然而，美国期货客户保证金规模近年来却保持增长态势。截至 2020 年年底，客户保证金达到 2485.5 亿美元，同比增长 38.5%，自 2002 年以来年均增长 8.3%（见图 3-4）。目前，前五名 FCM 的客户保证金占美国期货保证金总额的比例超过 50.0%，达到 58.4%；前十名占比超过 70.0%，达到 75.9%。

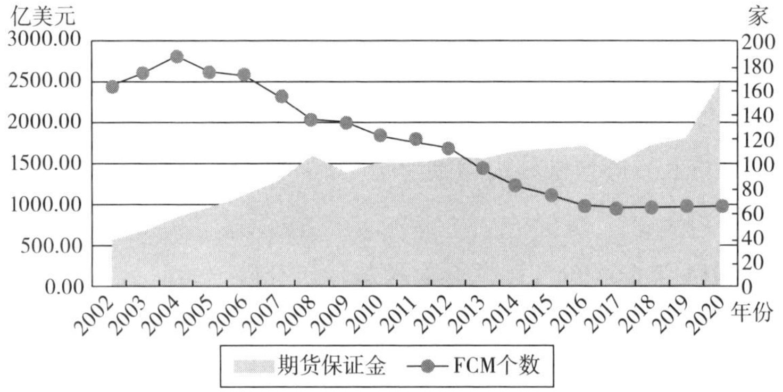

图 3-4　2002—2020 年美国期货市场客户保证金规模和 FCM 数量变动情况

资料来源：CFTC。

多年来，美国客户保证金规模排名前 20 的 FCM 相对稳定，它们的一个共同特点是业务多元化、差异化发展，盈利渠道较多。这 20 家 FCM 大致可以分为两类：一是银行系 FCM。由于 2003 年美联储准许商业银行从事商品业务，一些综合性投资银行，如高盛、摩根大通、美林、德意志银行等，或者通过成立专门的期货业务部门，或者通过收购现有的期货公司，并依托自己全方位的金融服务能力，为客户提供经纪、自营、结算、代客理财、基金管理投资顾问以及融资等服务，以快速扩张全球期货业务。截至 2020 年底，银行系 FCM 期货保证金规模已接近美国市场保证金总额的 90%。二是专业型 FCM。这类 FCM 以 ADM 期货（ADM Investor Service, Inc.）、福四通期货（INTLFC Stone）为代表。它们都有现货企业背景，是专业从事商品交易风险管理的公司。但是，它们的业务除了风险管理，还依托其现货业务背景，为客户提供融资、仓储和物流、贸易等服务。

（五）区块链等新技术成为期货与期权市场发展的新驱动力

科学技术是第一生产力，也是推动期货与期权市场发展的重要力量。20 世纪中叶，第一台电子计算机的问世将期货与期权市场带入 IT 时代，电子交易逐步被引入期货业，成为市场发展的主流。20 世纪 90 年代，互联网的兴起推动了期货交易所搭建电子交易平台，如 GLOBEX①、ACCESS②、FutureCom③、ICE④ 等，充分利用互联网或移动终端汇集用户和进行交易，实现了又一次行业革命。近年来，区块链技术及应用已经成为联合国、国际货币基金组织等国际组织以及多国政府研究讨论的热点，其应用已延伸至多个领域，将以“区块链 +”的方式促进云计算、大数据、移动互联网等新一代信息技术的发展，成为公认的重大突破性技术。区块链是分布式数据存储、点对点传输、共识机制、加密算法等技术的集成应用，可去中心化地完成金融衍生品交易中的数据存储、交易、清算和监管等过程，大大降低交易和合规成本，是金融发展新方向和市场发展的新驱动力⑤。区块链技术应用取得较快进展，纳斯达克于 2015 年年底就宣布通过其基于区块链的交易平台 Ling 完成了首个证券交易。全球最大的区块链联盟 R3（包括 70 余家国际大型金融机构）正与英国巴克莱银行、国际互换与衍生品协会（ISDA）共同开发区块链平台 Corda，并开始尝试使用“智能合同”和区块链技术交易金融衍生品。

（六）市场监管趋严促进风控体系升级

自 20 世纪 80 年代以来，伴随全球化的快速推进，全球风险管理需求

---

① GLOBEX 是 1999 年 2 月芝加哥商业交易所组建的全球电子交易系统联盟（Globex Alliance），通过一个共同的电子交易平台（由巴黎交易所开发的 NSC 交易平台）连接各成员的交易。

② ACCESS 是 1999 年 1 月纽约商品交易所与新加坡国际金融交易所签订的电子链接协议，允许新加坡国际金融交易所的会员在亚太地区的交易日内，通过 ACCESS 电子终端交易，经营新加坡金管局批准的纽约商品交易所的能源和金属期货、期权合约。

③ FutureCom 是美国一家完全电子化的期货交易所，于 2000 年成立。

④ ICE 是洲际交易所（Intercontinental Exchange）的英文缩写，是以电力能源电子交易平台起家，利用互联网技术不断扩张，目前已是世界第三大衍生品交易所。

⑤ ［美］梅兰妮·斯万. 区块链：新经济蓝图及导读［M］. 北京：新星出版社，2015.

的快速增长，主要市场经济国家对期货及金融市场采取了放松监管的政策[①]，推动了国际期货与期权市场规模持续扩张，但也由此积聚了大量市场风险。2008 年国际金融危机之后，欧美等主要经济体分别出台了严厉的监管法案，以扩大金融市场监管范围，升级风险防控体系，提高系统性风险防范能力。具体来看，美国于 2010 年 7 月通过的《多德—弗兰克法案》堪称美国历史上最严格的一次金融监管改革法案。该法案要求实施对场外衍生品市场的全面监管，指令银行逐步剥离各类商品、股票以及未清算的信用违约掉期交易等，并且提高了金融衍生品交易公司在保证金、资本比例、职业操守以及交易记录等方面的要求。按照该法案的规定，美国专门成立了“金融稳定监督委员会”，推进信息收集与共享，识别危及美国金融稳定的各类风险，促进金融市场的自我约束，防范系统性风险发生。同年 9 月，欧洲议会通过了《泛欧金融监管改革法案》，构建了由欧洲系统性风险管理委员会、欧盟银行业监管局、欧盟证券与市场监管局和欧盟保险与雇员养老金监管局组成的“一会三局”监管新体系。自此，欧盟可对保险业、银行业以及金融交易活动实施分业监管，进一步扩大了监管覆盖面，并从全局控制欧盟信贷总体水平，防止泡沫出现。同时，严密监测金融市场上可能出现的各种风险并及时发出预警。[②]

三、国际期货与期权市场高水平发展的基本逻辑

期货与期权市场高水平发展的根本标志是价格发现、套期保值等基本的市场功能发挥得越来越好。这需要期货与期权合约有良好的活跃度。活跃度好的合约，市场流动性就好；反之，不活跃的合约，市场流动性就不好，也就不能很好地发挥市场功能。在这里，我们比较研究了国际上 276 个期货品种的活跃度，并分析了影响期货品种活跃度的因素，得到提高期货合约活跃度的途径，进而得出期货与期权市场高水平发展的基本逻辑，

① 2000 年，美国颁布《商品期货现代化法案》（CFMA），放松了对衍生品交易监管限制，准许基金参与美国商品期货市场。

② 张璇. 欧盟泛欧金融监管体系改革及其启示[J]. 财经问题研究，2011（6）：116－119.

为后续研究奠定了基础。

（一）国际期货品种活跃度差异分析

在2012年挂牌交易的期货品种中，我们对276个品种进行了重点分析[①]。根据世界期货市场交易数据实际，我们将合约活跃度分为三类：月均交易量[②]小于1万手的称为“不活跃”；不活跃品种的统计中包含了一部分已经退市合约；月均交易量大于等于10万手的称为“交易活跃”；月均交易量在1万手和10万手之间的称为“比较活跃”。从统计情况来看，世界商品期货品种活跃度的差异呈现出以下三个特点：

（1）不活跃或已退市品种总数超过一半。期货交易不活跃或者品种退市是期货合约开发不成功的标志。在我们研究的276个期货品种中，不活跃或已退市品种共计159个，占总数的57.6%，其中农产品期货为90个，占统计农产品总数的60.8%；金属期货为29个，占统计金属总数的46.0%；能源期货为40个，占统计能源总数的61.5%。可见，农产品和能源期货品种的不成功比率最高。

（2）不同交易所的相同品种交易活跃度存在显著差异。世界期货市场既有国际性大宗品种，也有需求仅局限在某国家或某地区的区域性品种，这是由于世界气候地理等条件差异所致。根据实际经济需求，国际性大宗品种通常会在世界多国、多个交易所上市交易，但交易活跃度往往存在显著差异。如表3-2所示，这些正在挂牌品种在多个交易所同时交易，但品种的月均交易量最大可达2100万手，最小却没有成交。多数期货品种以美欧市场的最为活跃。

---

① 这276个期货品种的基础数据来源于大连商品交易所研究中心2012年重点课题“世界商品期货上市品种研究”，感谢课题组段晓菲、孟祥怡、姜末等同事的数据查找与整理工作。

② 交易量为2009—2011年月均交易量。

表 3-2　不同交易所的相同品种活跃度差异情况

单位：手

序号	品种名称	上市交易所个数	最小值		最大值		交易量均值
			交易所	交易量	交易所	交易量	
1	大豆	7	ACE	0	CBOT	5370000	860035
2	黄金	7	KRX	0	TOCOM	1666700	418358
3	WTI 原油	6	ICEX	0	NYMEX	21000000	4515150
4	白银	6	SME	9	MCX	960000	226967
5	布伦特原油	5	NCDEX	0	ICE Europe	10660000	2150936
6	铜	5	SME	45	MCX	1560000	789409
7	玉米	4	KEX	4000	CBOT	9420000	2381325
8	可可	3	NYMEZ	500	ICE US	588000	295333
9	天然气	3	ICEX	1142	NYMEX	9150000	3133047

（3）同一品种不同时期的交易量波动大。期货品种上市后，因多种原因其走势呈现出多样化：一些品种上市后交易量快速增加，一些品种交易日渐清淡，还有一些品种自上市以来就缺乏活性。同一期货品种不同时期的交易量差异显著。以伦敦国际金融期货交易所（NYSE LIFFE）的磨粉小麦为例，自 1996 年 7 月上市以来，合约交易相对清淡，从 2006 年下半年开始交易量快速增加，最高时月均交易量达 66 万手，是 2006 年年初的 33 倍（见图 3-5）。

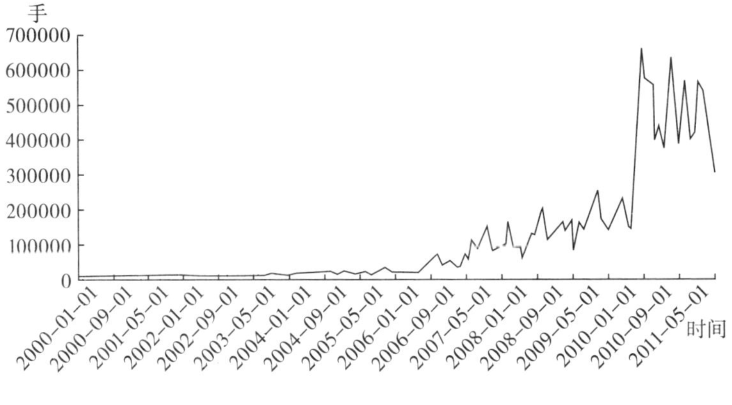

图 3-5　2000—2011 年伦敦国际金融期货交易所磨粉小麦月度交易量

资料来源：彭博数据库。

（二）影响商品期货活跃度的因素分析

根据对276个品种的逐一分析，对商品期货交易活跃度影响显著的因素主要来源于以下六方面。

（1）现货基础。现货市场基础是期货品种开发的首要指标。一般而言，活跃的期货品种基本是一国大量生产或者消费的品种。若现货产销规模大，则涉及的生产商、贸易商和加工商必然众多，有套保需求的厂商也多，该品种就会相对活跃。从风险控制角度来说，大宗商品由于其流通量巨大，不易出现市场操纵的情况，可以在很大程度上避免出现恶性逼仓事件。在本书的276个期货品种中，活跃品种基本是本国的大宗产品。比如，原油、天然气、金、银、铜、玉米、大豆、糖、可可等国际性品种的活跃度之所以经久不衰，其根本原因是巨大的现货市场规模带动众多投资者入市参与期货交易。然而，美国棕榈油等本国上市的外国品种由于现货基础不在国内而交易清淡。

（2）市场结构。对市场结构的考察包括市场集中度、产业链长度和纵向整合度等因素。市场集中度越高、纵向整合度越强、产业链越长且处于下游的期货品种，产业套保需求降低，其合约活跃度也就越低，有些甚至摘牌退市；反之，市场集中度越低、纵向整合度越弱、产业链越长且处于上游的品种，产业避险需求高，其合约活跃度也就越高。例如，由于市场集中度过高，美国的铂和钯，欧洲天然气，印度成品油（汽油、取暖油、航空油），印度的铅、锌、铝金属交易量偏低；由于纵向整合度过高，欧洲的油菜籽不活跃，还有一些下市多年的期货品种如美国的鸡蛋、鸡肉等也是由于纵向整合度高而避险需求不足；由于处于较长产业链的下游，黄油、奶酪、脱脂牛奶等品种不活跃。

（3）干预政策。政府对产业进行干预是为了弥补市场缺陷，主要分为两类：一是干预生产、流通或消费环节；二是采取支持价格、最低限价、农产品存储计划等手段实施市场价格干预。但是，产业干预政策越多，市场价格自由波动的空间越小，期货品种活跃性就越会受到限制。以印度为例，印度的铁矿石因限制开采和出口导致铁矿石期货不活跃；而金属期货由于产业政策松动而交易量显著增长；印度政府制定的小麦、玉米的配售价格和最低支持价格严重影响了小麦、玉米期货市场的活跃程度。此外，日本、韩国的黄金交易增值税政策，欧盟的煤炭生产补贴和共同农业政策都限制了当地相应期货品种的活跃程度。

（4）产业生命周期。产业生命周期是指某一产业从出现到完全退出社会经济活动所经历的时间，分为四个阶段：幼稚期、成长期、成熟期和衰退期，可以用市场增长率或者需求增长率指标来描述。产业生命周期可以将成熟期划为成熟前期和成熟后期。处于成熟前期的产业，其期货品种交易活跃度逐步提高；而处于成熟后期的产业，如果没有社会技术进步或新需求的支撑使其改变萎缩的产业发展轨迹，那么其期货品种交易活跃度下降将不可避免。例如，印度的胡椒和麻袋产业，美国的钢铁产业，英国的铜产业，日本的咖啡、白银和煤产业萎缩导致相应的期货品种交易量下降；与之相反，由于新技术、新需求的出现，美国和欧洲的天然气产业、美国的猪肉产业、欧洲的非钢铁类金属产业、印度的大麦产业都呈现出蓬勃的发展态势，期货品种交易量也显著增长。

（5）交易所。期货交易所是期货市场的组织方，为市场提供期货合约、规则制度、交易场所、技术设施及相关服务，将合约的买卖双方高效有序地汇集在一起。期货交易所通过创新品种和工具、完善规则制度、提高技术和设施水平，不断拓展期货市场的广度和深度。期货交易所综合实力的不同对其期货品种活跃程度会产生直接影响。例如，NYSE LIFFE 和布达佩斯交易所（BSE）有着相似的粮食类期货品种，包括玉米、小麦和大麦，但 BSE 历史短，品种开发时间较晚，且受限于匈牙利本国的金融环境，广度和深度不足，因此其相关品种的活跃程度远逊于 NYSE LIFFE。

此外，一个交易所的发展通常会表现出先行者优势①和协同效应②。例

① 先行者优势是指领先的产品、技术和制度带来的持续竞争优势。

② 协同效应，简单地说就是“1 + 1 > 2”。在一个期货交易所中的某类品种之间，由于相互间共享客户、业务空间等特定资源，而比该类品种任何一个品种单独运作取得更好的市场功能发挥效果。

如，CBOT 的多数农产品期货因其历史久远而颇具话语权；印度多家交易所的品种重复程度较高，但是由于上市时间早，印度国家商品及衍生品交易所（NCDEX）的豆类期货，印度多种商品交易所（MCX）的 WTI 原油、天然气等期货的活跃程度最高。随着这些交易所先行者优势的发挥，其后续新品种的协同效应也逐步显现。比如，纽约商品交易所（NYMEX）是以能源和金属期货品种为主的交易所，而 CBOT 以农产品为主，NYMEX 的酒精期货表现好于 CBOT，主要因为燃料酒精作为能源与 NYMEX 其他品种有较好的协同效应，从而交易较为活跃。

（6）合约设计。通常，期货合约设计涉及多项条款，包括交易标的、合约规模、质量标准、合约月份、交割地点、交割方式等。合约设计应力求贴近现货市场，迎合避险需求，否则期货合约不会活跃。先举一个成功的例子，MCX 的 WTI 原油期货在合约设计上充分考虑了市场需求：WTI 原油的质量标准低于布伦特，更贴近普遍质量不高的印度原油市场，因此合约标的选择 WTI；交割地临近大港口和主产地，根据印度国情，合约规模仅为 NYMEX 的 WTI 原油期货的 1/10，便于中小投资者的参与。合理的合约设计方案使得 MCX 的 WTI 原油期货自 2005 年上市以来成交量快速增长，目前达到 NYMEX 相同期货品种成交量的 1/3。再举一个失败的例子，日本原油期货选取了该国主要进口的阿曼、迪拜中东原油，但合约采用了现金交割，交割结算价为新加坡普氏（Platts）市场价格。这样的合约设计导致了期货既不能与世界主流品种对接，又受制于海外区域性市场，为其日后成交的低迷埋下了隐患。

（三）期货与期权市场高质量发展的基本逻辑

商品市场是期货与期权市场的基础。总的来看，商品市场包括现货市场和期货与期权市场，现货市场又分为即期市场和远期市场。商品现货生产的周期性与生产过程中的区域性和分散性决定了商品价格形成过程中必然会出现时间和空间上的两个矛盾。为了解决这两个矛盾，期权市场和期货市场相继应运而生。换句话说，期货与期权市场是由现货市场逐步发展而成，其发展高度依赖于现货市场。从本质上讲，现货市场与期货市场交易的都是商品，只不过期货市场交易的是具有特定数量、质量、交货时间和地点的商品合约，而且一个期货品种可以被开发成多个期货合约；而期权市场则交易的是某种商品在未来买卖的权利。处在商品市场体系中，期货与期权品种及合约的生存和发展必然受到现货市场和期货市场两方面因素的影响。这是期货与期权市场高质量发展的基础。

回顾历史，自 1963 年以后①，世界期货与期权交易量快速增长，新合约不断增加，但品种存活率不足一半②。迥异的品种发展趋势引起了市场内外诸多研究者的兴趣，关于期货合约活跃程度影响因素的研究也逐渐增多。Gray（1961）和 Working（1962）认为一个期货合约的成功依赖于套保需求，有大量套期保值者的市场将吸引投机者的加入，大量的套保者和投机者共同促进了期货合约的活跃。这一结论得到 Richard L. Sandor（1973），William L. Silber（1981）等的广泛认可。但是，套保需求是需要市场多方面予以保障的，包括商品特性、现货市场特征和期货合约设计等方面。因此，多个研究认为同质性和标准化、耐储藏性、现货规模以及现货市场价格自由波动是期货合约活跃度的影响因素。一些研究发掘了一些新的影响因素，如 Brorsen（2001）认为产业的垂直一体化、买方集中度、现货市场活跃性等指标是影响期货合约活跃度的主要因素。还有一些研究认为期货合约设计是影响期货合约活跃度的关键因素，如 Mark J. Powers（1967）通过研究美国猪肉期货，认为合约标的物的界定、交割时间等对合约交易量、持仓量有着显著影响；Karagozoglu 和 Martelpatel（1997）证明合约规模和最小变动价位对交易量、持仓量有显著影响，不恰当的合约规模与最小变动价位容易导致市场流动性减少，最终引发品种退市。

在已有研究的基础上，综合商品市场结构及 276 个期货品种的分析结

① Richard L. Sandor. Innovation by an Exchange: A Case Study of The Development of The Plywood Futures Contract[J]. The Journal of Law Economics, 1973, 16(1): 119 – 136.

② William L. Silber. Innovation, Competition, and New Contract Design in Futures Markets[J]. The Journal of Markets, 1981, 1(2): 123 – 155.

果，期货与期权市场高质量发展应重点关注以下方面：现货市场分析考虑四个方面，分别是商品的现货市场规模、市场结构、干预政策和产业生命周期；期货市场分析要从交易所层面和合约设计层面两个层面展开（见图3－6）。

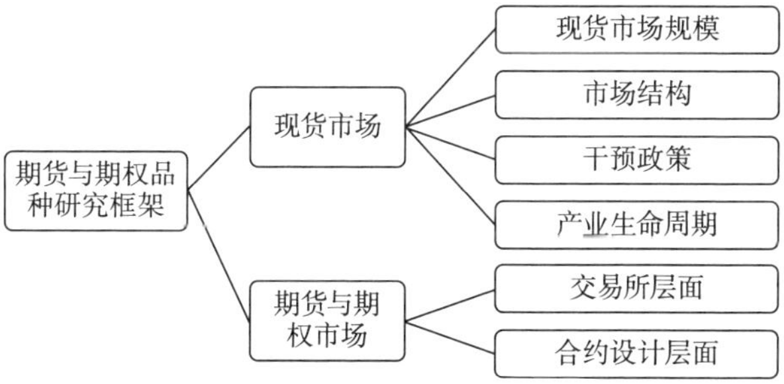

图3－6　期货与期权品种高质量发展的逻辑重点

四、国际期货与期权市场高水平发展的进一步思考

当前，我国经济社会发展进入新常态，期货和期权市场发展机遇与挑战并存。面对不断累积的各种经济风险和更加复杂多变的国际环境，实体经济发展对风险管理的需求显著增加，对期货与期权市场提出了更高要求。经过20多年的磨砺，我国期货与期权市场已有长足发展，但与国际成熟市场相比，我国期货市场在品种、规模、结构及功能等方面尚有较大差距。综合国际市场发展的新趋势和新经验以及市场高质量发展的基本逻辑，得出如下重要启示。

（一）合约多元化是期货与期权市场更好地服务实体经济的基础

合约是期货与期权市场服务实体经济的主要抓手和基础，合约种类越丰富，服务实体经济的能力就越强。目前，我国期货与期权市场合约基本覆盖了农产品、金属、能源、化工等主要大宗商品以及股指、国债等金融领域。但是，与实体经济的风险管理需求相比仍显不足，特别是商品场内期权上市品种很少，与期货品种没有一一对应。我国应继续丰富期货和期权品种，进一步扩大商品期货与期权的覆盖种类，同时探索新的期货合约。

（二）期货与期权市场国际化是建设经济强国的客观要求

期货与期权市场国际化是一国（地区）经济实力的象征，不仅有利于整合国际资源和提升大宗商品的国际定价话语权，还有利于推动本国经济的持续增长。纵观国际期货与期权市场的发展历史，20 世纪的交易所跨国并购大多发生在美国和欧洲等发达国家；进入 21 世纪后，亚太地区的期货与期权市场通过多种途径参与国际化进程，这是与该地区经济快速发展相适应的。相比之下，我国期货市场的国际化进程尚显滞后。需要加快我国期货与期权市场的对外开放，从国际化程度较高的原油、铁矿石等品种入手，逐步扩大引入境外交易者参与国内商品期货与期权市场交易。

（三）机构投资者是保障市场功能发挥的重要力量

在国际期货与期权市场中，机构投资者的占比越高，就越能提升市场功能的发挥水平。机构投资者的参与程度已经成为市场成熟与否的重要标志。近年来，随着我国期货与期权市场的发展壮大，机构投资者数量有所提高，特别是基金专户和期货资管数量增加比较明显。然而，我国机构投资者的整体参与水平还比较低，当务之急是研究机构投资者的引入机制细则，允许符合条件的机构投资者以对冲风险为目的使用期货衍生品工具。

（四）转型创新对促进期货公司健康发展至关重要

期货公司是专业性、服务性的营利组织，是保障期货市场正常运转的中枢机构。为了追求更高收益，美国期货经纪公司不断提高行业集中度，拓展业务领域，全方位地服务期货与期权市场客户需求。目前，我国期货公司与美国相比尚有较大差距。美国期货经纪业务收入仅占不到行业总收入的 1/3，我国却达到近 60%，业务单一问题相对突出，投资咨询业务、资产管理业务、风险管理子公司业务等主营业务推出时间短，发展相对缓慢。当前，我国期货公司存在集中度偏低、经营业务单一、低技术低效率、同质化竞争等问题，难以适应期货市场与现货市场、其他金融市场、国际市场全面融合发展的新形势。要改变这种不利局面，期货公司转型创新是关键。

（五）技术创新是促进期货市场良性发展的重要支撑

历史地看，国际期货与期权市场的几次大规模发展与技术突破密不可分，技术创新是促进期货市场良性发展的重要支撑。当前，国际上区块链技术及其在期货、期权市场的应用刚刚兴起，我国的区块链技术研究与应用也日新月异，迫切需要加快推动关键技术攻关、重大示范工程建设、“双创”平台建设、系统解决方案研发和公共服务平台建设等工作。

（六）监管能力要不断适应市场发展与创新的需要

期货与期权等衍生品是一把“双刃剑”，既能管理风险，如果使用不当也会引发风险。2000—2008 年，过度宽松的监管环境使得美国衍生品市场快速成长，监管与发展创新行为不匹配导致了 2008 年金融危机的爆发。当前，我国市场发展与金融科技创新日新月异，监管必须与市场发展创新相适应。监管的关键是法制化，发达国家的期货、期权市场建设通常是立法先行。我国期货、期权市场建设应加快法制建设进程，保证金融监管框架的一致性、持续性和稳定性。

第四章 国际期货与期权市场在农业领域的风险管理模式

期货与期权是国际公认的风险管理工具。农业生产者和农业企业参与其中以管理自身面临的农业生产、市场和制度等风险。总的来看，国际期货与期权市场的参与方式可分为两种：一是直接参与模式，主要满足农户及农业企业通过套期保值进行风险管理、锁定价格的需求；二是联合多种风险管理工具综合管理风险模式，如通过与银行、保险公司、政府以及其他机构合作，满足农户和农业企业的风险管理需求（见图4－1）。

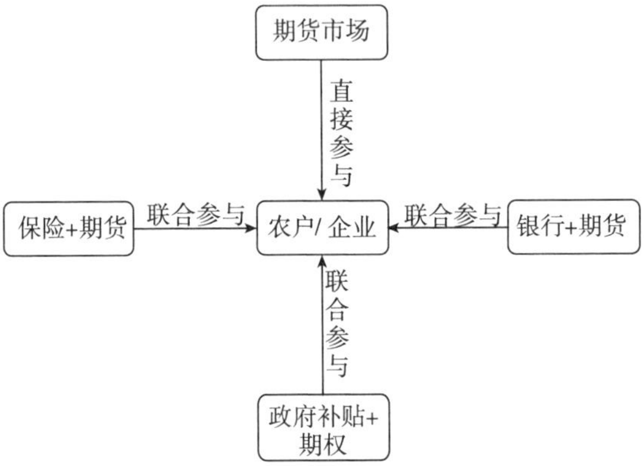

图4－1 国际期货与期权市场在农业领域的风险管理模式

一、直接参与模式

农业企业和农业生产者可以通过直接参与期货市场来规避农业风险。ISDA分别于2003年和2009年发布了世界500强企业利用衍生品的调查报告。数据显示，2008 年 94% 的世界 500 强企业都在利用金融衍生品进行风险管理，比 2002 年增加了 4 个百分点。根据米尔肯研究院的数据，2012 年，标普 500 成分股中共有 416 家非金融企业，其中有 360 家企业使用衍生品管理利率、外汇、商品和股票价格波动风险；道琼斯工业指数的 30 家公司中，有 29 家使用衍生品。[①]美国审计总署的调查显示，美国约有 1/4 的农场主参与期货市场对其生产的农作物进行套期保值，管理价格波动风险[②]。这些参与者主要为大规模农场主和大型农业企业，而小规模农业生产者和农业企业受专业技术、参与资本、交割规模等因素限制，参与比例很小。

美国的 ADM、邦吉（Bunge）、嘉吉（Cargill）和法国的路易·达孚（Louis Dreyfus）四大跨国公司（以下简称“ABCD”）是利用期货市场进行风险管理的典范。一方面，四大粮商不论是在产地收购粮食与农民定价，还是在销地报价，均是根据期货市场交易情况进行。如路易·达孚（中国）在每天上午 10：30 上半节期货交易收盘时，根据收盘价报出当天的油脂油粕销售价格。另一方面，四大粮商充分利用期货市场对冲市场风险。它们依托大量的粮食收购站，向农民提供种子、化肥以及金融服务，在粮食收购时再一并结清生产资料等费用。每个粮食收购站都有独立的仓储系统，且都可以在金融市场（期货、期权市场，OTC 市场等）独立地完成套期保值。每个收购站与农民签订收购价格时可以采取现货价格或者期货价格[③]。美国的养殖场与 ABCD 的粮站签订合约，约定在未来的某个日期以 CME 的价格 + 升贴水对玉米品种进行交割，ABCD 的粮站和养殖场会分别向期货经纪公司（如 ADM 旗下的 ADMIS）建立对冲头寸进行套期保值。ABCD 利用自身高效的信息系统和优秀的研发团队评估期现价差、预测市场趋势和把握波动节奏，套保操作团队适时在期货市场上进行操作，

① Milken Institute. Deriving the Economic Impact of Derivatives: Growth Through Risk Management. March, 2014.

② GAO, Farmers' Use of Risk Management Strategies, Report to the Ranking Minority Member Committee on Agriculture, House of Representtatives, April 1999.

③ 在美国，粮食产业的每一个环节都会运用到期货价格以规避未来的价格风险，所以企业或农场主都不会留下风险敞口。

尽量做到采购比竞争对手价格更低，销售比竞争对手价格更高，以有效管理生产成本。ABCD 将这样的风险管理运用到从种植到销售的每一个环节，以稳定甚至降低成本。鉴于期货市场对日常经营的重要性，ABCD 极力对投资国下游企业推广“升贴水 + 期货价格”的基差合同，在进入新的农业领域投资时也会首先考虑有没有对应的期货产品进行避险。

二、联合参与模式

农业生产者和农业企业也可以将期货和期权与其他金融工具结合起来进行管理风险，以稳定农业生产和保障农民收益。

（一）期货 + 信贷模式

期货市场与银行的合作主要体现在两方面：一是参与期货市场套期保值成为获得贷款的重要条件。国外一般商业银行在为农场主或农企提供贷款前都会要求其通过期货市场对所用的大宗农产品进行套期保值，以降低贷款的风险。发放贷款时，银行通常会把企业生产的大宗商品是否在期货市场进行套保作为重要的贷前审查指标。参与套保的企业可以享受更高的贷款额度。二是期货市场成为银行开发理财产品的重要平台。除了对参与套期保值的农户提供融资优惠和便利，银行还利用期货市场开发出标准仓单质押贷款、套期保值贷款等贷款品种。如农业信贷是巴西最主要的农业支持措施，它的农业营销信贷项目多使用“期货/远期合约 + 信贷”的运作模式。首先是农业期票（NPR）/农业期票副本（DR）。NPR 是农业产业下游代理商在规定日期购买一定数量农产品的远期书面信用凭证，DR 是农业生产者在规定日期卖出一定数量农产品的远期书面凭证。因而 NPR 和 DR 实际是远期农产品买卖合同。下游代理商等买方可将 NPR 作为抵押物从巴西银行或者其他金融机构获得 30 天的短期贷款。其次是农业信贷票据（CPR）。为了应对极度通货膨胀和信贷危机、解决农业融资难题，巴西于 1994 年创设了 CPR 工具。CPR 是一种非标准合约，承诺在未来某个时间、某一地点交付一定数量产品的凭证，它实际上是附加了农产品远期合约功能的债券。CPR 实行“以产量控制发行量”和两级登记制度。农业生产者发行 CPR 工具，必须在当地财产登记机构登记农作物种植信息，然后才能作为民间直接融资载体进行流通。如果 CPR 要进入金融系统流通，必须在巴西中央银行授权的证券登记托管机构登记。登记结算机构实际上对民间流通的 CPR 与金融系统流通的 CPR 进行了风险隔离。

（二）期货+保险模式

保险与期货是国际上通行的农业风险管理手段，许多市场经济国家都是引导农业主体运用两种工具管理价格风险的典范。首先看保险，根据世界银行的调查统计，全球有 120 多个国家都建立了农业保险制度。其中，美国在全球农业保险市场中居于主导地位，其农业保费收入占全球的 56%，欧盟、加拿大紧随其后，保费收入分别占全球的 17% 和 8%[①]。其次看期货，在美国、加拿大、欧盟等国家和地区，农民根据风险承受能力与各类合作组织、仓库签订远期合约，合作组织和仓库则根据合约种类及风险情况在期货或期权市场建立头寸进行套期保值。这种“组织（公司）+农户”“期货（期权）+订单”的模式是发达国家农产品市场的基本操作模式，可以有效规避价格风险，保证农民收益，实现企业风险可控。保险与期货结合起来使用也比较普遍。例如，美国、加拿大的期货市场在保险产品设计中扮演了重要角色，保险公司不仅参照期货价格设计产品、确定费率、进行赔付，还到期货市场对冲风险。目前，欧盟虽没有收入类保险产品，但欧洲议会已就此达成共识，研发中的收入保险产品价格选取将重点考虑 CBOT 的期货价格。

1. 收入保险中的价格确定参考期货市场

在美国农业保险体系中，收入保险占据主导地位，其以收入低于一定水平作为农业保险赔付的条件，而收入是价格和产量的乘积。农业收入保

---

① 世界范围内，农业保险的全面数据获得难度较大。鉴于此，该部分内容数据主要采用世界银行于 2010 年对世界 65 个国家问卷调查报告中的部分数据和观点。（MahulO, Stueley C. J. Government Support to Agricultural Insurance: Challenges and Options for Developing Countries, Washington D. C.; World Bank. 2010.）

险产品设置了预期价格（Projected Price）和收获价格（Harvest Price）来衡量价格变动。在产量不变的情况下，当作物的收获价格低于预期价格一定水平时，农险公司将根据合同进行赔付。作物收入保险的预期价格和收获价格均参考期货市场，RMA 还专门出台"商品交易所价格条款"（CEPP）[①] 来规范两个价格的选取，涉及 10 余种农作物和四种主要收入保险（RP、RPHPE、ARP、ARPHP[②]）（见表 4－1）。这 10 余种农作物参与四种保险所得保费收入占美国农险保费总收入的 80% 以上。

2. 根据作物条件选择期货合约或替代方法

根据 CEPP，美国农业保险产品利用期货市场确定预期价格和收获价格大致可分为以下两种情况。

（1）作物保险产品有对应的活跃期货品种。如果一个作物保险产品有对应的期货合约，如长粒大米、玉米、大豆、棉花等，且合约交易活跃（日持仓量大于等于 25 手），则可以直接将发现期内相应期货合约结算价进行平均，以获得预期价格和收获价格。保险产品适用的合约月份和价格发现期由 RMA 根据作物生长期、所在州以及参与险种来确定。

（2）作物保险产品没有对应的期货品种或者合约不活跃。如果一个作物保险产品没有对应的期货品种或者合约不活跃，则保险产品设计时就必须选取一个相关性较高且活跃的期货合约作为参照（具体由 RMA 指定），通过一定转换来计算该保险产品的预期价格和收获价格。在表 4－1 中，多数保险产品利用期货价格都需要进行适当转换，但具体操作方法并不相同。根据 CEPP，基本的转换思路是首先从国家农业统计服务局（NASS）或经济研究服务局（ERS）获得该作物的市场价（P_m），从期货市场获得可参照的期货结算价（P_f），计算 $\frac{P_m}{P_f}$，根据近 10 年的数据计算 $\frac{P_m}{P_f}$ 平均值

---

① Commodity Exchange Price Provisions（CEPP）（Released June, 2013）仅适用于开展收入保险（包括地区收入保险）和产量保险（包括地区产量保险）的农作物，内容涉及相关价格定义、交易所及美国统计部门缩写介绍、价格统计和计算方法等。

② 四种保险具体指：RP－ Revenue Protection；RPHPE－Revenue Plot W Harvest Price Exclusion；ARP－Area Revenue Protection；ARPHP－Area Revenue Protection － Harvest Price。

即得到转换因子β（$\frac{\sum_{t=t_0-9}^{t_0}\frac{P_m}{P_f}}{10}$，$t_0$为当前价格），价格发现期内转换因子与可参照期货价格的乘积（$\beta \times P_f$）的均值即该保险产品相应的预期价格和收获价格。

表4－1　美国农业保险产品中期货价格的运用

作物名称	险种	期货价格来源	合约	需要转换	预期价格发现期	收获价格发现期
冬小麦	RP/RPHPE/ARP/ARPHP	CBOT	软红冬小麦		2013年8月15日至2013年9月14日	2014年6月1—30日
冬小麦	RP/RPHPE/ARP/ARPHP	KCBT	硬红冬小麦		2013年8月15日至2013年9月14日	2014年6月1—30日
春小麦	RP/RPHPE/ARP/ARPHP	MGE	硬红春小麦		2013年8月15日至2013年9月14日	2014年8月1—31日
硬质小麦	RP/RPHPE	MGE	硬红春小麦	★	2013年9月15日至2013年10月14日	2014年6月1—30日
硬质小麦	ARP/ARPHP	MGE	硬红春小麦	★	2014年2月1日至2015年2月28日	2014年8月1—31日
秋油菜	RP/RPHPE	ICE	油菜籽	★	2013年7月15日至2013年8月14日	2014年6月1—30日
长粒大米	RP/RPHPE	CBOT	大米		2013年12月15日至2014年1月14日	2014年8月1—31日
中短粒大米	RP/RPHPE	CBOT	大米	★	2013年12月15日至2014年1月14日	2014年8月1—31日
玉米	RP/RPHPE	CBOT	玉米		2013年12月15日至2014年1月14日	2014年8月1—31日
有机玉米	RP/RPHPE	CBOT	玉米	★	2013年12月15日至2015年1月14日	2014年8月1—31日
爆裂型玉米	RP/RPHPE	CBOT	玉米	★	2014年1月15日至2014年2月14日	2014年8月1—31日
高粱	RP/RPHPE	CBOT	玉米	★	2013年12月15日至2015年1月14日	2014年8月1—31日

续表

作物名称	险种	期货价格来源	合约	需要转换	预期价格发现期	收获价格发现期
油用向日葵	RP/RPHPE	CBOT	油用大豆	★	2013年12月15日至2014年1月14日	2014年6月1—30日
甜向日葵	RP/RPHPE	CBOT	油用大豆	★	2013年12月15日至2014年1月14日	2014年6月1—30日
冬大麦	RP/RPHPE	CBOT	玉米	★	2013年8月15日至2013年9月14日	2014年6月1—30日
春大麦	RP/RPHPE	CBOT	玉米	★	2014年2月1日至2014年2月28日	2014年8月1—31日
大豆	RP/RPHPE	CBOT	大豆		2014年1月15日至2014年2月14日	2014年9月1—30日
有机大豆	RP/RPHPE	CBOT	大豆	★	2014年1月15日至2016年2月14日	2014年9月1—30日
棉花	RP/RPHPE	ICE	棉花2#		2014年1月15日至2014年2月14日	2014年10月1—31日
有机棉花	RP/RPHPE	ICE	棉花2#	★	2014年1月15日至2016年2月14日	2014年10月1—31日

资料来源：http：//www. rma. usda. gov/tools/pricediscovery. html.

（三）期货＋订单模式

在农作物播种之前，首先，期货公司会主动上门向农场主订购几个月后成熟的农产品并签订订单合同。农场主通过订单可以转移价格波动风险。在美国，订单的签订主要有四种方式：一是远期交货合同。农场主与粮食收购站签订一份远期合约，该合约规定由农场主在未来某一时间按某一确定价格向合作社的收购站出售一定数量的某种农产品。粮食收购站根据期货价格和往年平均的基差来确定远期合同的收购价格，在与农场主签订远期交货合同之后，需要为远期收购的粮食进行期货或期权的套期保值交易。二是固定基差合同。固定基差合同就是锁定基差，合同执行价格为当时的期货价格加上基差。签订基差合同使农场主避免了基差变化的风险，但是农场主仍然面临期货价格下跌的风险，还要在期货市场进行保值。粮食收购站在签订基差合同后，也需要对所收购的粮食作进一步的套期保值。三是最低卖价合同。最低卖价合同相当于农场主在确定最低卖价的同时，买进一个看涨期权。对于农场主而言，最低卖价合同是一种非常安全的套期保值措施，能够在保证最低销售价格的同时，又不会错过价格上涨的机会。因此，这类合同的使用率较高。四是最高买价合同。最高买价合同是指在利用期货价格签订合同时，首先确定了一个价格上限，即买方可能支付的最高价格。这种交易策略使买方能够将采购成本控制在一定限度内，同时又可以在期货价格低于最高价格时按较低的期货价格买入商品，而基差仍然可以单独协商。① 其次，农场主会把订单合同交给银行。播种时，农场主可根据需要预约种子公司、肥料公司等服务，即可完成播种、施肥、收割等环节的工作。农场主接受这些服务只需要给服务主体签署确认单，而不需要直接支付。各服务主体拿着确认单让农场主开户的银行开具一张“信用证”（L/C），就是银行担保农场主会在麦子收获后向种子公司付款。而服务主体拿到此 L/C 以后，就可以凭此到它自己开户的银行贷到现金。等到农作物成熟时，期货公司雇来几百辆收割机，把所有的农作物收割装袋，进仓后按照合同价格把货款汇到农场主开户的银行。银行则会在扣除前面签单的费用后把差价汇给农场主，至此整个种植过程完成。

（四）期权 + 国内农业支持政策模式

期权的本质就是将未来买卖的权利进行定价。国际期权市场的开端可以追溯到 17 世纪，目前其名义规模约占国际金融衍生品市场的 15% 左右。从避险机理来看，期权就是保险，但比保险更适于管理系统性市场风险。美国、加拿大、巴西、墨西哥、世界银行等国家或国际组织都是引导农业主体运用农产品期权工具管理价格风险的典范。其中，美国、加拿大和墨

① 本书编写组. 中国农户利用期货市场研究[M]. 北京：中国金融出版社，2009.

西哥于20世纪90年代先后进行期权补贴试点项目[①]，既鼓励农民利用期权管理价格风险，又培育了本国的期权市场；巴西在价格支持政策中嵌套了三种农产品期权工具；世界银行还专门成立了国际商品风险管理特别工作组（ITF），在亚洲、非洲、美洲等多个发展中国家开展试点，以提高农业主体对市场化风险管理工具的利用能力。通过试点，世界银行认为期权是最为理想的价格风险管理工具。几个国家期权试点的详细情况如下。

1. 美国的经验

美国农业部分别于1990年和1996年实施了政府补贴的期权试点项目（Option Pilot Program），这是美国对国内农业的支持由政府主导向市场方式调节的改革尝试。农产品期权试点的对象包括玉米、小麦和大豆，政府通过提供期权权利金和交易费用补贴，鼓励伊利诺伊州、衣阿华州、印第安纳州、堪萨斯州、北达科他州、俄亥俄州和内布拉斯加州等7州中的21个县的生产者进入交易所期权市场，购买相应品种的看跌期权。参与期权试点的农场主可自由选择价格水平来购买看跌期权（包括财政补贴支持中的目标价格水平）。同时，农场主必须按照政府农产品计划休耕部分耕地，并参加政府举办的期权交易培训，政府负责支付交易中的手续费和其他交易费用，并代为支付购买期权合约的部分权利金。通过参与期权试点，多数农场主不仅可以减少农作物价格下跌时带来的损失，还可以获得农作物价格上涨时的收益，其总收益率超过了正常农场的计划收益率，成效显著。因此，参与试点的人数和交易的粮食规模不断攀升。据统计，1993年参与期权交易的农场主个数以及进入期权市场进行交易的粮食数量分别为956家和1709万蒲式耳，1994年分别上升为1285家和2514万蒲式耳，1996年则分别达到1569家和2986万蒲式耳，增长非常明显。三年试点项目共涉及粮食总量196万吨。

---

① 美国分别在1990年农业法案和1996年农业法案中要求美国农业部实施“期权补贴试点项目”；加拿大于1995年实施“活牛期权试点项目”；墨西哥于1992年之后实施“农产品期权权利金补贴项目”。

2. 墨西哥的经验

自1992年加入北美自由贸易区后，墨西哥逐步取消了农产品的中央收购和价格保护政策，推出了农产品期权计划（APOP），试点品种最早仅有棉花，后来逐步推广到玉米、小麦、大豆、高粱、咖啡、橙汁、调料、生猪、牛肉等品种，实现了对本国重要农畜品种较为全面的覆盖。农产品期权补贴相关项目由墨西哥农业部下设的农业贸易支持与服务局（ASERCA）负责操作，期权试点的主要方式是由农户、合作社等农业主体申请政府资金补贴，并通过政府机构完成买入期权的套保交易。首先，墨西哥政府每年根据财政预算确定基础补贴金额。政府补贴农户、合作社的金额可以介于其购买农产品期权所需权利金的33.33%～100.00%，具体比例在每一项目实施之前公布。其次，最终补贴金额依期权套保交易盈亏而定。如果农产品现货市场价格最终朝有利方向发展，农民或涉农生产企业在现货市场的收入要高于预期，期权套保交易在到期时无须行权。农户获得的补贴金额为上述基础权利金，补贴项目减少了农民和涉农企业进行风险管理的成本负担；如果农产品现货市场价格最终朝不利方向发展，期权套保交易在到期时得以行权获利，弥补农民和涉农企业在现货市场的亏损。政府将按照预先公布的实施计划，收回部分或全部基础补贴金额，剩余净利润归属农民和涉农企业。①

墨西哥通过农产品期权权利金补贴项目（Hedging Aid Program）引导本国农业主体参与CBOT等场内期权市场进行风险管理。② 一方面，最大限度地降低了农户使用期权的成本，实现了对农民和涉农企业收入的保护；另一方面，也减少了政府的财政支出。1996—2000年，墨西哥政府在该项目上的实际总支出为2.62亿比索（约合0.31亿美元）；农户承担的总支出为1.92亿比索，总收入则达4.45亿比索。

---

① 武晓晨．墨西哥订单农业及配套期权补贴项目[Z]．大连商品交易所，2013.

② 墨西哥之所以选择美国的期权市场，主要是因为墨西哥农产品市场化起步较晚，当时还没有建立商品期货、期权市场的基础，而且美国与墨西哥两国相邻，农产品区域间价差较小。

3. 加拿大的经验

从 1995 年开始，加拿大农业和食品部开始开展活牛期权试验计划（COPP），以此替代传统的农业收入支持计划。COPP 项目的期权实质上是根据芝加哥商业交易所的活牛期货合约的加拿大美元价值设计的一种看跌期权，合约单位是美国活牛期货合约的 1/5，并在加拿大金融机构 OTC 进行零售，具体交割通过加拿大联邦农场信用公司进行，生产者可以通过卖出看跌期权进行对冲，也可以持有期权头寸直到合约到期，而嘉吉投资服务公司则是期权的实际卖方。该方案同时涵盖价格风险和汇率风险。[①]

4. 巴西的经验

1995 年之前，巴西一直采取价格支持计划。但从 1995 年之后，出于必须遵守 WTO 规则及财政压力等方面考虑，巴西广泛运用金融工具支持农业发展，包括在现有农业支持政策中嵌套期权工具。巴西在农产品价格支持政策中嵌套了三种农产品期权工具，分别是公开期权合约（COV）、私人期权风险溢价（PROP）、农产品私人溢价期权出售（PEPRO），均由巴西农业部下属的国家食品供应公司（CONAB）具体实施，以支持国内农业发展。其中，COV 于 1996 年推出，是政府通过公开拍卖为生产者和合作社提供的在未来某一时间以“执行价格”向政府出售产品的权利。其中，执行价格由“最低保护价”加仓储和金融成本确定。CONAB 公布将要提供的期权合同，包括农产品种类和合约数量，一并通过交易所对外竞价出售。当期权购买者决定行权时，CONAB 将在合约到期前通过两种方式执行合约：一种方式是由政府把市场价格与期权价格之间的差额直接补给农民，但产品仍由农民自己销售；另一种方式是由第三方，如学校、慈善组织等承担 CONAB 的职能，以期权执行价格购买相应的农产品。自实施以来，COV 的签约率和执行率都有所提高，目前已经覆盖玉米、小麦、水稻、高粱、棉花和咖啡等作物。PROP 和 PEPRO 于 2004—2005 年推出，其运作流程与 COV 相似，PROP 为私人部门购买农产品提供最高售价和执

---

① 本书编写组. 中国农户利用期货市场研究[M]. 北京：中国金融出版社，2009：102.

行价格之间的差价；PEPRO 为私人部门出售农产品提供执行价格和市场价格之间的差价；政府的角色是组织贸易流通和为私人部门提供风险溢价。

巴西的三种农产品期权工具均属“黄箱政策”①，但其政策实施成本和对市场价格的扭曲程度均小于最低价收购政策。1999—2013 年，COV 政策共支出 7 亿美元，收购 2300 万吨农产品，而政府的权利金收入为 0.46 亿美元。PROP 和 PEPRO 属于与生产挂钩的直接支付政策，因其引入期权定价机制使政策更有效率，所以自 2005 年以来为农业主体提供了 16 亿美元市场价格溢价。

三、期货与期权风险管理的效果

2014 年，米尔肯研究院采用定量分析方法，完成了《衍生品对经济增长的影响分析——从风险管理的角度》研究报告②。衍生品是金融机构、企业以及个人进行风险管理的重要工具。各类投资者使用衍生品有三个基本目的：风险管理、价格发现和降低交易成本。其中，风险管理是最主要的目的，也是衍生品开发设计的初衷。期货与期权是衍生品的重要种类，这里以此报告的研究成果来介绍其风险管理效果。

（一）使用衍生品对美国经济的总体影响

研究发现，从 2003 年第一季度到 2012 年第三季度，银行因使用衍生品使得美国实际季度 GDP 增长 0.008% ~0.025%，大约为 11 亿 ~36 亿美元。在这段时间里，美国实际季度 GDP 平均增长 660 亿美元。同期，非金融公司使用衍生品，使美国实际季度 GDP 增长 0.002% ~0.030%，大约为 3 亿 ~45 亿美元。合并考虑，从 2003 年第一季度到 2012 年第三季度，银行和非金融公司因使用衍生品总体上增加美国实际季度 GDP 约 14 亿 ~81

---

① 在 WTO 的《农业协定》中，黄箱政策是对生产与贸易具有扭曲作用、超出规定标准需要承担削减义务的政策，如市场价格支持、与生产挂钩的直接支付等。

② Milken Institute. Deriving the Economic Impact of Derivatives: Growth Through Risk Management. March, 2014.

亿美元。

为了检验上述分析的有效性和稳健性，该研究还使用了反事实模拟方法，显示银行因为使用衍生品增加贷款，促进美国2012年实际GDP增长了0.8%（1087亿美元）；非金融公司使用衍生品促进美国2012年实际GDP增长了0.3%（408亿美元）。总的来看，银行和非金融公司在2003—2012年通过使用衍生品促进美国实际GDP提高了1.1%（1495亿美元），就业人口增加了530400人（就业率上升0.6%），工业产值在2012年上升了2.1%。

（二）期货对经济增长的影响

通过反事实方法得出结论，银行贷款的预期增长率从没有使用期货合约时的每季度1.69%增长到都参与期货市场后的2.47%，提高了0.78%，增长明显。非金融公司使用期货来管理风险敞口，公司价值相比没有使用期货时也略微提高。另外，报告研究发现了一个更重要的结论：金融危机中使用期货具有更大的优势。金融危机期间数据显示，相比不参与期货交易的市场主体，使用期货的银行或公司的银行贷款增长率和公司价值更高。如果所有样本银行都在危机期间使用期货来对冲风险，那么银行贷款预期增长率会从每季度1.27%上升到5.04%。对于非金融公司来说，如果所有样本公司都使用期货，公司市值与账面价值的比值将会从2.382增长到2.488。

从2003年第一季度到2012年第三季度，银行和非金融公司使用期货促进美国实际GDP每季度增长15亿美元，与美国2003—2012年季度实际GDP平均增长660亿美元相比，期货对GDP增长的影响相对较大。金融危机期间，使用期货合约的银行和非金融公司每季度多创造62亿美元实际GDP，比样本期间的15亿美元增量GDP更多。银行和公司用期货对冲经济下行风险，因此期货的使用减轻了经济紧缩的程度，在经济衰退期能发挥资源配置作用，提高经济产出。

另外，期货合约不仅在风险管理和促进经济增长方面有积极作用，而且交易所公布的合约条款、价格、交易量等信息，对私有企业和公共部门有很大帮助，有助于市场高效运转。交易所内交易的产品通过合约标准化、集中交易、清算等方式降低了交易成本和对手方风险。期货交易还有其他优点，包括在市场强烈动荡时期稳定价格、促进生产经营、平衡短期的供需水平，以及鼓励竞争等。

随着美国和其他地区新的监管法规和市场操作框架、市场透明度的提高，系统性风险将在很大程度上得以降低。这样来看，衍生品对经济增长的贡献还将继续。但是，衍生品对经济增长的贡献在很大程度上取决于市场监管者与政策制定者的能力，他们需要在提供稳定、有效的风险管理工具的基础上，构筑一个更加透明和富有流动性的市场。对于监管者而言，其需要面对平衡权利范围与监管套利的挑战；对于投资者而言，其既需要有效对冲风险，又要获得富有竞争力的回报。

第五章　中国期货市场发展

中国期货市场始建于20世纪90年代初，通过不断完善期货品种和投资者结构、健全制度安排与规则，目前已经发展成为全球第一大商品期货市场。30多年来，我国不断拓展期货市场的广度和深度，市场规模显著扩大，市场功能发挥水平不断提高，服务产业及实体经济的能力再上新台阶。

一、期货市场运行情况

（一）市场规模及发展情况

1. 期货品种创新提速

截至2020年年底，我国期货市场仍以商品期货为主，上市交易的期货品种共计87个，其中商品期货有62个、金融期货有6个、期权有19个。商品期货主要覆盖农林产品、金属、能源和冶金化工等领域，其中农林类期货和期权合约共计32个（见图5－1）。2013年之后，我国期货品种研发创新提速，新增期货和期权合约47个，其中农林类新增14个，逐步形成了商品金融、期货和期权、场内场外、境内境外协同发展的局面。2021年1—2月，农产品期货又添生猪和花生两个新品种，至此我国上市交易的期货品种达到89个。另外，2020年新冠肺炎疫情期间，期货风险管理子公司围绕疫情期间抗疫物资生产企业需求，积极创新业务模式，涌现出了“口罩期权”“手套期权”等一批助力企业“战疫复产”的典型案例。

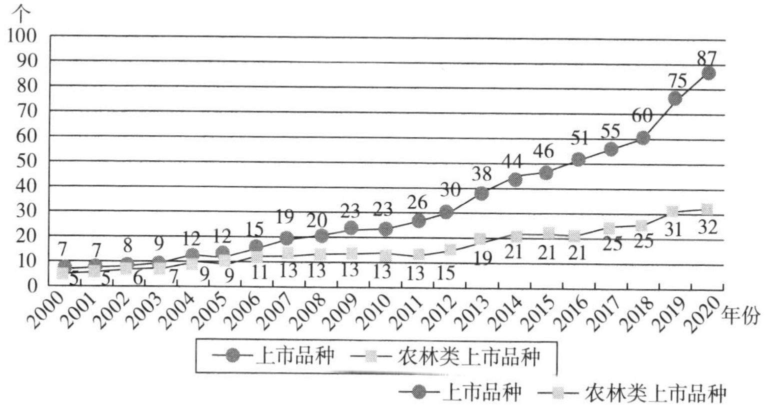

图 5－1　2000—2020 年我国期货品种上市数量

资料来源：各交易所网站。

2. 交易规模波动增长

20 世纪 90 年代初，我国期货市场诞生并一度获得较快发展。但其间由于对期货市场的功能、风险认识不足，监管滞后，期货市场一度陷入无序状态，多次酿成市场风险，直接降低了社会对期货市场的认可度。为了规范期货市场行为，90 年代中后期，国务院及有关部门对市场进行治理整顿，并先后颁布了一系列法规，不断加强监管力度。进入 21 世纪，我国农产品期货市场监管体制和法规体系不断完善，市场步入规范化有序发展阶段。随着市场风险管理需求与日俱增，期货市场在运行平稳的基础上规模不断扩张，特别是 2010 年之后更是进入“快车道”。从成交量来看，2010 年以前，其成交量以年均 35.2% 的速度增长，2010 年成交量达到 31.3 亿手。随着我国经济增速放缓和经济结构调整不断深入，2011 年成交总规模下降至 10.5 亿手，同比下降 66.5%。此后，市场规模逐步回升，2020 年成交量达到 61.5 亿手，同比增长 55.3%。由于期权合约不断推出，中国期货市场交易规模占比已经从 100% 下降至 2020 年的 98%。从年末持仓量来看，2009 年之前，全国期货市场年末持仓量持续增长，2009 年达到 859.5 万手。2009—2011 年，年末持仓量下降 57.7%，2011 年为 363.4 万手。2011 年之后，年末持仓量快速增长，到 2020 年达到 2487.7 万手，是

2011 年的 6.8 倍（见图 5－2）。

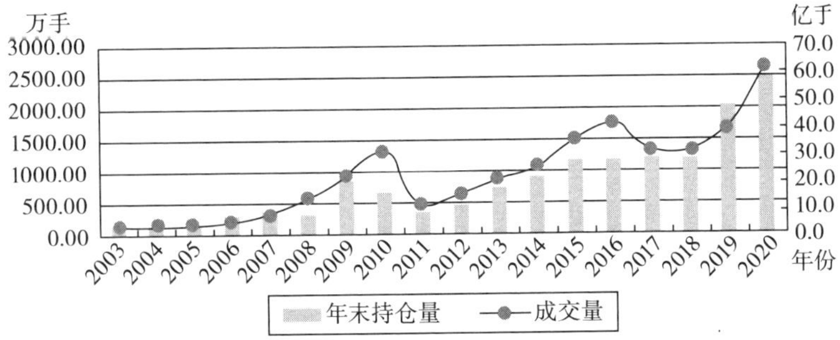

图 5－2　2003—2020 年中国期货与期权市场发展情况

资料来源：中国期货业协会。

3. 农产品板块依然领先

与国际期货市场相同，我国期货市场起源于农产品。长期以来，我国期货市场以农产品为主，2014 年之前，其交易规模一直雄踞首位。但是，随着我国期货和期权合约的不断丰富，农产品合约的交易规模在市场总交易规模中的占比开始下降。2012 年之前，农产品合约交易量占比一直超过 50%，2012 年之后波动下降，到 2020 年已经降至 32%。从交易规模来看，2020 年，农林类合约①交易量达到 19.98 亿手，10 年来年均增长 13.3%；持仓量达到 879.63 万手，10 年来年均增长 14.6%。与此相比，冶金化工类合约交易量达到 24.37 亿手，10 年来年均增长 23.01%；持仓量达到 1106.5 万手，10 年来年均增长 31.66%。金属类合约交易量达到 8.7 亿手，10 年来年均增长 21.91%。持仓量达到 252.53 万手，10 年来年均增长 15.87%。能源类合约交易量达到 7.27 亿手，10 年来年均增长 70.58%；持仓量达到 141.2 万手，10 年来年均增长 87.07%。金融指数类合约交易量达到 1.15 亿手，10 年来年均增长 8.62%；持仓量达到 85.47 万手，10 年来年均增长 33.25%。农产品合约交易和持仓规模虽然低于冶金化工类，但是依然处于较高水平，居市场领先地位（见图 5－3、图 5－4）。

---

① 农林产品中林产品（胶合板、纤维板）交易规模较小，可主要反映农产品市场变动情况。

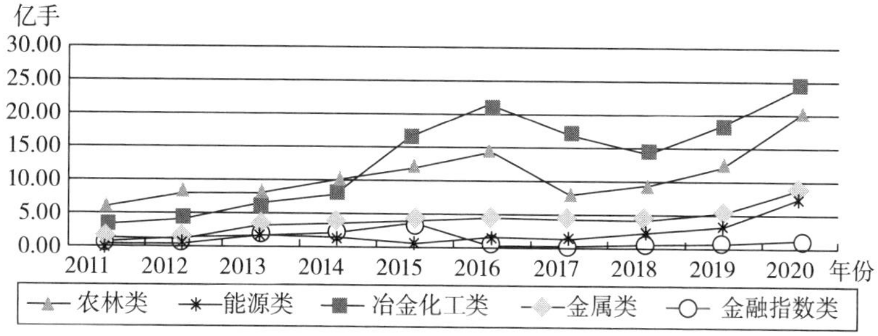

图 5－3　2011—2020 年中国期货与期权市场交易结构

资料来源：中国期货业协会。

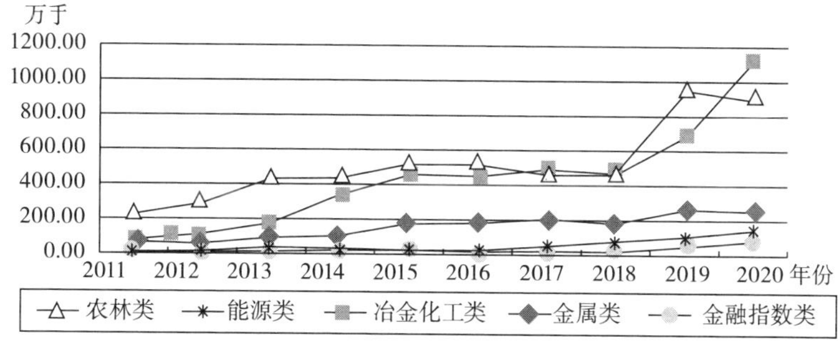

图 5－4　2011—2020 年中国期货与期权市场持仓结构

资料来源：中国期货业协会。

4. 重点农产品产业链聚集效应显现

在我国农产品期货中，油脂油料产业链期货和玉米产业链期货品种相对较为完备，是全国市场的两大主力板块，其交易规模合计占农产品类合约交易规模的比重已经从 2011 年的 32.0% 升至 2020 年的 65.3%，占全市场交易规模的比重从 2011 年的 17.4% 升至 2020 年的 21.2%；持仓量占农产品类和全市场的比重基本保持在 60% 和 30%，产业链集聚效应显现。

（1）油脂油料产业链期货继续保持领先。油脂油料产业链合约包括黄大豆一号、黄大豆二号、豆粕（期货/期权）、棕榈油、豆油等 5 个期货合约和 1 个期权合约。油脂油料产业链合约与国际贸易直接相关，受国内政策干预少，且随着大豆、棕榈油进口量的增加，多数油脂企业能够熟练运用 CBOT 的大豆期货与大商所的豆粕、豆油期货，马来西亚衍生品交易所

(BMD) 与大商所的棕榈油期货进行套保、套利以管理市场风险。油脂类期货市场表现稳健，2020 年，成交量和持仓量分别达到 9.56 亿手和 385.25 万手，10 年来年均分别增长 19.87% 和 13.36%；交易规模约占农产品合约交易规模的 47.8%，约占全市场总规模的 15.5%。与之对比，大豆是我国期货市场较早上市的期货品种。但自 2008 年开始实施的临时收储政策抬高了市场价格，降低了价格波动，导致市场价格风险下降。同时，受进口大豆冲击和玉米收益高的影响，国产大豆产量大幅下降，现货基础缩小。涉农企业利用大豆期货套保、套利的需求萎缩，黄大豆一号期货市场活跃度维持较低水平。虽然 2014 年 5 月国家启动东北大豆目标价格补贴试点，市场定价机制逐步恢复，黄大豆一号市场交易回升，2020 年交易量达到 5945 万手，同比增长 222.2%，但是黄大豆二号因转基因管理条例的限制，进口大豆暂时无法参与期货交割，其交易一直相对低迷。2017 年，大连商品交易所通过调整交割质量标准、引入厂库交割制度、优化期转现制度、调整限仓标准、增设合约月份等，黄大豆二号逐步活跃，2020 年，交易量达到 1836 万手，同比增长 3.2%，是 2017 年的 431 倍。

(2) 玉米产业链合约交易规模显著增长。玉米产业链合约包括玉米(期货/期权)、玉米淀粉、鸡蛋等 3 个期货品种和 1 个期权品种。2015 年，玉米类期货市场活跃度显著提高，交易规模大幅扩大，成交量和成交额分别达到 0.69 亿手和 1.4 万亿元，同比分别增长 635.4% 和 531.5%，持仓量和持仓额分别达到 124.9 万手和 235.2 亿元，同比分别增长 764.0% 和 576.1%。究其原因，主要在于玉米临时收储政策不断完善，自 2014 年以来政策市场化改革思路逐渐清晰，结束了临时收储价格刚性上浮的态势。2015 年，玉米日度现货价格环比波幅均值为 -0.06%，而 2014 年为 0.04%，市场价格波动幅度加大，实体经济规避价格风险的需求增加。具体来看，2015 年，玉米市场价格的影响因素较以往更为复杂。2014 年 11 月 25 日国家启动 2014/2015 年度临时收储政策。虽然临储价格同比持平，但是依然显示了对市场价格的支撑作用。2015 年 1—3 月，玉米活跃合约期货价格从 2420.6 元/吨增至 2542.8 元/吨，增长 5.05%。进入 4 月，临时收储接近尾声，而国家在 4 月 9

日提前重启销区临储玉米拍卖，玉米期货价格开始下跌。同期，我国玉米近两年积累了天量库存，而受饲料和深加工需求萎缩以及进口替代影响，玉米期货价格一路跌至10月的1805.7元/吨，较3月高位下跌29%。11月1日，2015/2016年度的临时收储政策启动，临储价格定为2000元/吨，同比下跌约10%，是玉米临时收储实施7年来首次调低，这打破了临储价格刚性上浮的固化思维。2016年3月，玉米收储制度退出，玉米供给侧结构性改革持续推进，调减“镰刀湾”地区的玉米播种面积，目标是到2020年调减5000万亩。因调减速度过快，市场对此反应强烈，玉米期货价格大幅上涨，接近2016年改革前的水平，为市场带来更多不确定性，玉米产业链市场活跃度快速提高，价格发现和套期保值的功能有了更好的发挥空间。2020年，玉米产业链合约交易量达到3.49亿手，自2015年以来年均增长33.0%；持仓量达到229.27万手，自2015年以来年均增长11.33%。

（二）市场服务主体结构分析

1. 资金总数创新高，投资者类型多元化

根据中国期货业协会数据，截至2020年年底，全市场客户保证金总量为8686亿元，较2019年年底增长超56%，较2017年年底增长超90%；期货市场有效客户数为181.80万户，较2017年年底增长42%。机构投资者数达到5.74万户，占有效客户数的3.2%，但其持仓量、成交量分别占全市场的55.59%和37.40%，同比分别增长38.0%和98.6%。近年来，期货市场开户规则不断完善，支持更多类型的机构投资者入市，丰富了客户类型。证券公司、基金公司、信托公司、保险公司、合格境外投资者、私募基金产品、期货公司子公司、期货和期权做市商等特殊单位客户进入期货市场；基本养老保险基金、商业银行和保险资金等中长期资金入市，借助期货工具实现套期保值；境外投资者入市参与境内期货交易，资本市场对外开放水平不断提高。2017年，期货市场机构投资者日均资金规模占全市场的比重为51.23%，较2015年下降了41.92个百分点（见表5－1）。这说明，随着全市场资金总量的快速增长，散户资金比重提高，为市场带来了更多流动性，优化了市场效率。

表 5－1　2015—2017 年期货市场及机构投资者日均资金规模情况

项目	2015 年		2016 年		2017 年	
	日均资金规模/亿元	占比/%	日均资金规模/亿元	占比/%	日均资金规模/亿元	占比/%
全市场	3910.0	100.00	4400.0	100.00	4700.0	100.00
机构投资者	3642.3	93.15	2399.5	54.53	2407.8	51.23
证券公司	302.6	7.74	276.3	6.28	224.17	4.77
基金公司	473.5	12.11	465.5	10.58	275.32	5.86
私募基金	192.7	4.93	533.1	12.12	716.03	15.23
保险公司	29.2	0.75	22.7	0.52	26.05	0.55
信托公司	97.3	2.49	52.8	1.20	24.39	0.52
QFII/RQFII	70.2	1.80	68.2	1.55	94.52	2.01

注：①因统计口径变动，2015 年之后，机构投资者统计包括一般法人、特殊法人和资产管理，其日均资金规模是根据年鉴数据计算得出；②2017 年之后，证券、基金、私募、保险、信托、QFII/RQFII 的日均资金规模数据暂停发布。

资料来源：《中国期货市场年鉴》（历年）。

以大连商品交易所为例，油脂油料产业链和玉米产业链两个板块的期货品种深受市场欢迎，客户规模显著扩大。其中，豆一因合约完善，参与客户和法人客户大幅增加，2020 年增幅分别达到 88.67% 和 59.84%；此外，两个期货板块的品种客户参与度都相对较高，鸡蛋、豆粕、棕榈油、玉米名列前茅，参与客户分别为 49.40 万户、49.33 万户、43.73 万户和 38.23 万户，同比分别增长 64.17%、7.50%、33.57% 和 50.04%；法人客户数分别为 2755 户、10031 户、8266 户和 2349 户，同比分别增长 43.19%、24.74%、33.65% 和 32.95%（见表 5－2）。这表明交易所顺应现货市场需求，完善产业链期货品种，通过调整合约条款、交割质量标准、交割区域及升贴水、交割流程等规则，为两条产业链企业管理风险、成本核算提供了便利，提升了产业企业期货市场的参与度，进而为期货品种功能发挥奠定了良好的市场基础。

表 5－2　2020 年农产品期货主力板块品种投资者结构

项目品种	参与客户数/户		法人客户数/户	
	2020 年	同比增减	2020 年	同比增减
豆　二	11.24 万	32.46%	2067	20.10%
豆　粕	49.33 万	7.50%	10031	24.74%
豆　一	29.50 万	88.67%	5334	59.84%
豆　油	34.60 万	29.20%	7817	30.02%
鸡　蛋	49.40 万	64.17%	2755	43.19%
玉　米	38.23 万	50.04%	2349	32.95%
玉米淀粉	12.74 万	36.70%	3594	26.91%
棕榈油	43.73 万	33.57%	8266	33.65%

注：这里的法人客户仅代表一般法人客户。

资料来源：大连商品交易所。

2. 期货公司发展稳健，业务不断升级

期货公司是交易者与期货交易所之间的桥梁。近年来，我国境内期货公司数量相对稳定，2014 年为 151 家，2015—2019 年均保持在 149 家。但是，期货公司的营业部数量持续扩张，从 2014 年的 1542 家增加到 2019 年的 1903 家，增长了 23.4%，这表明期货公司业务正在不断扩展，覆盖区域范围在不断扩大。同期，期货行业净资本稳步提升①。截至 2019 年年末，我国期货公司总资产为 6260 亿元，净资产为 1169 亿元，较 2018 年年底分别增长了 16.0% 和 9.3%；期货公司净资本为 717.46 亿元，较 2014 年增长了 50.97%（见表 5－3）。期货公司通过国内资本市场主板融资实现突破，南华期货在主板上市，瑞达期货在中小板上市；H 股上市的公司为鲁证期货和弘业期货；在新三板挂牌的期货公司有 15 家。期货公司资本实力正在不断加强，这一方面有利于增强抗风险能力，另一方面将有力地支持期现业务、做市业务、场外衍生品业务、资管业务等创新业务的发展。

① 所谓净资本，是在期货公司净资产的基础上，按照变现能力对资产、负债项目及其他项目进行风险调整后得到的综合性风险监管指标。净资本的计算公式为：净资本 = 净资产 － 资产调整值 + 负债调整值 － 客户未足额追加的保证金 －/＋ 其他调整项。

表 5-3　2014—2019 年期货公司数量及净资本规模变动情况

年份	2014	2015	2016	2017	2018	2019
公司/家	131.00	149.00	149.00	149.00	149.00	149.00
营业部/家	1542.00	1594.00	1603.00	1673.00	1901.00	1903.00
净资本/亿元	475.24	596.65	684.81	750.12	749.25	717.46

资料来源：《中国期货市场年鉴》。

随着资本实力的增强，期货公司业务多元化拓展在提速，但以经纪业务为主的模式尚未得到根本改变。截至 2019 年，149 家期货公司全部开展经纪业务，营业收入为 129 亿元，同比增长 3.06%，较 2016 年增长 98.5%，占营业收入总额的 47.16%；期货公司代理交易额为 273.88 万亿元，同比增长 38.56%，较 2016 年增长 40.00%；115 家具有投资咨询业务资格，59 家实现收入 1.49 亿元，同比下降 5.98%，较 2016 年下降 40.40%，占营业收入总额的 0.54%；129 家具备资产管理业务资格，实现收入共计 7.73 亿元，同比下降 3.38%，较 2016 年增长 42.40%，占营业收入总额的 2.80%；共设立 86 家风险管理子公司，有 84 家完成风险管理公司试点备案①，业务开展以仓单购销为主，还包括仓单质押、仓单回购、合作套保、场外业务（场外期权、互换、远期）等，其中互换业务增长最快；其总资产为 621.74 亿元，同比增长 57.0%，较 2016 年增长 179.8%；全年净利润为 4.05 亿元，同比增长 130.0%，是 2016 年的 3.5 倍。

二、期货市场功能发挥情况

当前，我国经济社会发展新格局正在形成，期货市场总体运行保持平稳，运行质量稳中有升，市场功能发挥水平得到进一步提升。

（一）价格发现功能分析

从国际成熟期货市场经验来看，期现货价格相关性高，具有长期稳定的期货引导现货的关系，表明期现结合紧密、价格发现功能发挥良好。为

① 资料来源：《中国期货市场年鉴》（2019）。

了激活不活跃合约，市场全面推行做市商制度，截至2020年年底，实施做市制度的期货期权品种总数达到65个，做市品种的流动性和活跃合约连续性显著提升。在国内全市场范围，多数品种的期现价格相关性保持持续改善。截至2020年10月底，期现相关性在0.9以上的期货品种超过63%。大豆、豆粕等成熟品种期货价格正逐步成为产业链企业的定价基准。对CPI、PPI有重要影响的期货品种如玉米、铁矿石、铜等，其期货定价质量和影响力不断增强，为国家宏观经济调控提供了重要价格参考。“期货价格+升贴水”定价模式日益普及，推动了贸易方式变革。

以油脂油料和玉米产业链两个主力板块为例，2020年，8个期货品种的价格发现功能均表现较好，其中玉米、玉米淀粉、黄大豆二号、豆粕、豆油、棕榈油的价格相关系数均在0.9以上；黄大豆一号的价格相关系数虽然仅为0.72，但与2019年的0.25相比显著提高，而且是2014年以来的最高水平；鸡蛋的价格相关系数为0.81，比2019年下降6.9%，但也是2014年以来的较高水平（见表5-4）。

表5-4　2014—2020年农产品主力板块品种期现价格相关系数

农产品名称	2014年	2015年	2016年	2017年	2018年	2019年	2020年
玉　米	0.06	0.76	0.61	0.69	0.31	0.69	0.98
玉米淀粉	—	0.93	0.57	0.64	0.73	0.57	0.94
黄大豆　号	0.50	0.10	0.41	0.44	0.72	0.25	0.72
黄大豆二号	0.87	0.56	0.95	0.87	-0.08	0.18	0.93
豆　粕	0.87	0.86	0.90	0.81	0.74	0.87	0.90
豆　油	0.97	0.64	0.95	0.98	0.83	0.99	0.98
棕榈油	0.90	0.96	0.92	0.82	0.95	0.99	0.98
鸡　蛋	0.55	0.05	-0.34	0.94	0.48	0.87	0.81

资料来源：历年《大连商品交易所品种运行情况报告》。

（二）套期保值功能分析

整体来看，我国期货品种基差关系相对稳定[①]，套期保值效率提高[②]。截至2020年10月底，期货市场套期保值效率在90%以上的期货品种超过55%。

以油脂油料和玉米产业链两个主力板块为例，2020年，8个期货品种的套期保值功能总体表现较好，多数基差为正，基差关系相对稳定；除豆粕外，其他7个品种的套期保值效率功能均处于历史最高水平或接近最高水平。其中，黄大豆二号、豆油、棕榈油和鸡蛋的套期保值效率都在0.90及以上，说明企业通过参与期货市场进行套期保值，其收益风险可以被覆盖90%以上；玉米、玉米淀粉和黄大豆一号的套期保值效率相对较高，分别能覆盖客户企业75.87%、57.37%和74.64%的收益风险（见表5-5）。

---

① 基差由持仓费构成，是套期保值成功与否的基础，可以从以下两个方面来分析：一是基差的正负特征。由于持仓费的存在，基差（现货-期货）应为负值，是套期保值交易的理想环境。但是在一些特殊情况下，基差也会出现正值，通常被称为基差倒挂。二是基差的到期收敛性，这也是套期保值能够实现的基本条件。基差的到期收敛性是指随着最后交易日的临近，持仓费逐渐减小并趋向于零，也就是期货价格接近于现货价格。

② 套期保值效率代表了参与套期保值后收益风险的降低程度。其计算方法有两步：第一步为分别按周、月、季度套保期限，以最小二乘法计算当年（周）、最近3年（月）、最近5年（季度）的静态最优套期保值比率：$\Delta \ln s_t = \alpha + \beta \Delta \ln F_t + \varepsilon_t$，其中$\Delta \ln s_t$和$\Delta \ln F_t$为$t$时刻现货价格和期货价格的（周、月、季）对数收益率；斜率β为所求的最优套期保值比率。第二步为套期保值效率，是指按照最优套期保值比率对冲风险后期现货组合的风险相对不对冲时现货风险减少的比率：套期保值效率 = $\frac{\text{套保前期货收益率方差} - \text{套保后期现组合收益率方差}}{\text{套保前期货收益率方差}}$，分别按周、月、季度套保期限计算当年（周）、最近3年（月）、最近5年（季度）的套期保值效率。套保期限越长，期现货价格的同步性越高，套期保值效率也越高。

表 5－5　2014—2020 年农产品主力板块品种基差均值与套保效率

农产品品种				2014 年	2015 年	2016 年	2017 年	2018 年	2019 年	2020 年
玉米	基差	均值	元/吨	354.09	87.34	328.24	－17.68	－4.57	－15.00	－28.00
		标准差	元/吨	162.09	197.00	108.53	57.57	82.87	41.24	55.50
		最大	元/吨	675.00	406.00	508.00	121 00	191.00	71.00	117.00
		最小	元/吨	－162.00	－205.00	68.00	－151.00	－145.00	－107.00	－169.00
	到期价格收敛性	到期日基差	元/吨	8.50	78.00	44.75	30.17	42.68	－42.00	－26.17
		期现价差率	%	0.23	3.52	2.39	1.31	2.09	2.34	3.47
	套期保值效率	周（当年）	%	60.77	35.74	57.64	39.78	39.97	69.83	75.87
玉米淀粉	基差	均值	元/吨	—	177.09	198.98	－37.06	27.25	169.00	11.10
		标准差	元/吨	—	144.22	131.45	100 82	64.67	64.38	92.78
		最大	元/吨	—	537.00	474.00	158 00	173.00	310.00	289.00
		最小	元/吨	—	－60.00	－125.00	－273.00	－83.00	－29.00	－193.00
	到期价格收敛性	到期日基差	元/吨	—	－95.00	73.00	134 83	29.00	－23.17	11.00
		期现价差率	%	—	2.30	3.33	6..62	5.24	7.51	1.38
	套期保值效率	周（当年）	%	—	19.07	79.54	30.36	41.75	48.65	57.37

续表

农产品品种				2014年	2015年	2016年	2017年	2018年	2019年	2020年
黄大豆一号	基差	均值	元/吨	234.60	-94.68	388.8	291.52	176.26	-148.79	271.19
		标准差	元/吨	167.56	158.62	115.79	192.12	155.41	131.36	374.40
		最大	元/吨	594.00	186.00	598.00	535.00	621.00	164.00	901.00
		最小	元/吨	-102.00	-490.00	108.00	-206.00	-221.00	-518.00	-332.00
	到期价格收敛性	到期日基差	元/吨	81.33	-74.00	356.75	278.83	175.00	-31.83	298.63
		期现价差率	%	1.70	-1.85	8.90	8.68	9.49	6.92	5.58
	套期保值效率	周(当年)	%	16.23	14.14	54.61	38.39	43.24	15.19	74.64
黄大豆二号	基差	均值	元/吨	108.44	17.57	-299.18	-115.00	66.00	95.71	23.87
		标准差	元/吨	195.33	110.26	92.21	224.67	197.97	59.68	93.20
		最大	元/吨	484.00	294.00	-92.00	167.00	464.00	242.13	270
		最小	元/吨	-692.00	-231.00	-564.00	-682.00	-362.00	-130.82	-255.00
	到期价格收敛性	到期日基差	元/吨	-193.17	-9.00	-250.25	-123.08	89.08	28.39	36.28
		期现价差率	%	-4.55	-0.28	-7.48	12.19	8.87	6.65	4.81
	套期保值效率	周(当年)	%	3.38	1.67	0.82	77.23	79.92	91.30	93.70

续表

农产品品种				2014 年	2015 年	2016 年	2017 年	2018 年	2019 年	2020 年
豆粕	基差	均值	元/吨	354.09	111.41	158.19	126.70	112.28	66.91	-25.70
		标准差	元/吨	162.09	85.22	68.55	110.34	119.39	108.27	91.29
		最大	元/吨	675.00	310.00	307.00	533.00	498.00	-286.00	218.00
		最小	元/吨	-162.00	-44.00	-34.00	-46.00	-147.00	-135.00	-190.00
	到期价格收敛性	到期日基差	元/吨	8.50	17.00	95.60	57.88	8.38	49.50	-43.28
		期现价差率	%	0.23	0.59	3.25	2.93	2.25	1.97	1.82
	套期保值效率	周（当年）	%	21.06	66.99	91.96	80.26	80.31	73.74	79.14
豆油	基差	均值	元/吨	-79.15	110.88	91.78	78.53	-173.42	-45.74	247.02
		标准差	元/吨	127.23	126.48	133.99	162.76	68.30	158.72	185.42
		最大	元/吨	156.00	374.00	316.00	434.00	-44.00	322.00	886.00
		最小	元/吨	239.00	-182.00	-256.00	-326.00	-360.00	-416.00	-48
	到期价格收敛性	到期日基差	元/吨	239.00	66.00	135.00	-164.00	37.75	330.00	218.45
		期现价差率	%	3.46	1.12	2.16	-0.88	3.40	4.24	5.31
	套期保值效率	周（当年）	%	63.85	57.68	91.72	90.74	91.93	96.72	95.82

续表

农产品品种				2014 年	2015 年	2016 年	2017 年	2018 年	2019 年	2020 年
棕榈油	基差	均值	元/吨	-76.86	-18.97	171.79	165.17	-68.8.00	-53.43	267.79
		标准差	元/吨	136.78	136.53	272.12	156.74	104.48	100.87	147.96
		最大	元/吨	312.00	326.00	760.00	534.00	170.00	242.00	546.00
		最小	元/吨	-364.00	-348.00	-370.00	-134.00	-442.00	-310.00	-78.00
	到期价格收敛性	到期日基差	元/吨	21.50	3.00	330.50	-71.50	-141.50	176.33	262.23
		期现价差率	%	0.30	0.07	6.27	2.88	3.73	4.16	4.11
	套期保值效率	周(当年)	%	55.51	60.39	56.30	77.66	76.24	99.16	98.61
鸡蛋	基差	均值	元/吨	-235.60	-452.44	-315.26	-826.39	-203.87	-199.97	-149.31
		标准差	元/吨	447.79	534.14	658.40	614.91	546.20	610.70	307.95
		最大	元/吨	640.00	660.00	1068.00	537.17	898.00	921.00	987.00
		最小	元/吨	-1303.00	-1391.00	-1261.00	-1831.83	-1353.00	-2346.27	-849.00
	到期价格收敛性	到期日基差	元/吨	-85.30	-151.67	117.95	-292.30	-214.75	-241.57	-130.98
		期现价差率	%	-1.91	-4.34	3.29	11.66	8.83	-8.36	5.99
	套期保值效率	周(当年)	%	18.45	0.94	40.88	87.76	54.01	78.38	89.85

资料来源:《大连商品交易所品种运行情况报告》(相关年份)。

（三）市场功能发挥实践

随着期货品种市场功能的提升，越来越多的市场主体参与期货市场进行风险管理。据统计，沪、深两市上市公司中有400多家利用期货衍生品进行风险管理，覆盖近30个行业。例如，在国内油脂油料行业中，大商所期货价格已经成为全球大豆销区价格的代表，并构成了以大连价格为核心、辅之以相关地区价格基差的期现一体化价格体系。据调查，日压榨能力在1000吨以上的油脂油料企业、行业重要压榨集团均是大连农产品期货市场的主要参与者，积极利用大商所农产品期货品种进行套期保值、规避风险，而2015年这些企业的期货市场参与度为90%，参与套期保值的企业比率仅为70%。豆粕、豆油、棕榈油等活跃品种的单位客户持仓量占比均在50%以上，接近境外市场水平。投资者结构持续改善，资产管理客户、特殊法人客户等新型机构客户成长迅速，持仓量占比达到16%，年度日均持仓量同比增长72%。目前，90%以上大中型油脂油料企业、国内85%以上的棕榈油进口企业参与了大商所的期货交易，积极开展内外盘套期保值和基差点价。越来越多的涉农企业借助期货工具积极探索新的经营模式，通过套保、套利、辅助融资等多种方式提升企业的风险管理水平和能力。此外，我国东北、中原地区部分涉农企业和农户时时关注农产品期货价格，作为与交易对手讨价还价的依据，保护自身利益。2017年，黄大豆二号期货新合约上市并保持活跃，对于为进口大豆的国内全额提供完备风险管理工具、积极应对2018年中美贸易摩擦、推动制定“中国标准”、形成“中国价格”、保障粮食安全，意义重大。

三、期货市场运行展望

当前，我国正处于百年未有之大变局与构建国际国内“双循环”新发展格局的历史时期，期货市场的发展同样面临诸多挑战。目前，我国期货市场“新兴加转轨”特征明显，市场功能发挥受多方面因素制约。从国际来看，期货市场历史悠久，一些重要大宗商品的价格形成中心主要在美英的期货交易所，我国企业应对价格风险颇为被动，这也给国家经济金融安全带来诸多隐患。从国内来看，一是就市场组织者、中介机构和监管者而言，期货交易所相关规则还不能满足套期保值者的个性化甚至某些共性需求，在防风险与便利套期保值者之间更多地关注了前者；同时，中介机构的服务模式大部分不能适应套期保值企业的需要，监管部门的监管理念、模式和方法还不能完全适应市场发展要求。二是产品结构不合理。当前市场仍以商品期货为主，金融期货及场外衍生品的发展还不够充分。三是投资者结构不合理。法人客户占比较低，主要以散户为主，流动性质量不高，机构投资者和套期保值企业参与度低。四是法规政策对企业利用期货市场的制约较多。产业客户尤其国有企业和金融机构参与交易存在不少体制机制障碍。①

展望未来，中国期货市场在不确定的环境下更应发挥好市场功能，这是时代的要求，也是历史趋势。自 2016 年以来，我国市场环境进一步优化，逐步采取“分品种施策、渐进式推进”的方法，完善农产品市场调控制度的基本要求，粮食产销制度得到进一步完善，农产品市场定价机制进一步加强。2020 年，我国脱贫攻坚取得全面胜利并推进衔接乡村振兴战略，农业农村进入新的发展阶段。随着乡村振兴战略推进和市场化进程加快，农业领域也会迎来一些积极变化，如国内外价格倒挂逐步消除、下游企业活力逐步恢复、农业产业链条运行效率改善等。② 以此为契机，我国期货市场在发展商品期货市场、推出商品期权、改善市场投资者结构、推进监管转型等方面做出更多努力，推动期货市场更好地为实体经济服务。结合各类业务做好制度创新研究，努力提升市场运行质量和效率，深化市场服务，推动期货市场与实体产业的深度融合，努力构建良性、健康、共赢、发展的期货市场新生态。

---

① 姜洋. 我国期货市场具备向更高层次发展的基础[J]. 中国金融,2014(5):9-11.

② 张秀青. 临储价格刚性上浮结束 玉米产业回归市场可期[J]. 中国粮食经济,2015(1):42-44.

第六章　期货市场服务宏观调控

宏观调控的主要目的是促进经济增长、增加就业、稳定物价、保持国际收支平衡，国家会运用经济手段、法律手段和必要的行政手段以实现宏观调控的目标。财政政策和货币政策是国家在宏观调控中最常用的经济手段。同时，国家还可以通过制定与实施经济发展战略和规划、收入分配政策、产业政策等，对经济活动参与者进行引导，以实现国民经济持续健康发展。另外，国家还可通过制定和运用经济法规等法律手段，或采取具有强制性的行政命令、指示等行政手段，影响和调节宏观经济，促进国民经济持续健康发展。

1978 年以前，中国经济体制属于传统计划经济体制，直接面向企业等生产者的指令性计划和行政命令是进行国家宏观经济管理的基本手段。1978 年之后，中国政府对国民经济运行的干预和管理方式开始转型，宏观调控的方式向社会主义市场经济体制转型。同时，市场逐步成为资源配置的基础性手段并逐渐在资源配置中起决定性作用。期货市场是在商品市场的基础上发展起来的，是市场体系的组成部分。期货市场逐渐发展壮大，金融机构、大宗商品交易商、实体企业越来越多地参与进来，其功能发挥也越来越健全、高效，期货市场在宏观调控中也就有了越来越多的痕迹，其服务路径主要有两条：一是期货市场通过蕴含的通货膨胀和供求平衡信息，为宏观决策提供参考，即预期管理；二是期货市场通过国际贸易定价机制影响一个国家或多个国家的价格水平。谁能主导国际定价机制，谁就掌握了国际定价权。以下分别从预期管理和国际定价权两个方面进行介绍。

一、预期管理与期货市场

预期是人们对未来经济变量变化趋势的主观判断和估计，是影响宏观经济运行的重要变量。自2008年国际金融危机以来，预期管理已成为国内外学术界和政策界关注的焦点，我国政府也反复提出将“管理好通胀预期”作为宏观经济调控的重要着力点。近两年，我国经济增速开始回落，供给侧结构性改革不断推进，出现了“经济增长放缓，股市、期市、房市过热”等现象，社会对宏观经济前景预期分化，加强预期管理、正确引导市场有助于国民经济的平稳运行。有效预期管理的前提是准确研判预期。我国期货市场经过20多年的发展，已经初步具备在更高层次上服务国民经济发展的能力。期货市场价格不仅公开、透明，而且充分反映了市场参与者的共同预期，通过对期现货价格、不同合约之间价格关系的分析判断，可为预期管理提供有力参考。

（一）预期管理理论发展及预期测度

1. 预期理论发展及形成机制

在经济学中，关于预期的思想最早可以追溯到亚当·斯密的《国富论》，亚当·斯密认为自由市场的价格机制是一种良好的预期协调机制。但是，直到凯恩斯主义产生以后，人们才真正开始重视预期对经济理论的重要意义，逐步形成了以适应性预期为代表的静态预期、理性预期、近理性预期以及学习型预期等四类预期机制。①

“预期”原本是一种心理现象。从形成机制来看，它是主观心理与客观条件（如物价、供求等经济变量的变动）相互作用的产物。在市场中，每个人以自身所处的客观条件为基础，形成各自对经济变量未来变化趋势的预期。通过大众媒介等的传播，个体预期将融合成社会公众预期。个人预期和公众预期都会对社会经济主体的具体投资行为、消费行为等微观决

① 李成，马文涛，王彬. 学习效应、通胀目标变动与通胀预期形成［J］. 经济研究，2011（10）：39－53.

策产生影响，进而影响和制约宏观经济运行。同时，预期形成机制的改变和公众预期的意外变动也是宏观经济波动的重要源泉①。宏观经济运行状况又影响到政府宏观经济政策的选择与实施。反过来，宏观经济政策的松紧调整影响宏观经济的运行，宏观经济运行状况又会影响消费者的消费决策和投资决策，进而促使经济主体形成不同的预期。总的来看，公众预期的变迁可对宏观政策的传导产生积极或消极的影响，反过来宏观政策调整也会造成公众预期变动，预期与宏观政策之间是相互影响的（见图6－1）。基于此，Woodford 于2003 年正式提出“预期管理”的概念。② 依据货币政策理念与实践的演变，预期管理可划分为传统预期管理阶段和现代预期管理阶段③。其中，传统预期管理的核心在于通过调节短期利率、基础货币等变量，让宏观政策强制引导社会预期。现代预期管理更加重视以通胀目标为代表的名义锚在预期管理中的引导与指示作用④，强调在预期管理过程中应更加积极地运用汇率目标制、货币目标制、名义收入目标制、通胀目标制等目标盯住规则。预期管理工具主要包括政策承诺⑤、中央银行沟通与前瞻性引导策略。⑥

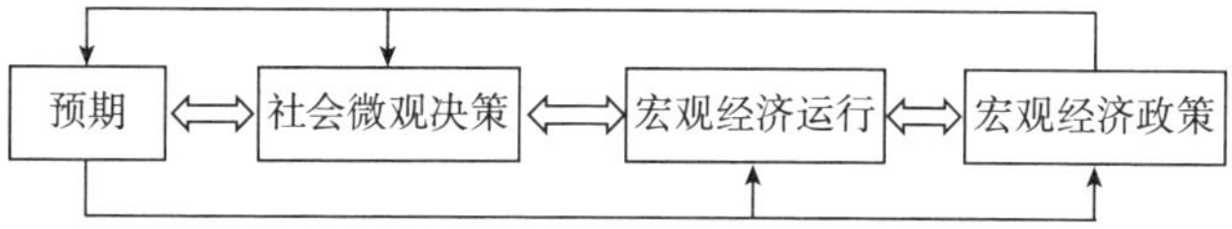

图6－1　预期在宏观经济中的传导机制

---

① Benanke B. , The Great Moderation [C]. Speech at Meetings of the Eastern Economic Association, Washington, 2004.

② Woodford M. , Interest Rate and Prices – Foudation of a Theory of Monetary Policy [M]. New Jersey: Princeton University Press, 2003.

③ S. Morris, H. S. Shin. Coordinating Expectation in Monetary Policy [A]//J. P. Touffut. Central Banks as Economic Institutions. Massachusetts: Edward Elgar Publishing, 2008.

④ 名义锚（Nominal Anchor）就是指货币政策的参照变量，中央银行必须长期关注这些参照变量从而达到自己定下的目标。

⑤ 政策承诺规则性体现为目标盯住规则，包括汇率目标制、货币目标制、名义收入目标制、通胀目标制和价格目标制等。

⑥ 马文涛. 全球视角的通货膨胀预期管理：历史经验与现实启示[J]. 数量经济技术经济研究，2014(11)：86－102.

2. 预期测度方法及其局限性

现代预期管理有效实施的前提是对预期的准确判断。发达国家对预期管理的研究开展较早，在预期测度方面积累了较多经验。目前，衡量预期的方法主要有计量经济模型法、调查问卷法和指数化工具法三类。但是，这些方法各自都存在一些局限。

（1）计量经济模型法存在数据质量不高的问题。计量经济模型法通常会有“在其他条件不变的情况下”的假设，由于一些实际变化不能被及时反映在模型之中，而显得不切实际。这是计量经济模型法与生俱来的问题。除此之外，该方法经常会遇到所需数据不足或者数据质量不高等问题。在实际度量预期的问题中，许多事件尽管对度量非常有用，但难以获得可利用的数据。此外，一些权威机构数据的完善性和精确性也有待提高。

（2）调查问卷法难以全面覆盖。调查问卷法是中央银行对公众预期度量的主要形式。但是，该方法在选取调查对象时多为随机抽取，调查数据的代表性存在疑问，调查问卷问题的设置难以覆盖不同性质的调查对象，比如普通的投资者和消费者与专家学者以及专业机构等对预期的看法会有很大的差异。

（3）缺乏预期指数化工具。指数化工具主要是指通胀指数化债券（Inflation – Indexed Bonds，IIS）①，一般根据IIB实际收益率与普通国债的名义收益率之差来计算通胀预期的变动值，目前已有近20个国家推出IIB②。指数化工具法在获得通胀信息方面具有一定优越性，但我国尚未推出与公共预期相关的指数化工具，也就没有相应工具可以利用。

（二）期货市场的宏观预期功能及应用

期货市场具有发现价格的功能，且通过市场的实际交易产生公开、透明的数据体系，具有公开、全面、及时的特点。众多投资者参与交易，保

---

① 通胀指数化债券，是指本金和利息的到期支付根据通货膨胀情况的相应变动而调整，以规避长期债券投资购买力风险的债券。

② 耿雷，于秋萍. 我国发行通胀指数化债券的必要性与可行性分析[J]. 时代金融，2012（6）：210 – 213.

证了期货市场可以表达更广泛群体对市场的看法。另外，连续的期货价格就是一种价格指数，具有预期指数化工具的优越性特征。因此，利用期货市场机制和数据把握预期变化，可有效弥补现有测度方法的不足。现将利用期货市场进行宏观预期的原理和方法进行阐述。

1. 期货市场的宏观预期功能

期货市场汇集了各类交易者和几乎所有关于商品的供求信息，价格形成具有前瞻性和公开透明性。根据交易行为，交易者可以分为套期保值者、套利者和投机者。通常套期保值者会根据现货头寸做卖出或买入套保，套利者会根据某些商品或合约过热而产生的不合理价格偏差进行操作，投机者则通过买低卖高以获取收益。他们利用各种方式收集整理有关价格变动的信息，根据自身情况和判断发出交易指令，并将这些指令集中在交易所内公开竞价。买卖双方彼此竞价，使得价格趋于均衡。正是这种价格形成机制让期货市场汇集了所有交易者对未来市场（挂牌的期货合约均代表未来月份）走势的预期。这是期货市场具有价格预期功能的基础。

在实际操作中，不同的交易者对同一个合约同一个时点价格走势的看法不尽相同。因此，有的买进，有的卖出。我们可以将其看成交易者用资金进行“投票”或者是“回答预期调查问卷”。当“买进”或“卖出”汇成一定时期的主流行为时，市场价格就会上涨或者下跌，“调查问卷”的结果也就统计出来了。一个期货合约或期货品种仅代表一个行业，所有期货品种交易者的交易行为融汇在一起，就构成了交易者对宏观经济整体运行情况的看法，也就形成了宏观预期。由于期货市场数据具有连续性，还能预期宏观经济走势，也可将其看作类似于通胀指数化债券收益率的指数化工具。需要说明的是，预期的形成和预期是否正确并不是一回事，也就是通常所说的经济形势变化会出乎人们的意料。这是因为在合约月份成为交割月份之前，市场形势可能会出现变化，人们的交易行为也将随之发生改变。

2. 期货市场价格在预期管理中的应用

通常一个期货品种有多个不同交割月份的合约，同时产生多个合约价格。在我国，农产品期货的交割月份多为单数月份（1 月、3 月、5 月、7

月、9月、11月），能源化工和金属则在一年12个月中均可交割[①]。我们将持仓量或成交量最大合约的价格连接起来就形成该期货品种的主力连续合约。“基差”和“近远月价差”是期货价格分析的两个重要指标。其中，基差是指某一特定地点某种商品的现货价格减去相同商品某一特定期货合约价格的差值；近远月价差是指某种商品不同期货合约之间的价差，通常是近月合约价格减去远月合约价格。当期货价格高于现货价格或者远期期货合约价格大于近期期货合约价格时，这种市场状态称为正向市场。此时，基差或近远月价差为负值。当现货价格高于期货价格或者近期期货合约大于远期期货合约时，这种市场状态称为反向市场（或现货溢价）。此时，基差或近远月价差为正值。根据正向市场或反向市场判断宏观经济发展趋势的基本逻辑如下：

（1）正向市场是交易者乐观预期的表达。在正向市场里，多数投资者通常在操作上表现为“买远抛近”，期货价格保持高于现货价格，远期价格高于近期价格。这可看作交易者用资金“投票”给远期或未来，即对远期或未来持乐观态度，从而促进投资和消费逐步增加，带动宏观经济回稳向好（见图6-2）。

（2）反向市场是交易者悲观预期的表达。在反向市场里，多数投资者对近期某种商品需求迫切或预计远期该商品供给大幅增加，通常在操作上表现为“买近抛远”，现货价格保持高于期货价格，近期价格高于远期价格。这可看作交易者用资金“投票”给近期或当前，对远期或未来持悲观态度，从而使市场投资和消费逐步减少，影响宏观经济向好发展（见图6-2）。

① 具体期货品种的交割月份详见各期货交易所网站。

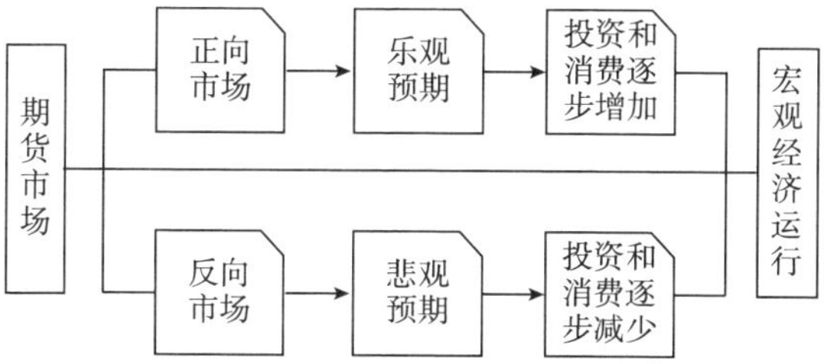

图6－2　期货市场反映宏观经济运行的途径

（二）通过期货市场价格数据预判经济走势

经过20余年的发展，我国期货市场的广度和深度不断拓展，商品期货品种已达46个，基本覆盖了国际市场上主要的大宗商品种类，形成了包括农产品、金属、能源和化工等诸多产业领域在内的商品期货体系。2016年，我国期货市场成交量和累计持仓量分别为41.38亿手和33.77亿手，2000年至今，分别以年均58.16%和64.66%的速度增长。从市场功能来看，油脂油料、煤焦矿钢等多个期货品种已经成为企业稳定运营必不可少的工具，期货市场的功能发挥水平得到显著提高。利用我国期货市场数据进行经济走势分析不仅具有理论依据，也具有现实基础。在这里，我们对2014年以来的期货价格数据进行处理分析，并研判2017年下半年的经济走势。

1. 期货价格在预期管理中的运用方法

将期货价格应用于预期管理主要是通过构造“基差预期指数”和“近远月预期指数”来完成的。首先，根据期货市场价格数据整理出各期货品种主力连续合约价格（这里主力为交易量最大），计算出对应的每日基差、近远月价差，并将每月、每季度或每半年的日度数据进行平均，据此判断出某个期货品种是处于正向市场还是处于反向市场。这里选用主力连续合约，主要是因为主力连续合约“人气”最旺，用其判定正向市场或反向市场也更具代表性。其次，统计出所有期货品种处于正向市场或反向市场的个数，构造出一系列月度、季度或半年度的“基差预期指数”和“近远月预期指数”，以研判大宗商品市场的宏观经济形势。这种指数类似于“经济景气指数”，方法简便易行且数据可信，克服了现有方法的部分局限和不足。但是，期货市场应用于预期判断和管理还有多方面需要深入探索。例如，期货市场及其价格特性仍需要进一步研究挖掘，数据选择和指标构建仍需完善等。

2. 数据选取与计算

这里选取各期货品种2014年1月至2017年6月的主力连续合约价格，计算相应品种的基差和近远月价差。在我国，农产品和能源化工的主力合约多为1月、5月、9月合约，金属类的主力合约则是逐月更替，比如1月对应的主力合约为当年的3月合约，2月则为4月合约，以此类推。计算时，“基差＝基准交割地现货价格－主力合约收盘价”“近远月价差＝主力合约收盘价－4个月后的主力合约收盘价”。[①] 具体来看，对于农产品和能源化工期货品种，基差（1—3月）＝基准交割地现货价格－5月合约收盘价，基差（4—6月）＝基准交割地现货价格－9月合约收盘价，近远月价差（1—3月）＝5月合约收盘价－9月合约收盘价，近远月价差（4—6月）＝9月合约收盘价－第二年1月合约收盘价；对于金属类期货品种，基差（1—3月）＝基准交割地现货价格－3/4/5月主力合约收盘价，基差（4—6月）＝基准交割地现货价格－6/7/8月主力合约收盘价，近远月价差（1—3月）＝3/4/5月主力合约收盘价－7/8/9月主力合约收盘价，近远月价差（4—6月）＝6/7/8月主力合约收盘价－10/11/12月主力合约收盘价，以此类推。最后，再分别计算出每个月份的基差和近远月价差的平均值，并分别统计出基差和近远月价差为负值（即处于正向市场）的品种个数，便得到“基差预期指数”和“近远月预期指数”。

3. 计算结果与分析

（1）历史数据分析

我国期货市场以商品期货为主，上市交易品种基本都是农产品和工业

---

① 个别期货品种有所不同，可适当调整。例如，钢材类期货的主力合约不是9月，而是10月，则选择1610合约收盘价。

品等大宗原材料类产业上游产品，它的预期水平与宏观指标密切联系，比如PMI、PPI、宏观景气指数（先行指标）等。

通过分析，随着期货品种数量的增加，期货预期指标反映宏观经济发展的能力逐步提升，基差预期指数和近远月预期指数与宏观指标的相关性由弱变强，并在2015年3月达到目前的最好水平。[①] 2015年3月至今，基差预期指数与财新PMI的相关系数为0.74，与PMI的相关系数为0.60，与PPI的相关系数为0.79。与基差预期指数相比，近远月预期指数与宏观指标的相关性较弱。近远月预期指数与财新PMI的相关系数为0.20，与PMI的相关系数为0.64，与PPI的相关系数为0.30、与宏观景气指数（先行指标）的相关系数为0.37。基差预期指数与宏观经济指数相关性更强主要是因为基差预期指数反映未来3个月的预期情况，近远月预期指数反映未来6个月的预期情况，而宏观经济指标以现货市场数据为基础，与基差预期指数反映的时间段更为接近。这也说明利用近远月预期指数可以反映未来更长时间的经济情况，期货市场预期指标与现有的宏观经济指标相比有自己独特的优势。

（2）未来形势预判

自2016年1月以来，基差预期指数从14上升至7月的26，随后又下降至10月的17；近远月预期指数从18上升至6月的26，随后又回落至11月的20。由于基差预期指数和近远月预期指数比宏观数据分别提前3个月和6个月，国内宏观经济数据在随后几个月里呈现出相应变动，自2016年3月起，财新PMI和PPI逐步回升，分别于11月和12月升至51.9和51.7。随后，财新PMI和PPI分别于2017年1月回落至51.0和51.3。同期，PPI同比负增长幅度已从-5.3%升至3.3%，由负转正，持续增长。

自2016年年末，基差预期指数和近远月预期指数逐步回升。截至2017年1月，基差预期指数和近远月预期指数已经分别回升至19和24。可见，随着国内外利好宏观经济信息的充分吸收，投资者的悲观情绪逐步

① 在我国当前的46个商品期货品种中，镍、锡是最后上市的两个品种，上市时间为2015年3月。

降低，市场预期正在趋于好转，预示 2017 年第一、第二季度经济向好，供给侧结构性改革措施初见成效，发展态势改善。但与 PMI、PPI 等宏观指标的回升速度相比，基差预期指数和近远月预期指数回升相对缓慢，说明当前改革中依旧存在结构性失衡和资源错配问题，在“去”与“降”之后，“补”的部分还没有跟上来，宏观经济形势依然要谨慎乐观（见图 6 –3）。

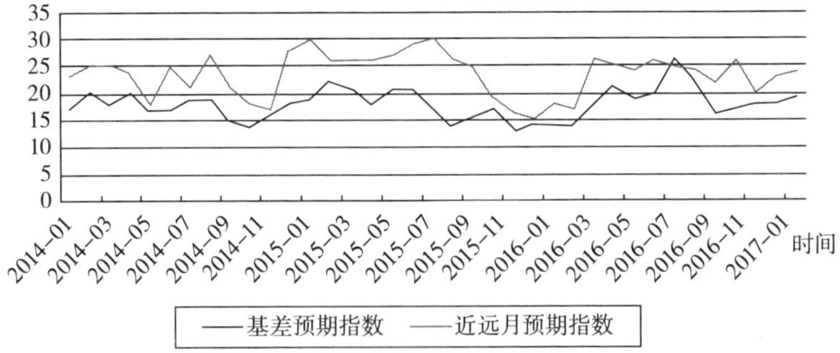

图 6 –3　2014 年以来中国期货市场基差和近远月预期指数变动情况

从重点品种来看，焦煤、焦炭、铁矿石、螺纹钢和玉米的期货价格数据体现出供给侧结构性改革对产业发展的积极影响。其中，铁矿石、螺纹钢、焦煤和焦炭基差和近远月价差均为正值，但自 2017 年以来，基差和近远月价差的正值正在缩小。这表明随着供给侧结构性改革的推进，限、停产等政策效力正在逐步发挥，市场对于 2017 年粗钢产量出现实质性缩减抱有预期，煤炭和钢铁行业供大于需的状况将得到有效缓解，对价格走势的悲观情绪将降低。玉米产业结构调整是农业供给侧结构性改革的首要任务。自 2017 年以来，玉米和玉米淀粉的基差以及近远月价差逐渐全面转为负值。对照上年国家在钢铁、煤炭等行业实行供给侧结构性改革后黑色品种价格大幅度上涨的逻辑，市场人士认为随着农业供给侧结构性改革的推进，第一、第二季度的玉米市场预期则相对乐观。

基于此，期货价格已经成为国家制定收储政策等重大产业政策的依据和大宗商品市场监测的重要数据来源。商品期货价格信息已被采集到国家发展改革委、商务部、工业和信息化部、农业农村部等相关部委网站，成为监测大宗商品价格变化的重要指标①。国家发展改革委及其他部委的季度、年度形势分析会邀请期货交易所的分析人员参加。同时，期货市场还能够为国家的宏观调控决策提供市场化的传导载体。通过期货市场价格媒介，政府的调控意向和政策意图能够快速传导至被调控主体，让相关行业、企业提早做出判断和准备，从而降低政府调控成本。

二、国际定价权与期货市场

国际定价权是指某种大宗商品国际贸易价格的决定权，它受多种因素的影响，包括该商品的生产、贸易和消费实力，仓储、物流等配套能力，期货市场建立及发展程度，信息搜集、加工、发布及国际影响力，市场对外开放及国际化程度等。国际定价权对于一国经济发展和安全至关重要，自 20 世纪 90 年代以来逐渐成为人们关注的焦点话题。我国是全球最大的大宗商品生产、贸易和消费国，在国际大宗商品市场上具有举足轻重的地位。比如，中国大豆进口量占全球进口量的近 80%，铁矿石占全球进口量的近 70%。但是，我国却长期不具有大宗商品国际定价权，使我国在国际贸易中受制于人。在加入 WTO 后过渡期结束的 2005—2006 年，我国面临更加开放的国际环境，国内产业界不仅饱受价格不稳定带来的困扰，原材料进出口方面也屡屡遭受巨额亏损，甚至还因此出现部分基础产业被外资控制等问题。由此，争取国际定价权、打造国际定价中心也就成为重要议题。在国际贸易中，商品价格通常是以期货价格为中心来确定的，其优点在于价格采集公开、权威、透明，缺点是期货市场价格的选取并不公平，因为某一国的期货价格变动并不能反映全球范围内供需的实际情况。因此，加快建设我国期货市场、提升其市场功能发挥水平和国际影响力、让我国期货价格更有话语权，有利于我国获取部分大宗商品的国际定价权，服务我国经济良性健康发展。

① 杨迈军. 关于利用期货市场促进经济发展方式转变的思考[J]. 上海金融,2011(1).

（一）国际大宗商品定价权对于我国经济发展的意义

大宗商品主要是指用于工农业生产与消费的大批量买卖的物资商品，主要包括三类：一是黄金和原油等金融属性强、避险保值功能强的商品；二是以有色金属为代表的工业品，如铜、铝、镍、铅、锡等；三是农产品，如大豆、玉米、小麦、橡胶、糖、棉花等。我国是世界上多种大宗商品的最大消费国和进口国，对国际市场具有重要影响。但是，我国的这种影响力仅仅体现在需求拉动方面，在价格上影响力甚微，多数情况下只能被动接受国际市场价格，这与我国“超级买家”的地位极不协调。由于缺乏定价权，我国企业在进口大宗商品的时候多次被迫接受价格的大幅上涨，而在出口大宗商品时却不得不面对国际买家压低报价。由此，我国企业在国际贸易中损失巨大，多个行业受到冲击，极大地影响了我国经济运行的稳定性和可持续发展。

与此同时，掌握大宗商品定价权可复制“石油美元”经验，使我国数百亿美元的进口以人民币计价，推进人民币成为国际结算货币。中国掌握大宗商品定价权不是为了控制价格高低，而是为了构建公平的价格形成机制，摆脱“被操纵”“被牵着鼻子走”的局面，逐步树立起独立自主、资源可控和负责任的大国形象。

因此，争取大宗商品国际定价话语权不仅可以增强我国企业与其他国际企业的竞争力与影响力，还会提升我国的市场地位与话语权，对我国的经济安全与利益也起到了积极作用，对稳定市场经济和保护国家经济安全都有着重要和深远的意义。

（二）国际大宗商品定价权的构成要件

国际大宗商品定价权主要包括三方面内容：基准价格确定、价格形成规则以及商品市场规模与结构布局（见图6－4）。基准价格确定是价格形成中心的基础功能，即有效地“发现价格”，促使形成能够反映真实供求形势的价格；价格形成规则是指影响价格形成的内外因素的叠加规则，基准价格和内外影响因素共同作用的过程叫作价格形成机制；商品市场规模与结构布格涉及有关商品的国内外市场结构和产业链情况，是影响市场买卖双方地位和议价能力的重要因素。现今，世界主要农产品的国际价格形成中心在美国，如小麦、玉米、大豆等，还有一些农产品虽然没有国际中心，但是存在区域性价格形成中心。认真研究这些国际定价中心的构成，可以为我国争取国际定价权、打造具有国内外影响力的定价中心提供有力支持。

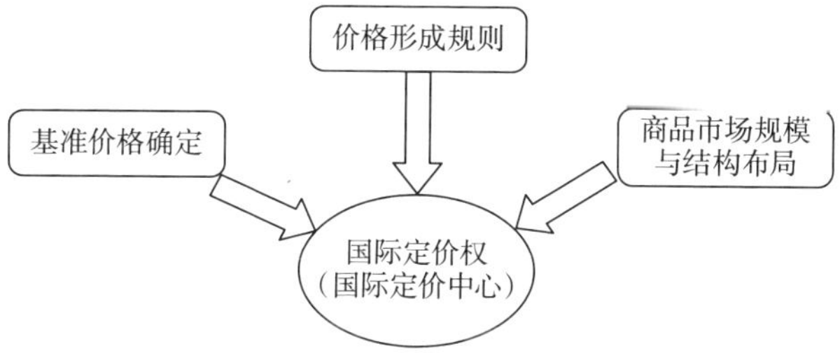

图 6－4　国际定价权的构成要件

1. 基准价格确定

基准价格确定的依据可以是期货价格，也可以是中远期或即期市场价格，但从世界的实践经验来看，由于期货市场具有价格发现功能，基准价格由期货价格决定居于主流。19 世纪初期，芝加哥是美国最大的谷物集散地，随着谷物交易的不断集中和远期交易方式的发展，1848 年，由 82 位谷物交易商发起组建了芝加哥期货交易所，经过 160 多年的发展，美国期货市场已发展成为当今世界上最大、最发达的期货市场体系。CBOT 的玉米、大豆和小麦等农产品期货价格，不仅已成为美国农业生产、加工的重要参考价格，也是国际农产品贸易中的基准价格。但一些品种的基准价格并不局限于一个期货价格，也就是说，一个品种可以有几个基准价格，买卖双方可以协商采用不同的基准价格，如世界铜贸易有三大基准价格，分别在 LME、COMEX 和上海期货交易所（SHFE）。

2. 价格形成规则

国际贸易中普遍采用的价格形成规则是“期货价格＋升贴水”，“升贴水”包括运费、港杂费以及卖方利润等，这种定价模式是随市场发展自然形成的。[①]"期货价格+升贴水"的价格形成规则具体是指，在签订农产品进口合同时，进口商跟贸易商先谈定一个升贴水，而不是直接确定农产品的价格，然后在合同中约定以CBOT某月该商品合约作为标的合约，由进口商在装运前选择期货价格来定价，同时在期货市场建立空头仓位以规避市场风险。进口商售出此批货物时会在期货市场平仓。这种定价模式产生于20世纪60年代前后，最早被应用于美国第二大港口——新奥尔良港的定价中，后来被逐渐推广到世界各地，目前已成为通行的国际惯例，而且是贸易商获得银行贷款的基本条件之一，主导着大豆、玉米、小麦等主要农产品价格的形成。

3. 商品市场规模与结构布局

大宗商品的市场规模与结构布局直接影响相应期货品种功能发挥。一般而言，若现货规模大且不存在垄断和垂直整合等现象，则涉及的生产商、贸易商和加工商必然众多，有套保需求的厂商也多，其期货价格就更容易成为行业参考价格。美国是世界农产品生产大国和最大的农产品贸易国，每年向海外出口大量的农产品，对世界农产品市场有着重要的影响力。美国现代化农业的发展除了其自然条件之外，主要得益于美国产前、产中和产后诸环节紧密联系的农业产业化体系，包括经营组织体系、法律法规体系和完善的社会化服务体系。例如，在对外贸易方面，美国农产品出口始终着眼于全球市场，保证不同部门的资源、项目和政策相互协调。在保护本国利益的前提下，美国农业协会、谷物协会和美国政府机构等互相协调，有力地促进了美国农产品价格的权威性。从芝加哥期货交易所定位中心的形成来看，其与美国农业部、贸易商、CBOT、基金及农户之间的紧密联系有着重要的关系。例如，美国农业部（USDA）作为农业管理部门，会定期公布各种数据，包括月度供需报告、出口检验报告、种植意向报告及最终种植面积报告等。这些报告不仅引导美国农民种植，也影响着全球农产品市场的走势，从而增强了CBOT作为世界农产品价格形成中心的地位。

---

① 张秀青.农业企业利用期货市场的现状、障碍与政策建议[J].农业展望,2013(12):31-33.

（三）我国争取国际大宗商品定价权的机会分析

虽然中国缺乏国际大宗商品定价权，但是从长远来看，我国还是存在争取空间的。

（1）我国具有获取国际大宗商品定价权的经济现实基础。作为一个制造业大国和21世纪经济增长潜力最大的国家，我国对基本原材料的需求一直在不断增长并将继续保持增长趋势。改革开放以来，我国制造业迅速发展并逐渐形成一套完整的工业体系。在此背景下，我国对初级产品的需求持续增长并将继续保持增长趋势；另外，我国也是粮食、棉花等产品的主要生产国和消费国，贸易规模非常庞大。与此相适应，中国供求已经成为有关商品的国际供求格局中一个重要甚至最为关键的变量。可以预见，由于中国供求已成为一些大宗商品国际市场上的主要供求，我国有条件构建农产品价格形成中心。

（2）一些品种的国际价格或区域价格形成中心缺位使得或许存在构建多个价格形成中心的可能。近年来，随着我国期货市场的发展，一些品种的价格正在逐渐成为国际性价格，如我国的橡胶品种所形成的价格不仅被国内的厂商作为定价的基础，也正逐渐成为东南亚橡胶生产经营企业定价的基础。稻米、纺织材料等大宗农产品的国际价格或者区域价格形成中心缺位，还有一些品种虽然国际范围或者区域范围已经形成了具有代表性的价格，但是仍有构建多个中心的可能，这些都为我国的发展提供了机会。

第七章　期货市场服务涉农企业提质增效

改革开放以来，我国农业企业不断发展壮大，在繁荣经济、扩大出口、推动创新等方面发挥着重要作用。但是，我国农业企业呈现出规模小、融资难、利润薄等特点，抵御风险的能力不强，转型升级是其必然选择。当前，全球经济在中长期会处于中低速增长阶段。同时，由于劳动力、资金、土地等成本不断攀升，加上原材料价格、产品价格、汇率利率等波动，我国农业企业面临的风险不断增多。期货市场具有价格发现和风险规避的功能，高效利用期货市场，提高期货、现货市场关联度，是农业企业转移风险、稳定利润的必由之路，也是企业整合资源、转型升级的有力抓手。

一、引言

我国是农业大国，也是农产品进口大国。特别是自2014年起，我国粮食进口量连续6年超过1亿吨，占我国粮食总需求量的15%左右。虽然我国粮食进口中85%是大豆，口粮是基本自给的，但“中国是农产品进口大国”已是不争的事实。在经济全球化背景下，要保障我国的粮食安全，充分利用两个市场、两种资源，就需要向美国ADM、邦吉、嘉吉和法国路易·达孚四大跨国公司（以下简称“ABCD”）等世界级跨国农业企业学习借鉴，培育我国的大型跨国农业企业，使其成为推动中国与其他国家之间商品和要素流动的主流力量。目前，我国正在推进落实乡村振兴战略，也需要这些大型跨国农业企业发挥高效的要素集合作用带动产业兴旺，带动农民合作社、家庭农场、新型职业农民等农业经营主体增收致富。

根据ABCD等国际大粮商的成长经验，运用好期货市场进行市场风险管理是“百年老店”的核心竞争力之一。追古溯源，企业诞生于中世纪的欧洲，是市场的主体。根据经营活动的需要，企业的交易方式逐渐多样化，从单一的现货交易到现货、中远期、期货等交易方式综合运用。为了满足企业的发展需求，商品市场也从单一现货市场发展为现货市场、中远期市场和期货市场的多层次商品市场体系。期货市场是商品市场的高级阶段，期货市场是农业企业转移风险、稳定利润的有效途径，也是企业整合资源、转型升级的有力工具。

从2000年开始，我国农业企业发展在国家支持政策的推动下驶入“快车道”。据农业农村部统计，截至2018年年底，全国县级以上农业产业化龙头企业达8.97万家，其中省级以上重点龙头企业达1.7万家①、国家重点龙头企业多达1243家，各类组织带动了约1.27亿农户，每户收入增加高于3000元②。但是从整体来看，我国农业企业多数规模小、利润薄，年营业收入超过100亿元的企业仅60余家，能够进入世界500强的则更少。农业企业发展壮大迟缓的原因之一在于缺少风险管理意识和市场操作经验。在我国，由于期货市场起步晚，真正参与期货交易并熟练使用衍生品避险的农业企业占比并不高，其利用衍生品市场进行风险管理的实践和能力均比较薄弱。纵向比较，在各类农业企业中，油脂油料企业因国际化程度高，是我国企业中参与期货市场最早、最为普及的，饲料和深加工企业紧随其后。本章将重点围绕油脂油料、饲料及深加工等农业企业参与期货市场的情况进行分析，总结经验与问题，以期提升中国农业企业的风险管理意识和能力，促进中国农业企业发展壮大，为我国培育世界级涉农企业奠定基础。

二、期货市场服务涉农企业的主要方式

农业企业参与期货市场形成了一系列服务实体经济的具体风险管理方

① 王磊. 龙头企业如何引领农业产业现代化[J]. 农村工作通讯,2019(16):55－56.

② 数字[N]. 中国农资,2019－04－19(001).

式。根据2012年12月中国期货业协会制定的《期货公司设立子公司开展以风险管理服务为主的业务试点工作指引》，自期货公司依照《公司法》设立风险管理子公司以来[①]，期货市场服务实体企业的方式更加丰富多样，除了传统的套期保值，还有仓单服务、合作套保、基差交易、期货转现货、库存管理、融资增信等方式。其中，基差交易和套期保值运用相对成熟，仓单服务、库存管理等其他模式受期现基差、企业操作水平等影响还相对薄弱。

（一）套期保值

1. 传统套期保值

套期保值又称避险、对冲等。广义上的套期保值，是指企业利用一个或一个以上的工具进行交易，预期全部或部分对冲其生产经营中所面临的价格风险的方式[②]。套期保值主要是为了转移风险和信用风险，有以下六个操作步骤：第一步，根据现货风险敞口确定是否需要套保。通过对企业的主营业务、经营流程进行分析，确定企业在经营过程中是否存在由于产品或原材料价格波动而面临市场风险的情况。对于生产和贸易企业，其主要风险在于产品价格下跌带来的损失风险，如产品暂时尚未销售、虽然已销售但是未确定价格，或者已确定售价但对方违约等情况，应对这些风险都需要进行卖出保值。对于产业下游的消费企业，其主要风险表现为原料价格的上涨和产成品价格的下跌。第二步，确定套保方案和套保比例。在制定好相应的套期保值方案之后，选择合适的交易合约，一般是选择月份相同或相近的主力合约进行操作。在套期保值过程中，期货公司以及套期保值者除了根据组合投资预期收益和预期收益的方差确定现货市场和期货市场的交易头寸比例外，还可根据现货经营情况、市场预期、风险承受情况来考虑套期保值的比率。第三步，计算成本与利润，确定套保区间。对

---

① 《期货公司设立子公司开展以风险管理服务为主的业务试点工作指引》中所称的子公司是指依照《中华人民共和国公司法》设立，由一家期货公司控股50%以上的，以仓单服务、合作套期保值以外、定价服务、基差交易等风险管理服务为主要业务的有限责任公司。

② 中国期货业协会. 期货及衍生品基础[M]. 北京：中国财政经济出版社，2017：91－92.

于卖出保值企业来说，套保成本 = 现货成本 + 持仓交割成本 + 资金占用成本 + 预期利润。当期货市场价格高于套保成本时，企业进行卖出保值就锁定了企业利润。买入保值企业可计算出原料采购成本价，企业在该价格下方建立买入套保头寸，从而锁定企业利润。第四步，确定开仓价格，动态调整仓位。企业在进行套期保值建仓时，应选择好合适的仓位，并做好风险控制，根据行情变化以及现货头寸的变化情况，对期货头寸进行相应调整。第五步，平仓方式及价位的选择。套期保值主要有平仓了结和实物交割两种方式，其中平仓了结占主要地位，而实物交割需要运输费、检验费、入库费等相关费用。第六步，正确评估套期保值效果。评价套期保值效果要看是否达到了预定目标，从损益指标来看，应该是期货与现货两个市场盈亏相抵后的净值，而不是单个市场的盈亏。[①]

通常国际贸易企业的基差交易要与期货市场套期保值操作结合操作。在我国，一些企业缺少风险管理意识，仅参与基差交易，而不参与期货市场进行风险对冲，无形中让自己少了一道“保险”。套期保值的核心就是期货市场盈亏与现货市场盈亏之间构成冲抵关系，以平抑企业因市场风险带来的运营波动。企业因所处产业链环节不同，采取的套期保值操作方式也有所差异。贸易企业通常采用传统意义上的套期保值方式，即买卖农产品时在期货市场做方向相反且现货头寸大致相当的操作，具体可分为“现货预售 + 期货买入”“现货采购 + 期货卖出”“趋势性套保”等；生产加工企业主要赚取产品利润，套期保值的主要方式则是利润套期保值。其通常步骤如下：第一步，企业在年初根据开工安排做年度原料采购计划，比如大豆压榨企业做大豆进口计划，玉米加工企业做玉米采购计划；第二步，企业通过计算原料加工利润，与供货商签订原料采购合同时将适当的利润水平写入其中，并在期货市场进行利润套期保值，买入大豆、玉米等原料期货合约，同时卖出油脂、油粕、淀粉等产品期货合约，以锁定生产加工利润；第三步，当油脂、油粕、淀粉等产品的现货销售完成后，企业

① 徐春松，李乾孙. 化工企业经营风险与套期保值策略[N]. 期货日报，2011-03-01(003).

随即按现货销售规模在期货市场买入平仓。

受风险管理理念、经营水平等因素影响，不同企业在进行套期保值时，期货与现货的匹配程度差别很大。通常，外资企业如路易·达孚、嘉吉，国有企业如中储油等基本能做到百分之百套保（又称“完全套保”），即在期货市场交易的现货数量与期货数量完全匹配，实现加工利润完全锁定；而益海嘉里由于下游产业链较长，小包装植物油“金龙鱼”在市场中份额较大，可以获得高于压榨初加工企业的利润率，它仅在外盘对大豆原料进行套期保值，而在国内出售豆油和豆粕，不参与期货套保。作为最大的国有农产品加工企业，中粮集团则根据行情变化调节风险敞口，在价格上涨时留出风险敞口以获取更高收益，而在价格下跌过程中则缩小风险敞口或者实施完全套保，以保证既有加工利润。一些民营的压榨企业、饲料和玉米深加工企业，由于缺乏期货操作经验且套保占用资金量大等原因，在套期保值中一般留出较大的风险敞口，甚至在价格上涨行情中不做套保，仅在价格下跌时进行套保。例如，山东保龄宝集团虽然关注期货10余年，目前的套保头寸仅占其现货的30%左右。

2. 合作套保

合作套保的方式可以帮助缺乏专业能力的中小企业或不便于利用期货市场的国有企业管理价格风险。通常是风险管理公司负责套保方案制定及期货操作、风险管控等环节，客户负责现货领域的购销。由于大宗商品价格波动，企业套期保值或及时销售变现的需求迫切，但生产贸易过程中资金占用和期货专业能力有限，难以利用期货市场规避风险，往往通过“背靠背”的形式以“一口价”的形式交易，经营不确定性较大。风险管理公司利用期货专业优势与自有资金，解决了企业“不会保、不能保和不愿保”的难题，可以帮助企业更好地规避现货市场的价格风险，稳定生产经营。2015年年底的调查数据显示，有20家公司开展了合作套保业务，占比为45.45%。

3. 基差交易

基差就是商品的现货价格减去期货价格，从传统上理解，基差主要反映现货和期货两个市场之间的运输成本和持有成本，对于农产品而言，基差还反映了不同作物年度的生产情况、市场中的供需结构等。基差交易是进口商经常采取的定价和套期保值策略，是指进口商用期货市场价格来固定现货交易价格，从而将转售价格波动风险转移出去的一种套期保值策略。采用这种方法，进口商在与出口商谈判时采用的定价方式叫作基差点价，具体是指“期货价格+升贴水”。“升贴水”包括基差、运费、港杂费以及卖方利润等，这种定价模式是随市场发展自然形成的。在国际贸易中，基差点价的过程是，在签订大宗商品进口合同时，进口商跟贸易商先谈定一个升贴水，而不是直接确定大宗商品的价格，然后在合同中约定以国际上具有代表性的商品期货合约作为标的合约，如CBOT的玉米、小麦等农产品价格，由进口商在装运前选择期货价格来定价，同时在期货市场建立空头仓位以规避市场风险。进口商售出此批货物时，会同时在期货市场平仓。

对于买家而言，通过基差交易合同完成采购按照以下步骤基本就能实现：第一步，卖家报基差，买家询基差。第二步，买卖双方签订豆粕基差定价采购合同。第三步，买家按照合同约定缴纳履约保证金。第四步，买方点价，对于未点价部分，如果买家想先提货后点价，可以按照合同约定比例支付溢价货款，也就是先提货后点价。第五步，对于先点价后提货的买家而言，就是结清货款、提货，对于先提货后点价的买家而言，就是结清货款。例如，某饲料厂会向某大型油厂购买豆粕2105年的基差+150元/吨，即在豆粕2105年合约的基础上加150元/吨的升水，构成最终豆粕合同的价格。签订合同时，油厂需要做相应数量的卖出套保，等饲料厂点价时，油厂将卖出套保平仓。

基差交易在国外商品贸易中已经得到了普遍应用，我国目前主要在豆粕和菜粕贸易上有较广泛的使用。基差点价模式在我国开始于2004年，金光油脂进行的买卖双方对各自头寸都进行保值，点价时通过期转现交易平仓。此后，2006年，嘉吉与路易·达孚开始了油厂入市对合同头寸进行保值，点价时，油厂在买方指定价位进行头寸了结的尝试。2008年前后，植之元开始基差定价的试点。2013 年，广东地区，嘉吉、东凌等油厂又开始推行豆粕基差定价。2014 年，国内大部分油厂使用豆粕基差定价，锁定利润操作。据中国期货业协会 2015 年年底的调查数据，有 19 家公司开展基差报价业务，占比为 43. 18%。其中，7 家公司还开立了特殊法人账户。目前几乎所有的榨油企业都采用基差报价和现货报价相结合的方式进行销售，其中豆粕以基差方式销售的比例达到 60%，玉米和玉米淀粉的基差交易也正在进一步拓展中。

开展基差交易，有助于加强期现联系，形成以期货价格为基准的现货贸易体系；有助于管理基差风险，提高套保效率，解决标准化金融衍生品与个性化企业需求的匹配问题；有助于优化期货制度，解决多点交割和替代品交割制度无法确定交割地点与品质的问题。风险管理子公司可通过基差交易，帮助中小企业锁定利润、降低原材料采购成本、优化库存管理、拓宽贸易渠道，还在一定程度上平滑了期货市场价格的波动，提升了期货市场的服务能力，同时提高了现货市场的流动性。

（二）套利交易

套利虽然属于投机，但其是期货市场重要的操作方式。套利和套期保值都是建立了两个方向相反的交易部位，在对冲之后，用一个交易部位的盈利弥补另一个交易部位的亏损。但是，套利交易和套期保值有着根本性的区别，主要表现在以下四个方面：第一，两者的目的不同。套利交易的主要目的是在承担较小风险的同时，获得较为稳定的利润。而套期保值的目的是转移市场风险，并不以盈利为目的。在很多套期保值的成功案例中，期货部位往往是亏损的，但只要期货与现货两个市场的盈亏基本相抵，就达到了套期保值锁定风险的目的。第二，两者的基础不同。套期保值者一般是在现货市场上持有头寸，或者预期将持有现货头寸，因而在期货市场上建立反向的期货头寸以管理现货风险，也就是说，如果没有现货市场的交易需求，就不会持有期货部位。而套利则不同，其所持有的多头部位、空头部位以及现货部位都是套利交易的一部分，套利者从这些头寸的相对价格差异中获得利润。第三，两者涉及的市场范围不同。套期保值只涉及现货和期货两个市场。而在套利交易中，交易者既可在期货和现货市场同时操作进行期现套利，也可仅在期货市场进行套利：或在同一品种不同交割月之间进行跨期套利，或在不同品种同一交割月之间进行跨品种套利，或在不同的期货市场之间进行跨市场套利。第四，两者的依据不同。套期保值依据的是期货市场和现货市场价格变动的一致性，并且变动的趋势、幅度越一致，套期保值的效果就越好；而套利交易者利用的是期货与现货之间，或者期货合约之间的价格出现的不合理偏差来获取套利利润，并且这种不合理的价差越大，套利交易的利润就越大。①

套利交易主要包括期现套利、月间套利、内外套利、品种套利，如表7－1所示，主要运用基本面和技术面分析相结合的交易技巧对保值品种的头寸持续进行跟踪和风险控制，并根据期货合约月间价差和期现升贴水的变化，适时调整保值头寸的数量、月份以及保值的市场和手段。

表7－1　套利交易的几种方式

经营方式	交易逻辑	风险点
期现套利	实物交割制度会导致基差回归，是最基本的基差交易	库存风险、质检风险、杠杆风险
月间套利	库存、供需、宏观预期等因素的变动，会导致远近合约不同的价格结构，从而带来交易机会	仓单有效期风险、逆物流风险、政策风险、宏观风险
内外套利	不同市场由于需求等因素不同，会导致不同市场价格存在较大差距，存在套利空间	物流风险、政策税收风险、内外标的不一致风险
品种套利	研究产业链中相关品种，需找供需的强弱，需找对冲组合	涉及的影响因素多，风险较大

（三）库存管理

库存管理是企业经营中的重要一环。在企业生产过程中，过多的库存

① 中金所. 套利与套保存在四大区别[N]. 证券时报，2010－05－04.

会增加企业占有资金的成本，使企业承受更多的价格波动风险，但过少的库存又可能无法满足企业的正常需求，导致生产脱钩、下游需求脱节。库存管理是指企业根据生产经营需要，将实物库存与期货市场虚拟库存结合在一起进行管理，使企业保持相当的库存水平。换句话说，库存管理的重点是期现合并计算的库存净头寸，即现货采购的数量加上期货市场多单减去现货销售合同再减期货市场空单，主要包括建立虚拟库存、期货交割、期货转现货等方式。总体来看，大型压榨企业在库存管理方面具有较高水平，不仅提高了企业销售、采购等部门的工作效率，还更好地维系了企业与上下游的合作伙伴关系。我国的饲料企业在利用期货市场进行库存管理方面的水平偏低。

1. 虚拟库存

虚拟库存是相对于现货实物库存而言的，企业根据自身生产经营情况在期货市场买入持仓，就是虚拟库存。利用期货市场，有效配置企业的实物库存和虚拟库存，可以使企业在经营、库存管理上更加灵活。企业通过在期货市场买入等量同品种的期货合约，可以将实物库存转化为期货市场的虚拟库存。企业在生产经营中，经常会面临不愿却不得不降低库存或销售产品的情况，如产品价格持续上涨而企业却必须执行之前签订的销售合同，此时企业可以将在现货销售的库存、产品同时在期货市场等量买入，以虚拟库存形式维持总量不变，从而获取更大收益。

尽管期货价格与现货价格同向波动，但由于市场影响因素和流动性的差异，在某些时候期货价格与现货价格可能会出现短期波动幅度差异较大、基差偏离正常区间的情况。如果能灵活利用期货市场，将实物库存与虚拟库存进行有效调配，就可直接扩大企业利润。而且由于期货市场采用的是保证金交易，通常只收取交易总额5% ~15%的保证金，建立虚拟库存能用少量的资金锁定期货合约换取存货，不但降低了购买原材料所占用的资金，而且大大降低了企业的库存成本。

值得注意的是，企业建立虚拟库存时，必须遵循企业的生产情况，在低位期货市场建立多单后，整体期现库存要在企业正常的产能范围内；在高位建立空头头寸时，整体期现库存要保持净多头，这样才能保持期货市场调节现货库存的作用。此外，建立虚拟库存后，到期交割时也可能遇到交割库较远、运输不方便等问题。总之，建立虚拟库存所节省的资金，要能完全覆盖企业相应的现货交易成本，才对企业有利。

2. 期货交割

期货交割是指期货合约到期时，交易双方通过该期货合约所载商品所有权的转移，了结到期未平仓合约的过程。交割方式有现金交割、实物交割两类：现金交割是指合约到期日，核算交易双方买卖价格与到期日结算价格相比的差价盈亏，把盈亏部分分别结算到相应交易方，其间不涉及标的实物交割；实物交割是指合约到期日，卖方将相应货物按质按量交入交易所指定交割仓库，买方向交易所交付相应货款，履行期货合约。一般金融证券类期货合约以现金交割方式为主，商品期货合约以实物交割方式为主。

尽管实物交割在期货合约总量中占的比例很小，但正是实物交割及其潜在可能性，使得期货价格变动与相关现货价格变动具有同步性，并随着合约到期日的临近而逐步趋近。实物交割就其性质来说是一种现货交易行为，但在期货交易中发生的实物交割则是期货交易的延续，它处于期货市场与现货市场的交接点，是期货市场和现货市场的桥梁和纽带，因此，期货交易中的实物交割是期货市场存在的基础，是期货市场两大经济功能发挥的根本前提。一些企业特别是生产企业通过期货实物交割方式进行采购或出售、管理现货库存，可有效规避原材料涨价的风险。

3. 期货转现货

期货转现货，简称期转现，是指持有同一交割月份合约的多空双方之间达成现货买卖协议后，向交易所提出申请，获得交易所批准后，分别将各自持仓按双方商定的平仓价格由交易所代为平仓（现货的买方在期货市场须持有多头头寸，现货的卖方在期货市场须持有空头头寸）。同时，买卖双方按达成的现货买卖协议进行与期货合约标的物种（标准品或非标准品）类相同、数量相当的现货交换。期转现业务流程按先后顺序分以下六个步骤：一是寻找对手；二是商定平仓和现货交收价格；三是向交易所申请；四是交易所核准；五是办理手续；六是纳税等。

对于买卖双方，期货转现货业务节约了运输、整理和包装等交割费用，有利于降低交割成本；双方可以灵活选择交货地点、时间和品级等，满足了产业不同生产、贸易及加工企业对不同品级货物的要求，弥补了期货标准化过程中所失去的灵活性；提高了交易双方资金的利用效率。期转现既可以使生产、贸易和加工企业回避价格风险，又可以提高资金利用效率，下游加工企业根据需求分批采购原料，减轻了资金压力，减少了库存量。生产贸易企业也可提前分批回笼资金，用于生产经营。

此外，还有一种特殊的期转现业务，就是标准仓单期货转现货。仓单期货转现货简称“仓单期转现”，其是指持有方向相反的同一月份合约的客户协商一致并向交易所提出申请，获得交易所批准后，分别将各自持有的合约按交易所规定的价格（平仓价，买卖双方可协商）由交易所代为平仓，同时按双方协议价格（转让价）进行与期货合约标的物数量相当、品种相同、方向相同的标准仓单的交换行为。业务流程如图 7 - 1 所示。

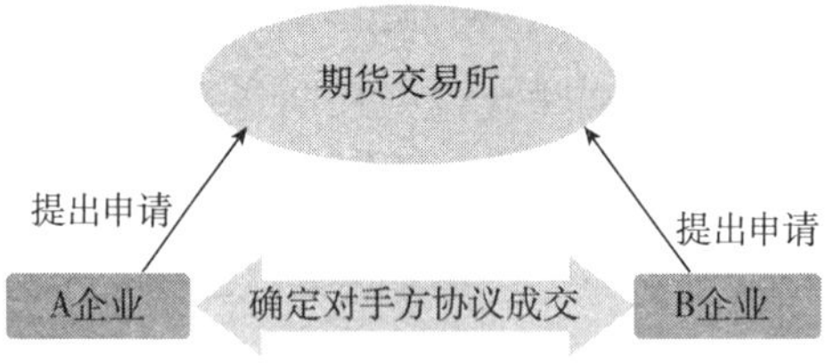

图 7 - 1　仓单期转现流程

（四）仓单服务

标准仓单是交易所指定交割仓库按照期货交易所规定的程序提交注册申请后，经交易所注册的符合期货合约规定质量标准的实物提货凭证。为了解决期货合约标准化与企业实际需求多样化之间的矛盾，风险管理子公司开展了仓单服务业务，主要包括仓单串换、仓单回购、仓单质押、仓单购销等方式。仓单服务不仅能方便中小企业和涉农企业参与期货市场，还能解决它们在原材料采购或者产品销售过程中的资金周转困难，帮助其拓宽供销渠道，提高抗风险能力，实现平稳发展。根据中国期货业协会数据，2015 年年底的调查数据显示，有 31 家公司开展了仓单购销业务，占比 70.45%；有 12 家公司开展了仓单质押业务，占比 27.27%；有 22 家公司开展了仓单返售/仓单回购业务，占比 50.00%。

1. 仓单串换

为解决期货市场合约的标准化、交割地点的集中性特点与现货企业特别是中小微企业的个性化需求之间存在的矛盾，交易所开展了仓单串换试点。仓单串换是指企业通过期货公司向期货交易所提交申请，将不同品牌、不同仓库的仓单串换成同一仓库同一品牌的仓单。具体流程为：企业客户通过期货交割买入的试点仓库标准仓单，通过仓单串换平台可申请在其他仓库提取现货（简称为仓单串现货）或者串换为其他仓库的标准仓单（简称为仓单串仓单），使采购企业面临的提货地点和物流成本不确定的风险得到较好的化解（见图 7－2）。2013 年 12 月，大连商品交易所率先在油脂油料品种上推出了仓单串换业务，2014 年 11 月，推出豆油、棕榈油仓单串换试点，2015 年，正式开发上线“大商所综合服务平台”技术系统，形成了较齐备的仓单服务业务体系。截至 2018 年年底，大连商品交易所综合服务平台的仓单串换业务已经累计达到 21440 吨。郑州商品交易所于 2018 年 3 月 30 日正式上线综合业务平台，先后推出仓单交易、基差贸易、场外期权协商交易和仓单拍卖四项延伸业务，2019 年上半年又引入银行参与仓单交易，推出仓单买断式回购业务。郑州商品交易所 2019 年仓单交易成交量达到 76.19 万吨，成交总额达到 85.38 亿元，以棉花、白糖、PTA 为主。上海期货交易所仓单平台于 2018 年 5 月 28 日上线，以铜、铝为试点品种，以挂牌交易为业务模式，10 月 18 日新增铅、锌、锡、镍四个品种。

仓单串换业务通过交割厂库主体的“聚”解决了地理空间“散”的问题，使期货市场交割服务由“点”向“面”转变，有效缓解了期货市场标准化和现货交割环节多样化的矛盾，减少了企业交割成本，降低了期货市

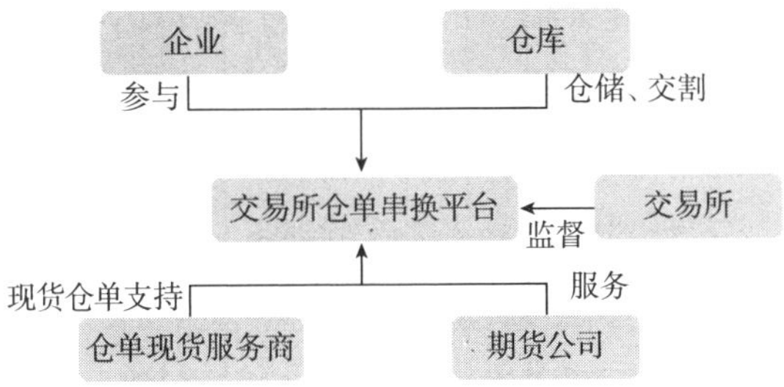

图7－2 仓单串换流程

场仓库管理风险，得到油脂油料行业和期货市场的广泛认可，提高了期货市场服务实体经济的水平。

2. 仓单质押

标准仓单质押贷款是指借款人以其自有的标准仓单作为质押担保，向银行申请用于其正常经营活动资金周转所需的短期人民币流动资金贷款业务。它是流动资金贷款的一种，只是在担保方式上用标准仓单质押。以大连商品交易所为例，自2010年起，大连商品交易所积极推动标准仓单银行质押融资业务，目前共有12家商业银行在大连商品交易所开通标准仓单所外质押专用通道。

从企业角度来看，企业在通过套期保值交易在平稳其生产经营的同时，由于手中暂时闲置的标准仓单占压资金而面临短期流动资金短缺的问题可以得到有效缓解。但是，企业必须具备一定条件：须经工商行政管理部门核准登记，且年检合格；有必要的组织机构、经营管理制度和财务管理制度；有固定的经营场所且合法经营；须进行评级、授信（速贷通除外）；须在银行开立基本结算账户或一般结算账户。标准仓单质押登记流程如图7－3所示。标准仓单质押还有以下规定：

（1）期限：最长一年（含一年），且不能超过标准仓单有效期（贷款到期日比仓单到期日至少提前一个月）和所载商品品种的保质期。仓单质押贷款不得展期。

（2）质押率：最高不得超过70%。标准仓单的质押率＝贷款本息/标准仓单质押市值；标准仓单质押市值＝质押标准仓单数量×上一交割月同类商品的交割价（该公式并不绝对）。

（3）用途：贷款只能用于借款人的正常生产经营周转需要，严禁借款人挪用信贷资金从事期货、股票交易和固定资产投资项目。

（4）贷款利率：按照同档次商业贷款利率执行，具体利率标准和浮动幅度按照中国人民银行及贷款行有关规定执行。

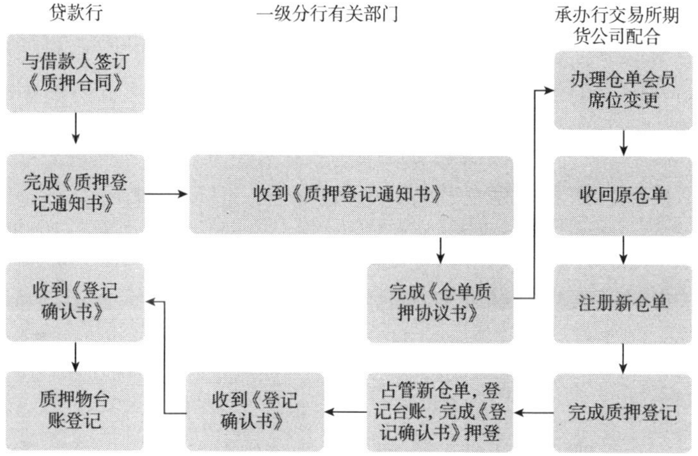

图7－3　标准仓单质押登记流程

3. 仓单回购

仓单回购是指仓单转让企业将仓单出售给仓单受让企业时同时签订回购协议，约定回购相关条款，然后由受让方根据协议支付首付款，双方完成仓单所有权的过户后，受让方在扣除一定比例仓单价值波动风险押金以及仓储费等其他费用之后支付余款的业务模式。对于生产加工型企业而言，仓单回购业务可以缓解企业生产期间因持续收购原材料而导致的流动资金紧张问题；对于贸易型企业而言，仓单回购业务可以解决大量库存商品占压流动资金的问题。

4. 仓单购销

仓单收购是指企业收购其他企业或期货公司手中持有的标准仓单并在期货市场上进行卖出保值交割，赚取利润差价。仓单销售是指企业通过期货市场交割获取仓单并转手销售给其他企业或期货公司。通过仓单购销可以满足手中有仓单急需变现的企业的融资需求或需要优质货物企业的采购需求。

（五）场外衍生品

场外市场，也称为柜台交易市场（Over - the Counter，OTC），它最早源于银行兼营股票买卖业务，在柜台向客户出售股票，是最古老的证券交易市场。如今的 OTC 市场已不是传统意义的柜台交易市场，它是指交易者通过私下直接议价的交易方式进行交易的场所，与交易所的集中交易方式相区别，可更好地满足投资者个性化的风险管理、投资等需求。场外市场具有简单快捷、量身定做、得遂所愿的优点，但反过来看，它是缺乏监管的交易，完全取决于交易双方的信誉，存在较大的违约风险。远期、互换和期权是最具代表性的场外交易衍生产品。

1. 远期

远期合约（Forward Contracts）是指交易双方先行谈妥价格，在未来某一确定时间再办理交割手续的合同。准备买入标的物的一方为多头，准备卖出标的物的一方为空头。如果远期合约以一般商品为交易标的，则这种合同其实就是先谈妥价格后提货的买卖合同。在风险管理实践中，常用的是金融远期合约，也就是以金融原生工具为标的资产的远期合约，一般是指远期利率协议和远期外汇协议。

远期合约的特点及优点主要体现在以下三个方面：①远期合约是非标准化合约，灵活性较大是其主要优点。交易双方可以就交割地点、交割时间、交割价格、合约规模、标的物的品质等细节进行谈判，实现“按需定制”。②远期合约可以弥补期货合约的不足。期货的交易品种相对有限，且期货的到期日可能与套期保值对象的期限不匹配。③远期交易在买卖成交时并不发生现金流动，双方只是将交易的各项条件（如交易标的物的质量、交易的数量、交易的价格及交割结算日等）用合约的形式确定下来，而实际交割则在预约的将来某一个特定日期进行。

与期货相比，远期合约的缺点主要表现在：一方面，远期合约通常不在交易所中进行集中交易，这不利于信息交流和传递，导致价格发现的效率较低；另一方面，远期合约流动性较差，履约没有保证，违约风险较高，即使采取缴纳定金、第三方担保等方式，仍无法解决违约风险问题。

2. 互换

掉期交易（Swap Transaction）是指交易双方约定在未来某一时间举行某种资产相互交换的交易形式。掉期交易有三个特点：交易都是双方有意识的，也是同时进行的；交易所使用的货币种类相同，金额也是相同的；买卖交割期限是不相同的。掉期交易的操作还涉及即期交易和远期交易，或者是买卖同时进行，所以被称为“复合的外汇买卖”，主要被用于银行同业之间的外汇交易，还有一些大型企业也经常利用掉期交易来进行套利活动。掉期交易的目的在于，避免因货币汇率的波动而发生的风险和利用不同交割时间产生的汇率波动，通过贱买贵卖的方式从中赚取利益。

3. 期权

关于期权的定义在第二章第二节已经作了介绍，这里不再赘述。期权以期货合约为标的，可以说是衍生品的衍生品。因此，期权既可以用来为现货保值，也可以为期货业务保值，弥补了远期交易、期货交易的缺陷。通过买入期权为现货或期货进行保值，不会面临追加保证金的风险；通过卖出期权，可以降低持仓成本或增加部位收益，具有较大的灵活性。对不同执行价格、不同到期日的期权的综合使用，使为不同偏好的保值者提供量体裁衣的保值策略成为可能。对于合同持有人而言，当价格对其有利时，便采取不交割的措施，从而使其价格风险损失小于或等于保险费。

场外市场的发展是一个不断演进的过程，如今的场外市场主要参与者由投资者、交易商、第三方清算机构（中央对手方）以及监管方和自律组织四个主体组成。由于场外市场是一个分散化的、没有固定交易场所的市场，通常组织方式主要有双边协商、电子经纪平台交易和混合交易等三种模式。场外市场交易如图 7 -4 所示。

2017 年，我国场外商品期权和商品互换累计新增名义本金分别同比上涨 20. 31 倍和 111%，场外商品期权规模呈现出全行业普遍上涨的态势，

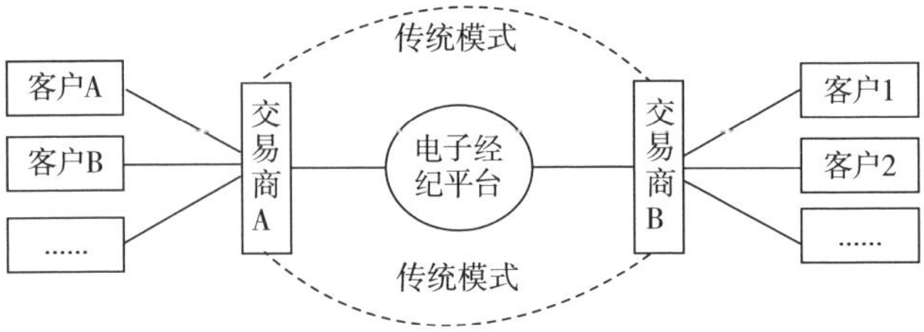

图7-4　场外市场交易示意图

少数公司规模呈跨越式增长（见表7-2）。2019年1—9月，场外衍生品业务新增名义本金9735亿元，同比增加40%。

表7-2　2017年期货风险管理业务场外衍生品业务规模

业务项目	合同数/笔			名义本金/万元		
	2017年	2016年	同比/%	2017年	2016年	同比/%
远期	56	17	229	68227	1591	4188
互换	563	2303	-76	3097763	1466886	111
期权	12073	1193	912	27786335	1303810	2031
合计	12692	3513	261.29	30952325	2772287	1016.49

资料来源：《中国期货市场年鉴》（2017）。

三、中国涉农企业参与期货市场的历程与现状

（一）文献回顾

本书对现有文献进行梳理后发现，相当一部分研究集中在套期保值理论与策略研究，以及不同条件下套期保值的有效性方面。20世纪三四十年代，凯恩斯和希克斯揭示出传统套期保值理论的核心是用期货市场的盈利抵消现货市场可能发生的亏损。现代套期保值理论（Markowitz，1952；Johnson，1960；Ederington，1979；De Jone，1997）则聚焦最小风险分析（Risk Minimization）、均值—方差分析（Mean - Variance Approach）以及半方差（Generalized Semi - variance）等，每一种理论均对应着相应的最优套期保值比率的确定方法。

但是，随着金融衍生品市场的快速发展，企业越来越多地将各种金融衍生品作为转移市场风险的有力工具，也越来越需要了解如何参与期货市场，如何选择参与方式、组织架构。非常遗憾的是，此类研究相对较少。Allayannis 和 Weston（2001）认为企业可以通过实施套期保值策略提高企业抵御市场风险的能力。Smithson（2005）指出通过期货市场进行套期保值，不仅能提高企业的运行稳定性，还能有效维护股东权益，从而提升企业在股票市场的吸引力，提高企业融资能力。罗孝玲、马世昌和杨怀东（2011）实证得出期货市场套期保值可削弱市场价格波动对企业股票价格的影响，并认为一个企业能否采用期货进行套期保值，其关键因素在于企业规模。张秀青（2013）对比了 ISDA 分别于 2003 年和 2009 年发布的世界 500 强企业利用衍生品的调查报告，数据显示，2008 年有 94% 的世界 500 强企业都在利用金融衍生品进行风险管理，比 2002 年增加了 4 个百分点，从这一角度证明了企业对期货市场避险的认可。

从具体操作来看，费忠海（2010）介绍了国际大型跨国公司将期货市场作为采购销售的虚拟渠道，与现货市场统筹考虑，企业面临的市场风险取决于敞口头寸，即现货采购的数量加上期货市场多单减去现货销售合同再减期货市场空单。张秀青（2014）认为国际大型跨国公司能够实时掌握企业信息流、商品流并计算出敞口头寸，尽量做到采购比竞争对手价格更低，销售比竞争对手价格更高，以有效管理生产成本。李雪静和王骏娴（2015）以法国路易·达孚为例，阐明了企业的核心竞争力之一在于风险管理，运用期货市场进行企业风险管理，可有效实现原材料和产品等现货、期货以及资产投资三大业务的协同互动。

上述研究成果为本研究奠定了良好的基础，具有积极意义。从整体来看，企业越来越重视期货市场的作用，并将其作为重要的避险途径，参与意愿逐步增强。但是，我国期货市场始于 20 世纪 80 年代末，迄今只有 30 余年的历史，与具有 170 余年发展历史的国际期货市场相比还有较大差距。作为市场主体，一些愿意参与期货市场避险的企业不知如何建立内部团队，如何进行期、现货结合，以及如何完善内部财务制度和监管体系。这些企业关心的问题是现有研究成果中所欠缺的，也正是本书关注的重点所在。

（二）涉农企业参与期货市场的历程

期货市场的功能在于规避风险。我国农业企业从认识期货市场到深度参与期货市场经历了一个循序渐进的过程，大致可分为以下四个阶段。

1. 第一阶段：缺乏避险意识（2004 年之前）

1996 年，我国取消大豆进口配额，随即大豆进口快速增长。根据国际惯例，我国大豆进口贸易和压榨加工企业进行国际贸易时需改“一口价”的现货定价方式为“期货价格 + 升贴水”定价方式。在这种定价方式下，大豆的合同价不是一个固定数值，而是根据 CBOT 期货价格的变动而变动的，企业亟须通过期货市场对冲这种变动带来的风险。但是，我国企业当时要想直接参与美国期货市场避险并不容易。由于我国金融市场不开放，只有少数企业通过审批获取到境外套期保值的资格。因此，我国大豆贸易和加工企业基本是在没有期货市场“护航”的情况下开展贸易的，在国际市场中近乎“裸奔”。由于我国期货市场的发展历程较短、产业客户基础不深，此时参与期货市场的农业企业几乎都缺乏套期保值意识，更多地是想利用期货市场“逢低做多”，投机赚钱。

2. 第二阶段：学习参与套保（2004—2008 年）

2003—2004 年，国际大豆市场价格经历了一次大幅涨跌的“过山车”式行情。正是这次市场的大幅波动为中国油脂油料企业上了深刻的一课。2004 年年初，在国际大豆市场价格已经处于高位的情况下，国内大豆贸易和加工企业仍然盲目继续采购。2004 年 4 月之后，国际大豆价格开始快速下跌，此时一些满载大豆的货船还在去往中国的路上。由于前期基差点价时点在了高点位置，许多中国大豆进口和加工企业在货船尚未到岸时就因价格下跌而产生巨亏，甚至破产。与之形成鲜明对比的是，因为风险管理意识强，多数具有外资或合资背景的大豆贸易和加工企业都在期货市场进行了套期保值，其现货市场的亏损得到了期货市场盈利的弥补，在这轮市场风波中幸免于难并借机收购重组，扩大了国内市场占比。“大豆风波”之后，我国大豆贸易和压榨企业开始重视期货市场，积极学习如何利用期货市场，以更好地管理自身面临的市场风险。随着玉米、豆油等期货新品种的推出，国内饲料、深加工企业也逐渐参与到期货市场中来。同期，我国期货市场进入快速成长期，成交量年均增长 34%，较 2004 年之前年均增幅提高 9 个百分点。

3. 第三阶段：经受危机考验（2009—2011 年）

2008 年下半年，国际金融危机爆发，我国农业企业经受了巨大考验。相比于四年前的“大豆风波”，此时国内农业企业已经具有更加丰富的市场风险管理经验。通过期货市场套期保值，更多企业承受风险的能力增强，在此次金融危机中幸存。然而，2008 年 10 月，为了保护农民利益，国家先后分 5 批启动了多个大宗农产品的临时收储政策。截至 2009 年 6 月，国家共计收购稻谷、玉米、大豆、油菜籽、棉花和白糖等品种 7000 多万吨。我国农产品市场进入“政策周期”，期货市场的价格发现和套期保值功能弱化，企业参与积极性也明显下降。其间，期货市场的成交量持续走低，2011 年仅为 10.5 亿手，不足 2009 年的 50%。①

4. 第四阶段：稳步向前发展（2012 年至今）

自 2012 年开始，我国期货市场交易规模快速回升。由于此时大连期货市场的豆粕期货价格大幅低于现货价格，“期货价格 + 升贴水”的原料采购价格依然低于豆粕现货价格，大豆加工企业、饲料企业越来越多地采用基差贸易方式。2014 年，国家取消了大豆临时收储政策且连续两年降低了玉米临时收储价格，2016 年，玉米临时收储制度取消，我国农产品“政策市”正在发生改变，市场又逐渐恢复在农业资源配置中的决定性作用。在此背景下，期货市场又恢复活跃，随着合约产业链的不断完善，玉米相关

① 数据来源于 2008 年 10 月 19 日国家相关部门紧急下发的五个通知，分别为：《关于国家临时存储稻谷收购等有关问题的通知》《关于中央诸备菜籽油收购等有关问题的通知》《关于下达 2008 年中央储备大豆收购计划的通知》《关于东北地区国家临时存诸稻谷收购等有关问题的通知》《关于下达国家临时存诸玉米收购计划的通知》。

的加工企业、贸易企业、养殖企业利用期货市场进行风险管理的需求与日俱增，并开始参与其中避险。

总的来看，油脂油料企业参与期货市场的程度和水平最高，目前参与比例几乎达到100%；饲料企业因对豆粕的需求，也紧跟油脂油料企业之后，参与和利用期货市场的水平大幅提高；深加工企业的原料主要源自国内，但随着国际替代品大量进口，来自国际市场的风险与日俱增，深加工企业不仅关注国内外期货市场，也积极参与其中，但参与程度和操作能力尚低于油脂油料企业、饲料行业和贸易企业。根据2013年和2018年两次企业问卷调查数据①，2013年，饲料、深加工、贸易和养殖等农业企业参与期货市场的比例为28%。其中，贸易企业参与期货市场的比例达57%，饲料企业参与比例达30%，深加工企业参与比例达10%，养殖企业没有参与；经过5年的发展，2018年，饲料、深加工、贸易和养殖等农业企业利用期货市场进行风险管理的比例已提高至36%。其中，贸易企业参与比例达60%，饲料企业参与比例达33%，深加工企业参与比例达30%，调研的1家养殖企业参与了期货市场。

（三）涉农企业参与期货市场的现状

1. 发展情况

2008年，我国有29家非金融企业名列世界500强，但仅有18家报告使用了衍生品进行风险管理，比例为62%，远低于世界平均水平。2012年我国的世界500强非金融企业增加到81家，而报告使用衍生品的企业比例却降到50%。

中国的农业企业多数规模小、利润薄，能够进入世界500强企业的更是凤毛麟角，其利用衍生品市场进行风险管理的实践和能力更为薄弱。我国有11万家农业产业化龙头企业，其中国家认定的农业产业化国家级重点

① 2013年的问卷调研涉及62家企业，覆盖17个省区，其中深加工企业20家、饲料加工企业27家、贸易企业7家和养殖企业8家。2018年的问卷调研涉及60家企业，覆盖18个省区，其中深加工企业14家、饲料加工企业39家、贸易企业5家和养殖企业1家。需要说明的是，我国玉米深加工企业集中度相对较高，而饲料加工企业约7000家，规模集中度较深加工企业低。

龙头企业为1253家，农民专业合作社为68.9万户，实际入社农户约5000万人，但是真正参与期货交易并利用期货工具的涉农企业、农业合作社并不多。以大连商品交易所为例，截至2013年6月底，全国企业在大商所的开户总数为46992家，但因不懂期货或者其他原因，空户较多，实际参与交易的客户数为16099家，仅占开户总数的34%。而且，各品种众多的加工、贸易等下游企业对期货市场的认识度和参与度并不高。

虽然农业企业参与期货市场的比例不高，但是许多龙头企业也在努力做出尝试，在全国各地实践了一些利用期货市场的运作模式，大致有“订单农业+期货市场”“土地流转+规模种植+期货市场”“涉农企业+银行+期货公司”“期货市场+现货套利”等（见图7-5）。总体来看，农业企业作为参与期货市场的主体，通过订单或土地流转等方式与农户或合作社签订远期合同。与此同时，农业企业在期货市场进行套期保值，在现货市场进行销售；如果企业在套保时有资金需求，可以向银行提出套保贷款申请以获得信贷支持；当某种农产品的期、现货价格出现较大差距时，企业还可以进行套利。

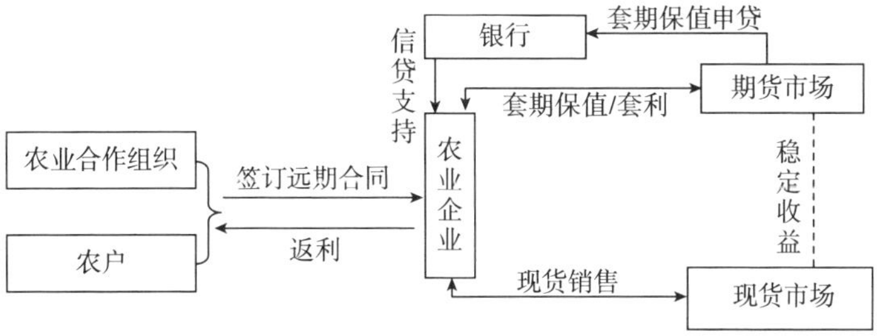

图7-5　农业企业利用期货市场模式

2. 操作团队架构

农业企业要在期货市场进行套期保值，企业内部需要建立一套组织框架和管理体系，以保障期现结合的顺利实施。由于企业经营规模和参与期货市场水平不同，企业的期货部门设置也有所不同。大型农业企业通常会有较为健全的职能部门设置；中小型农业企业，也包括部分大型企业，通常设置一个期货部门，配备期货、现货、风控和研究等岗位人员；还有一部分刚刚参与期货市场的企业选择与外部专业团队合作。当然，还有大量企业并未真正参与到期货市场中来，没有成立专门的期货部门，仅是设置专人跟踪期货市场，为下一步参与期货市场作准备。

（1）多部门协作

规模大、套期保值需求大、资金实力雄厚的企业通常会将现货部门（采购/销售）、期货部门、风控部门、研究部门和财务部门等职能部门独立设置，并设置“事业部”或由一位分管领导统筹管理，其中部分企业还成立了风险管理委员会，以实现期现结合的风险管理体系。在套保决策和实施上，期货部门和现货部门统筹考虑，制订计划和期现操作方案，研究部门和风控部门为期货套保提供决策信息和进行风险控制，财务部门负责资金调拨，多个部门共同参与协作完成。

目前，大型压榨企业因参与期货市场时间长、经验足，一般都采用多部门协作的期货交易组织模式，将其纳入共同决策系统。如中粮集团由下属的油脂部负责相关业务，内设套期保值部、风控部、研究部、采购部及销售部；九三集团将原有的外贸公司和营销公司两个部门合并成立油脂油料事业部，全面负责集团原料采购、产品销售和期货交易，从采购到销售完全一体化，并建有风险管理委员会；京粮集团则通过商贸物流事业部负责生产、收购、存储、运输、销售和期货交易。少数饲料和深加工企业也有较完善的多部门协作机制，如保龄宝公司的期货部和现货部独立管理，但在重大采购策略上则统一运作，并建有期货管理委员会。期货部门包括市场调研分析员、方案设计员、操盘手、资金调拨员、风控员等10人。

（2）单部门设置

部分大型企业和众多中小型企业通常设置一个期货部门，配备若干岗位人员分工负责期货、现货、分析、风控等内容。这类企业多数在期货市场操作规模较小或业务相对简单。也有少部分大企业采取单部门设置，主要是为了更好地实现期、现货统一管理。如中储粮油脂有限公司是由运营部统一进行大豆压榨套保的管理决策。大型饲料企业（年产量300万吨以上）的期货套保部门通常设在采购部门，采购部门将期、现货信息统一决策，采购、期货等相关人员沟通信息，并提供策略建议，由公司分管领导负责最终头寸决策。中小型企业（年产量300万吨以下，多为几十万吨）通常由总经理负责期货管理，在决策方面具有较强的主观性。饲料企业通过基差方式参与期货的流程包括：一是企业没有设立期货账户，向上游大豆压榨企业直接点价；二是企业设立期货账户，自行选择合适的价格买入套保，然后再与大豆压榨企业点价。玉米深加工企业的期货团队水平总体不高。在调研的14家玉米深加工企业中，仅有2家企业专设期货部门开展工作；2家企业虽未成立专门部门，但有专人负责期货相关工作；2家企业的期货相关工作由市场部门的人员兼职完成。

（3）专业团队合作

一些饲料、深加工企业因技术和人才等方面的匮乏而选择专业期货团队为其进行套期保值服务，如广东海大集团、新希望六和、广东汇海等饲料企业在进入期货市场之初都是采取与专业团队合作的方式。其中，广东海大、新希望六和都曾分别与大连圭泽贸易有限公司成立“海大圭泽贸易有限公司”“新希望圭泽贸易有限公司”，来实现与专业团队的技术合作，在一定程度上取得了良好效果。但是，引入专业期货团队为农产品加工企业进行套期保值服务也存在一些难点，比如专业团队不了解企业采购与销售计划、库存等核心信息，期货市场操作不能与企业日常经营真正紧密结合。

四、农业企业利用期货市场的实践效果

结合期货市场的功能和我国企业当前的实践情况，期货市场在农业企业转型升级、提质增效中的作用是多方面的，我国期货市场也已经做出了一定的成绩。

1. 企业参与期货市场的套期保值效率明显提高

从套期保值效率指标计算来看，大豆、玉米及其加工产品是我国期货市场上市时间最长、产业链品种最齐全的系列。该系列农产品相关的加工企业参与期货市场，套期保值效果良好。其中，豆油、豆粕、棕榈油市场的套期保值效率整体处于较高水平，豆油、棕榈油的套期保值效率在80%

以上，这就表示相关加工企业可以通过豆油、棕榈油期货在期货市场对冲掉80%以上甚至更高的现货价格波动风险，套期保值效果良好。豆粕套期保值效率超过60%，套期保值效果也比较理想。玉米自供给侧结构性改革以来，期、现货价格相关性增强，相关企业参与期货市场的套期保值效率也逐步提高，目前已逐步回升至30%以上。玉米产业链上下游利用期货市场进行套期保值的积极性明显提升。

2. 企业参与期货市场稳定了生产经营利润

通过在期货市场进行套期保值，能够帮助企业规避原材料和产品价格、汇率、利率等波动带给企业的经营风险，促进企业平稳健康发展。丰益国际、ADM、邦基、嘉吉、中粮、海大等国内外知名企业年度财报显示，在营收下降的年份其衍生品方面多有大幅盈利，部分弥补了企业的营收不佳状况。广东海大集团2018年、2019年的年报显示集团营业收入分别为421.6亿元和476.1亿元，同比分别增长29.5%和12.9%；在期货市场盈利分别为4000万元和500万元，抵消了部分现货市场损失，提升了集团的整体盈利水平。再以中粮集团为例，其销售利润率一直维持在5%左右。2012年，由于大豆价格全年上涨了16%，最高涨幅为46%，压榨企业普遍每吨亏损20~30美元，而中粮集团由于参与期货市场套期保值，利润稳定增加（见图7-6），这在一定程度上促使其压榨市场份额从2010年

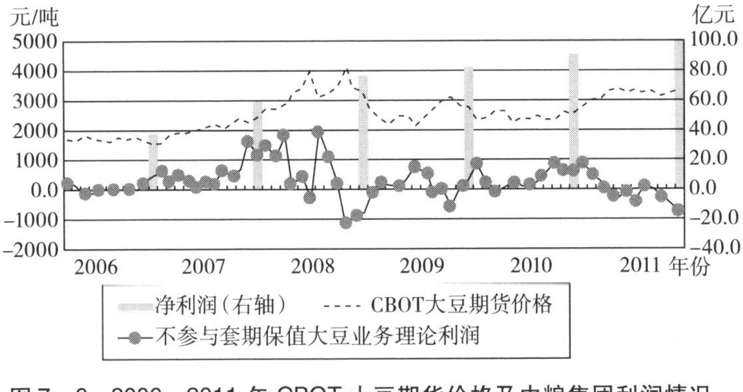

图7-6 2006—2011年CBOT大豆期货价格及中粮集团利润情况

资料来源：中粮集团。

的 9.7% 增加到 2012 年的 12.4%。

3. 指导企业生产和销售计划的制订

期货市场价格是众多市场参与者分析供求数量、进出口数量、国家政策和自然环境等因素后，对未来价格做出的判断，具有预期性、权威性和连续性的特点。期货市场价格已经成为企业产品定价的基准。如中粮集团每天上午 10：30 上半节期货交易收盘时，根据收盘价报出当天相关农产品的销售价格。通过期货市场价格信息的传导机制，农业企业可以参照期货市场价格去采购原材料和销售产品，也可以根据期货市场的价格变化趋势和比价关系，科学地制订生产和销售计划，以提高企业的决策和经营效率。

4. 节约企业资金占用，稳定产销关系

企业运用期货市场不仅可以拓宽供应渠道，还可以同时锁定原材料和产品销售上下游两个市场的价格，实物交割渠道也可以为企业原材料供应或产品销售提供保障，企业可以放心地降低生产环节的库存，从而降低企业经营成本，提高企业资金的使用效率。以大豆产业为例，九三油脂是东北压榨行业的龙头企业，自大豆期货市场建立以来，一直将大连期货市场作为企业重要原料采购基地，每年通过期货市场购买的大豆至少占公司加工量的 1/3，通过均匀购买，节省了企业大豆收购的人力、物力和财力，也节省了仓储费用[①]。

5. 企业利用套期保值促进产业链增值和产业升级

近年来，随着期货新品种密集上市以及大豆、玉米等农产品市场化改革推进，参与期货市场的农业企业无论在数量还是保证金规模方面都明显增加。期货市场为包括大豆压榨、饲料养殖在内的部分农业企业提供了有效的避险工具。目前，日压榨能力在 1000 吨以上的油脂油料企业、重要压榨集团均是期货市场的主要参与者。我国的一些大型农业企业通过期货市

① Committee on Agriculture House of Representatives. Study of the Effects on the Economy of Trading in Futures and Options. Washington, 1985.

场套期保值，将产业链上下游各主体联结在一起，形成了市场风险共担的运营机制，可以稳定产销关系，不仅保障了企业运营，还有效促进了产业升级和产业价值链增值。

6. 开辟了融资渠道，为企业提供了强有力的金融支持

农产品期货市场为金融机构支持农业产业发展提供了新的渠道。金融机构对农场签订远期大豆合同所提供的贷款支持、仓单质押业务等大大提高了大豆相关产业的资金运转能力。比如，银河期货、中国农业发展银行和农业企业之间紧密配合，中国农业发展银行解除了信贷资金安全的担忧，满足了企业参与套期保值的需求，是一项重要的金融服务创新。2005—2012 年，最早参与试点的中国农业发展银行黑龙江分行共支持全省 28 个县（市）的 54 户企业通过套期保值销售粮食 276 次，累计 10 万余吨。其中，支持 16 个县（市）的 27 户企业销售玉米 80 次，共计 61. 7 万余吨；支持 21 个县（市）的 27 户企业销售大豆 196 次，共计 46. 2 万余吨，为近 30 亿元贷款提供了规避风险的保障，帮助企业累计实现净利润近 1. 2 亿元。①

① 张秀青. 农业企业利用期货市场的现状、障碍与政策建议[J]. 农业展望，2013(12):31－33,38.

第八章　期货市场服务乡村产业发展

一、引言

近年来，我国农产品价格形成机制改革加快推进，市场在价格形成中越来越发挥决定性作用。与此同时，农产品市场开放程度加深，影响国内农产品市场运行的因素也在增多。如何促进市场稳定发展、如何在价格波动中保障农民收入，是必须解决好的重大问题。期货市场建设在稳定农产品市场和保障农民收入方面具有良好的实践基础。

从价格发现功能来看，农产品期货市场对农业生产具有重要的引领作用。农业是自然再生产与社会再生产相结合的过程，农产品的需求弹性小、消费量相对稳定，但产量并不完全为人们控制，因而播种时对未来的价格难以把握。收获期如果增产较多，价格就可能大跌；如果减产较多，价格就可能暴涨。这给农民合理安排生产、保障未来收益带来了困难。与现货价格不同，农产品期货价格反映的是未来的供需关系和各类市场主体的心理预期，可预判价格走势，具有提前发现价格的功能，为生产者根据远期价格决定当前生产提供了可能。同时，农民还可以在收获之前就将农产品出售，获得预期收益，回避市场风险。世界上主要农业国特别是发达市场经济国家的农民，大多都根据期货市场来从事农业生产经营。

从套期保值功能来看，期货市场可以帮助农产品生产经营者锁定成本和收益，促进相关产业健康发展。价格波动是市场经济运行的正常现象，但暴涨暴跌却会对农业造成致命打击。期货市场的发展为农产品生产经营者提供了规避价格风险的渠道。生产经营者可以在现货市场和期货市场对同一种农产品同时进行买进或者卖出的反向操作。当市场价格发生变化时，现货市场出现的盈亏可以由期货市场的亏盈得到弥补，在近期与远期之间形成对冲机制，使价格波动带来的收益风险降到最低。因此，农产品期货成为国际上通行的风险管理工具。农产品期货市场是现代市场发展的必然产物，在推进农产品价格形成机制改革过程中，要高度重视发挥期货市场的作用。

自2013年以来，随着期货品种上市提速、期货市场功能不断完善，特别是自期货公司依照《期货公司设立子公司开展以风险管理服务为主的业务试点工作指引》（2012年12月发布）和《中华人民共和国公司法》设立风险管理子公司以来，期货市场服务“三农”的模式不断创新、优化，最先形成了四平、望奎、延津、银丰等“订单+期货”模式，还探索出了各具特色的“粮食银行”“场外期权+期货”“保险+期货”等试点模式。2016年，中央一号文件指出，要探索建立农业补贴、涉农信贷、农产品期货和农业保险联动机制，稳步扩大“保险+期货”试点。“保险+期货”被正式写入中央一号文件，并在此后历年的中央一号文件中屡屡提及，其作用正在得到广泛认可。这些试点模式不仅转移了农户面临的农产品价格波动风险，还稳定了企业生产经营，实现了在风险可控下规模化生产、集约化经营的目标，为订单农业、土地流转等农业产业化经营的顺利实施提供了保障，带动保险公司和银行也积极融入其中。

二、期货市场服务乡村产业发展的模式

期货市场服务“三农”的模式多种多样，删繁就简可归结为“订单+期货”“粮食银行”“场外期权+期货”和“保险+期货”四种主要模式，每种模式中还可附带一些新工具，从而可以不断完善和增强该模式的功能。

（一）“订单+期货”

订单农业又称契约农业，是指在农业生产经营过程中，农户按照与有组织能力的生产经营主体签订的合同组织安排生产，有组织能力的生产经

营主体按照合同收购产品的一种农业经营方式。随着我国农业规模化和产业化进程的推进，订单农业规模不断扩大，形式多样。我国订单农业的实际履约率较低，发展订单农业的关键在于提高履约率，提高履约率的核心在于建立稳定合理的利益分享机制。“订单 + 期货”就是运用期货市场的风险管理功能，建立订单签订双方较为稳定的利益关系，从而提高订单履约率。在实践中，“订单 + 期货”呈现多种形式，最具代表性的有四平模式、望奎模式、延津模式和银丰模式等。这几种模式最大的不同点在于以何种方式组织订单。

1. 四平模式：“粮库 + 合作社 + 农户，订单 + 期货”

吉林省四平市是我国的玉米主产区，每年玉米生产量约 8 万吨，主要销往区域内的 8 个粮库和一些粮食加工企业，其中四平平东粮库是区域内规模最大的玉米收购企业，也是较早开展订单农业的国有粮食收购企业，每年玉米订单量达 5.2 万吨。2006 年 4 月，四平平东粮库与铁东区叶赫镇砬子沟合作社农民签订玉米期货和现货两种订单。

（1）粮库与合作社签订期货订单。平东粮库与合作社的农民按照每吨 1200 元的价格，签订了 3000 吨的玉米期货订单。按照玉米期货标准，粮库规定农民交售的粮食为二等黄玉米，在质量上要求玉米的水分不得超过 14.5%、杂质不高于 1.0%、不完善粒总量不高于 8.0%、霉变粒不高于 2.0% 以及气味色泽正常；如果交售时质量达不到规定要求，在价格上将给予一定的折扣。为了最大限度地降低农民参与期货交易的风险，除契约规定农民参与期货订单玉米保底价为每吨 1200 元之外，粮库在期货市场平仓或者交割后与合作社平分利润，合作社再分配给签订订单的农户，并口头承诺如果收益较少时，粮库将把收益的 60% 分配给农民。农民不承担参与期货可能的亏损风险。同时，由于订单的保障，企业降低了采购成本，稳定了粮源和收益。

（2）粮库与合作社签订现货订单。平东粮库与合作社的农民按照每吨 1160 元的价格，签订了 1500 吨的玉米现货订单。现货订单对收购价格的承诺具体包括：一是当市场价格低于订购价格时，按订购价格收购；二是当市场价格高于订购价格时，按市场价格收购；三是在农民交售玉米后的20天内，如果玉米价格上涨，可以凭交售票据进行二次返还价格损失；在二次返还10天内如果玉米价格仍然上涨，凭交售票据和二次返还票据进行三次返还价格损失。这便达成“合作社出粮、企业出资金、粮库出加工设备”的方式共同参与期货交易模式。另外，在资金调拨、指令单下达和账单确认等环节，要求合作社的代表与粮库代表共同签字才可进行相关操作。

粮库在期货市场卖出期货合约，进行卖出套期保值操作。收获新粮时，农民按照合同履约，将粮食交到粮库，粮库当场结算，其中现货订单在合同约定的期限内向农民补两次结算价格与后市市场价格的差额。粮库在期货市场平仓或者交割后与合作社平分利润，合作社再分配给签订订单的农户。通过粮库的“二次结算”机制，农民共获得81万元的差额补贴，有力地规避了卖粮食时机不当给农民带来的收益损失；同时，企业由于订单的保障，降低了采购成本，稳定了粮源和收益。

经过一年的试点试验，2006年11月在实际收购玉米时，由于玉米市场收购价上涨到每吨1400元左右，超过了期货订单1200元的保底价，农民和合作社出于对期货订单收益不确定性的担忧，没有把玉米按照期货订单的要求与粮库进行交售，而是选择现货订单的契约形式以市场价向粮库出售了玉米。本次平东粮库通过期货订单试图让农民参与农产品期货市场的试验，虽然因价格上涨而按契约相应条款在市场上出售，但是依然积累了宝贵的经验。

2. 望奎模式：“农民自发组建的合作社或联社+农户，订单+期货”

黑龙江省绥化市望奎县地处黑龙江省中部松嫩平原与小兴安岭西南边缘的过渡地带。全县农作物播种面积为250万亩，是国家粮食生产基地县，同时大力发展以生猪、肉鸡为主导的饲养业，特别是生猪产量位居全省第一。2005年7月15日，望奎县政府与大连商品交易所、大通期货公司正式签订县企合作协议，望奎县成为大连商品交易所“千村万户”工程示范点。协议确定东升乡、莲花镇为实施“千村万户工程”的试点乡镇。2006

年，望奎县开始尝试套期保值运作，开辟农民避险增收新途径。在交易所和大通期货公司的指导下，望奎县主要旱田种植区的大部分农村干部、种粮大户、农村经纪人和青年农民都积极参加并建立了两个具有代表性的试点，即“合作组织性质的购销企业 + 农户，订单 + 期货”的莲花镇宽五东村试点和“村干部带头的农户联合体 + 农户，订单 + 期货”的东升乡试点。在这种组织模式下，农民自发组建运作规范的合作社，合作社作为法人在期货经纪公司开户，直接利用期货价格信息服务于生产经营决策，并直接参与期货市场进行套期保值交易。合作社通过参与和利用期货市场降低资金链风险，提高其资信水平和借贷能力，以扩大经营规模，提高经营效益的稳定性；同时，合作社可以持期货公司开具的证明向金融机构贷款，金融机构放贷并对合作社的套期保值情况进行动态跟踪，根据合作社的经营风险状况及时调整信贷规模，以支持合作社的发展；而农民则可通过年底分红的形式获取合作社的稳定收益，从而分享合作社参与和利用期货市场带来的好处。2006 年，莲花镇博丰大豆经销公司通过套保操作在期货市场上获利 10 万元，帮助参与农户弥补了大豆价格带来的损失。从整体来看，望奎模式在种植结构调整、提高农民组织化程度、改变传统的卖粮方式以及规避市场价格风险等方面均取得了一定成效。

3. 延津模式：“龙头企业 + 专业协会 + 农户，订单 + 期货”

延津县位于我国黄淮海优质强筋小麦带中部，土地肥沃、灌溉便利，多年来，其一直是我国著名的优质小麦产地。该县从 1998 年起就开始了以订单农业为载体的优质小麦产业化经营。为充分发挥当地小麦品质高、种植规模大的优势，2000 年，延津县依托县粮食局及下属乡镇粮管所组建河南金粒麦业有限公司，大力发展订单农业。2002 年，金粒公司发起成立了河南金粒小麦协会。该协会在各乡（镇）设分会，村级设 1 ~ 2 名中心会员（由组织能力、责任心强的本村农民担任），订单农户为一般会员。中心会员接受协会管理，充分发挥自己熟悉本村情况的优势，负责组织农户与金粒公司签订订单，协助搞好统一供种、配送农资、提供技术服务、指导农业生产，组织订单农户统一向公司交售粮食、协助公司对农户进行二次分配等工作。该协会根据中心会员的工作质量和数量支付报酬。此外，该协会还规定持订单售粮的农户每斤可高于市场价 2 分。通过这种利益机制从组织管理上保证了农户的高履约率。截至 2004 年，该协会的中心会员已发展到包括县内县外的 500 多名，涉及农户 10 万户。

金粒公司在与农户签订订单时，参考了郑州商品交易所的小麦期货行情，同时在期货市场上建立远期月份的空头持仓，待从农户手中收到小麦，经整理后到交割库注册仓单，以规避价格风险。2003 年，金粒公司共组织交割 5 万吨小麦，实现利润 1000 余万元，通过协会对达到期货交割标准的粮食每斤向农民返利 1 ~3 分。经过几年的发展，延津模式已经初具规模。截至 2004 年，优质专用小麦种植面积达 56 万亩，是 5 年前的 70 倍，占全县耕地面积的 90% 以上。其中，订单种植面积达 45 万亩，订单履约率连年保持在 100%，订单农户（涉及 41 万农民）人均增收 65 元以上。

4. 银丰模式：“龙头企业 + 合作社 + 棉农，订单 + 期货”

银丰集团通过“公司 + 合作社 + 棉农”的模式构建货源网络，充分调动棉农植棉积极性，掌握稳定优质的棉花资源。有了稳定优质的棉花资源，还要低风险地将棉花销售出去，才能确保公司盈利。集团公司结合自身情况，充分利用期货平台，采用“订单 + 期货”的模式，实现了期现结合和套期保值。

当期货的价格相对现货较高时，公司根据生产成本卖出套保合约，将从农民手中收购的棉花现货按郑商所的棉花交割标准加工成“期货棉”并注册成仓单，直接交售仓单获利。同时，银丰集团结合每年现货贸易的实际情况，现货资源短缺或者期货价格对现货价格贴水时，在期货市场上做买期保值，并视现货情况进行实物交割，在交割时，提出现货客户需要、自己短缺的期货棉品种。

此外，银丰集团还通过基差变化进行套期保值。例如，银丰集团 2008 年 2 月底至 3 月初发现 0807 合约与现货的基差近 2500 点。在迅速分析未来国内棉花产业形势后，期货部提出利用当前的基差水平在 0807 合约上进行大胆的全额套保。公司在平均基差为 2500 点大量建仓，当时现货成本在

13700 元 / 吨。到后来基差逐步缩小，大约在基差为 1000 点时，公司在销售现货的同时将期货空头平仓（空头是补仓，多头是平仓），现货平均每吨亏损 500 元，期货平均每吨赚取 1500 元。这样，每吨棉花还可以赚取 1000 元/吨的基差利润，从而使得银丰集团在其他大多数棉花企业亏损的情况下，还能保持盈利。

5. 小结

我国农户规模小、地块零星，规模化经营必须创新组织模式。在“订单 + 期货”模式中，订单的组织方式多种多样，其核心就是通过有组织能力的生产经营主体将零散的农户组织起来，开展规模化经营，以实现规模收益和获得较高质量的农产品。在这里，有组织能力的生产经营主体不仅可以是龙头企业、合作社或联合社，还可以是专业协会、社会化服务组织、粮库等主体。通过他们的力量将农民组织起来进行规模化生产经营，提高农业效益和全要素生产率。期货市场就是解决农业生产过程中的风险管理问题，规避价格和市场波动风险，保证订单关系的持续、稳定和健康发展。有组织能力的生产经营主体一定要考虑后续的价值增值，并给予农民二次分配，形成均衡的利益联结关系。“订单 + 期货”模式正是解决了农村家庭承包土地制度所决定的农户小规模、分散化生产的现实与市场经济所要求的社会化、产业化经营之间的矛盾。“订单 + 期货”模式操作流程如图 8 – 1 所示。

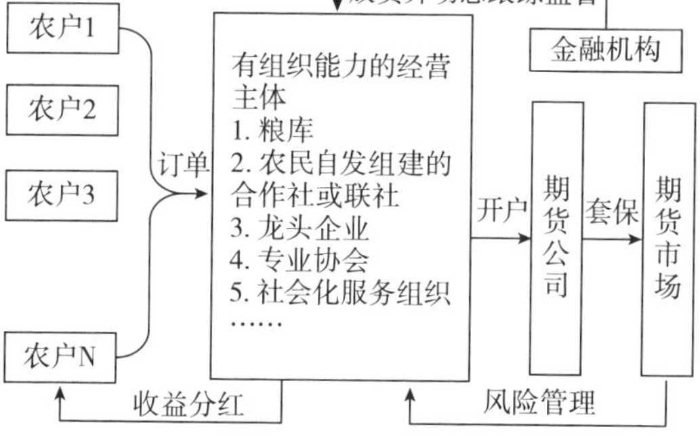

图 8 – 1　“订单 + 期货”模式操作流程

（二）新型粮食银行

“粮食银行”是指粮食贸易或加工企业借鉴银行存储、信贷等管理模式，吸收农民粮食代为存储、加工或贸易，农户可以“定期”或“活期”的形式提取粮食或现金，从而盘活粮食资源、促进粮食周转流通并从中获得增值效益的新型粮食经营模式，其最早可追溯到20世纪80年代初。21世纪以来，“粮食银行”迎来新一轮发展契机。随着种粮大户、家庭农场和农民合作社等规模化种粮户增多，农户晒粮难、储粮难问题突出，一些粮食企业在收获季节集中吸储农民粮食、向农民开具“粮食银行”存折，农民凭存折可以在一定时期选择合适价格进行卖粮结算、领取卖粮款。有些地方的“粮食银行”存折还具有抵押融资功能，农民可以凭“粮食银行”存折到相关合作银行获得贷款。但是，为吸引农户存粮，一些粮食企业在结算时都会给予优惠，如果农民结算日挂牌价低于送粮日价格，则按等于送粮日价格结算；如果市场价格出现上涨，则按等于或略高于结算日价格结算。这意味着粮食价格涨跌的市场风险大部分都由粮食银行承担。如果这个问题不能得到有效解决，那么粮食银行将难以持续发展。为了控制和降低风险，部分经营粮食银行的企业尝试利用期货、场外期权等现代金融工具，转移粮食价格波动风险，“新型粮食银行”应运而生。新型粮食银行操作模式为：农民交粮时的价格是最低结算价，农民要求提款时现货价格高就按高价结算；现货价格低于交粮时价格就按交粮时价格结算。新型粮食银行的风险规避操作不仅可以通过期货市场对冲风险，也可以通过场外期权保值增值。此外，新型粮食银行还通过延期点价，嵌入价格保险、信贷等金融工具，不断提高抗风险能力，九三集团的“延期点价”收购模式和四平天成的“新型粮食银行”模式就是典型代表。

1. 九三集团的“延期点价”收购模式

黑龙江九三粮油工业集团等粮食加工企业引入国际大宗商品期货交易常用的“点价”方式，改进“现粮、现钱”的传统收购做法，探索实践大豆“延期点价”收购模式[1]，促进了产销对接，提升了产业化水平。粮食在丰收时先入企业库，何时变现由农民“点”，“延期点价”收购模式不仅能够促进农民增收、稳定企业粮源，还在一定程度上缓解了国家粮食收储压力，实现了农户、企业、国家的多方共赢，是期货市场服务“三农”的重要创新。

九三集团“延期点价”收购模式的具体运行流程分以下五步：第一步，签订合同。在大豆收购期开始时，农户与企业签订“延期点价”订单，只登记村庄、姓名、数量、等级，不确定收购价，但确定最后结算日，即农户须在企业确定的收购期结束之前结清全部货款。第二步，交接物权。合同签订之后，农户在一定时间内将大豆送入企业储运现场，大豆归属权即划归企业，企业有权使用这批大豆。大豆入库后，企业要承担大豆的存储及减量损失。第三步，每日定价。企业根据大连商品交易所与芝加哥期货交易所期货与现货、原料与产品市场变化情况，每天向农户发布收购结算价。第四步，套期保值。企业根据“延期点价”订单签订情况，在期货市场建立买入套期保值头寸，平滑农户在高价日结算时给企业带来的成本风险。第五步，延期点价。农户在订单规定的结算期间内自由选择满意的价格进行结算。如果农户急于用钱，希望结算部分货款，可以按当日企业收购价格的50%结算部分货款，剩余部分仍可在企业收购期内的任何一个时点来结算。根据农户结算数量，企业卖出相应期货头寸，完成套期保值。

2. 四平天成的“新型粮食银行”模式

所谓“新型粮食银行”，是指通过期货对冲、价格保险、质押融资等措施帮助农民和传统粮食银行抵御市场风险，形成期货市场、保险公司、商业银行和政府等多重角色广泛参与的金融服务“三农”立体运作模式。

---

① 所谓“延期点价”，就是企业在收粮食时不确定价格，只明确收购大豆的数量和质量，待粮食入库后，企业根据市场行情，每天向农民报当日结算价，农民认为“哪天价格高就哪天点价变现”。同时，企业接货即获得粮食所有权，直接投入生产，并购买期货进行套期保值，以规避市场价格变化带来的风险。

2015 年，大连商品交易所联合永安期货、四平天成玉米开发有限公司（以下简称“四平天成”），尝试利用期货市场与传统“粮食银行”业务对接进行“新型粮食银行”业务，具体操作流程主要可分为以下三个步骤：第一步，农民根据事先与企业签订的协议将粮食送到收购点。企业事先与农民签订售粮协议，并约定以期货价格为基础确定收购价格和结算价格，并按收购日挂牌价格支付给农民 10% 的预付款。第二步，“粮食银行”按当日的挂牌价格支付给农民 10% 的预付款，并在此后的 6 个月内，根据期货和现货价格情况确定逐日挂牌价，农民可自由选择结算日。与农民签订协议后，企业通过期货市场进行套期保值，对冲价格上涨风险。此外，在粮食保管期间，“粮食银行”还可通过期货交易所的交割仓库便利地生成仓单在期货市场卖出粮食，并通过商业银行进行仓单质押，取得贷款。此外，还可引入保险公司向农民和企业提供价格指数保险，以期货价格为基础确定赔付标准，并可通过卖出期货合约对冲价格下跌风险，进一步将价格风险转移出去。第三步，“粮食银行”根据结算日的挂牌价格结清剩余粮款。“新型粮食银行”模式操作流程如图 8－2 所示。

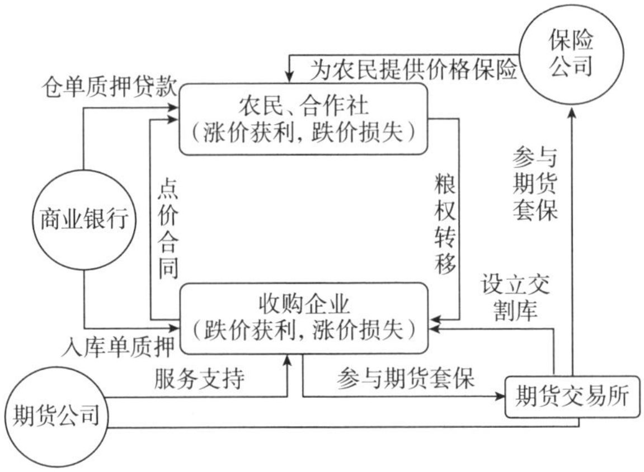

图 8－2　新型“粮食银行”模式操作流程

资料来源：大连商品交易所。

与传统“粮食银行”相比，新型“粮食银行”充分利用了期货、期权、价格保险等一系列现代化风险管理工具，将价格风险转移出去，实现了对价格风险的有效管理。第一，以期货价格为基础确定收购价格和结算价格。“新型粮食银行”事先与农民签订售粮协议，约定以期货价格为基础确定收购价格和结算价格，并按收购日挂牌价格支付给农户10%的预付款。第二，通过期货市场进行套期保值操作。与农民签订协议后，“新型粮食银行”通过期货或场外期权市场进行套期保值。粮食保管期间，“新型粮食银行”还可通过期货交易所的交割仓库便利地生成仓单在期货市场卖出粮食，并通过商业银行进行仓单质押，取得贷款。第三，保险公司为农民和企业提供价格指数保险，进一步转移风险。在“新型粮食银行”模式中，保险公司向农户和企业提供价格指数保险，以期货价格为基础确定赔付标准，并可通过卖出期货合约或买入看跌期权（场外期权）对冲价格下跌风险。“新型粮食银行”不仅保留了传统“粮食银行”的所有功能和优点，同时利用期货、期权、价格保险等现代金融工具，实现了对粮食价格风险的有效管控，具有商业可持续性，应予以充分重视和支持。

3. 小结

“粮食银行”在模式创新中引入期货、保险、银行等多方金融机构，充分利用期货、期权、价格保险等一系列现代化风险管理工具，将价格风险从源头到底端都转移出去，是一种较好的风险管理模式。企业与农户签订“粮食银行”订单，将农户与加工企业、农民与市场等紧密联系起来，既有利于农民增收、企业增效，也有利于减轻国家和地方的财政负担，成效显著。主要表现在以下三个方面：

第一，对于农户来讲，其可以节约存储及销售成本，提高综合收益。一是节省大量仓储费用及损耗。过去在粮食丰收后，农户存储设施简陋，虫吃鼠咬，容易造成损失。现在农户收割大豆后即可直接送豆入厂，不必再为储存费心，每吨可减少5%～10%的损耗。二是获得价格选择权或产品售卖权。在市场价格走高时，农户收益将可能增加，即使市场价格持续走低，企业因看跌后市而减收或停收大豆，已签订单农户也不存在被拒收的风险。三是避免农村经纪人压价。该模式实现了农户与企业的直接交易，降低了农户通过农村经纪人卖粮被压价的可能，将农村经纪人的利益让渡给了农户。

第二，对于企业来讲，其可以降低运营成本，规避远期风险。一是降低收储期财务成本。由于不用投放全额收购资金便可获得原料，企业将会因加快资金周转而节省财务费用。二是降低农户违约风险。“粮食银行”订单签订后，企业便可自由处置货物，既不存在农户易主出货风险，也不影响企业套期保值效果。而常规的订单模式下，若市场价格高于订单价格，则农户更倾向于在市场上出售产品，这不仅使企业无法按订单价格获得原料，还将对企业期货套期保值造成直接敞口头寸风险。三是规避结算成本风险。由于农户多在结算价较高时选择结算，企业在给予农户结算价选择权的同时，也承担了全部价格波动风险，可通过期货市场进行规避并获得经济收益。

第三，对于国家来讲，其可以减轻国储压力，提升市场化程度。近年来，我国农产品供给较为充足，农产品库处于历史最高水平，收储压力不断增大。一方面，国有粮库粮多装不下；另一方面，大量的企业粮库无粮可装。通过粮食银行，可最大限度地发挥企业粮食的储粮空间作用，是一种重要尝试。同时，粮食银行作为一种市场行为，对于完善农产品价格形成机制、促进粮食收储制度改革等也将产生积极的促进作用。

“延期点价”模式和“新型粮食银行”，作为一种粮食购销领域的新事物，从政策上既要为其发展创造有利条件，又要将其纳入有效监管，促使其健康发展，保护好农户和企业的长远利益。这需要加强以下两方面工作：

一方面，要建立对相关企业的动态监管机制，保障农民根本利益。“粮食银行”的本意是给予农户更多价格选择权，但同时也限定了农户只能接受该企业的收购价格。农户转移粮食所有权后，无论是企业故意压低结算价，还是农户认为企业结算价不合理，都会在一定程度上影响农户参与“粮食银行”收购模式的积极性。为了更好地保护农民利益、防止企业拖延结算和农户挤兑风险，必须加强对“粮食银行”企业的监管。一是严格企业准入和运行行为，建立属地备案制度，确保企业实物兑现和结算能力；二是在大规模开展此项业务的县市，设立由政府主导的第三方结算监控部门，设立第三方账户，收取企业结算担保金，并在农户结算时督促企业在规定期限内结清货款；三是完善管理制度，如月报调度制度等，及时掌握粮食加工企业的存量和结算情况，防范可能出现的各类风险，确保农民存粮安全和“粮食银行”企业的稳定运行。

另一方面，要完善期货市场服务，增强相关企业化解风险等能力。目前，“粮食银行”模式仍较为简单，存在较大的风险敞口。一要拓宽风险管理途径。研究推动指数保险、价格保险与期货进行对接，开发期权交易工具使粮食企业和保险公司等通过期权交易进行“再保险”，通过期货、期权、保险及银行多种手段化解价格风险。二要降低交易成本。合理增设交割仓库，方便粮食企业生成仓单和收粮、卖粮。开展银企合作，支持银行开展期货仓单质押等业务。要逐步让企业能够参考期货价格买粮，能够通过期货市场等管理风险，能够通过仓单质押等进行融资，这样，“粮食银行”等业务的发展才有坚实的依托，期货服务“三农”的潜力也才能得到更大的发挥。

（三）“场外期权+期货”

期权是一种衍生性金融工具，根据交易地点不同，可以分为在交易所内交易的“场内期权”和在交易所外交易的“场外期权”。自2013年起，在中国期货业协会的大力推动下①，在期货交易所和风险管理公司的共同努力下，“农产品场外期权”率先诞生，填补了我国期权工具的空白。2014年9月，中国证监会发文②进一步推动场外业务发展，同时“农产品场内期权”的推出也被提上议事日程，因此，2014年被业内称为“期权元年”。目前，棉花、白糖、玉米、鸡蛋、大豆、豆油、棕榈油等大宗农产

① 2012年12月，中国期货业协会发布《期货公司设立子公司开展以风险管理服务为主的业务试点工作指引》，旨在利用期货公司的专业优势推动业务创新，加强期货市场与现货市场的互动。

② 2014年9月，中国证监会发布《关于进一步推进期货经营机构创新发展的意见》，提出“探索交易商制度，培育专业交易商队伍，稳步发展场外衍生品业务”，进一步加快了探索场外业务的步伐。

品场外期权业务已经顺利开展起来，并探索出“订单 + 场外期权 + 期货”“二次点价收粮 + 复制期权 + 期货”“保底租地协议 + 场外期权 + 期货”等模式。场外期权模操作流程如图 8 – 3 所示。

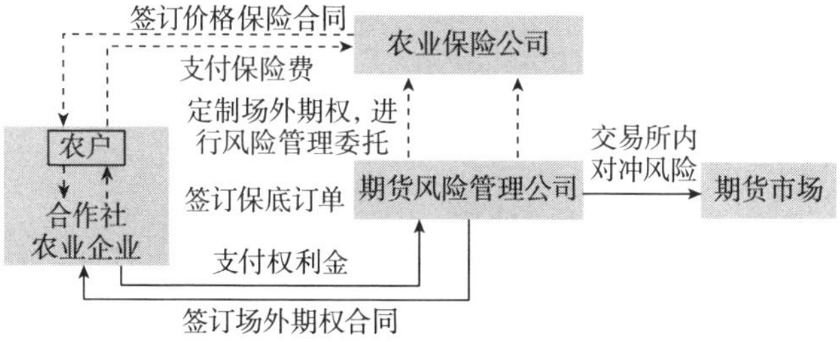

图 8 – 3　场外期权模式操作流程

注：虚线代表这种合作方式可以选择。

期权的本质就是将未来买卖的权利进行定价。“场外期权 + 期货”就是“保险 + 期货”的前身，“二次点价 + 复制期权”“保底租地协议 + 场外期权”都是“场外期权 + 期货”的典型模式。

1. “二次点价 + 复制期权”模式

自 2010 年以来，玉米生产、贸易、消费格局发生了重大变化，期货市场“三农”服务也在呈现新的变化。2013 年，新湖期货风险管理子公司——上海新湖瑞丰金融服务有限公司（以下简称“新湖瑞丰”）联合锦州义县当地收储企业与合作社、种粮大户，通过二次点价、两次结算为当地种粮农民的销售进行托底，形成了期货市场服务“三农”的创新性探索，即“二次点价 + 复制期权”模式。在这一模式下，农民可以分享未来一段时期可能出现的价格上涨红利，期货公司风险管理子公司利用场外期权，完成了其核心创新业务“定价服务”在服务“三农”方面的有益尝试。

二次点价的具体操作流程如下：新湖瑞丰从合作社采购 500 吨玉米，基准挂牌价折干粮为 2225 元/吨，新湖瑞丰先与合作社结算该部分粮款。上述 500 吨玉米暂存于辽锦生化粮库，同时与合作社约定二次点价时间段（从售粮日起至 2013 年 12 月 15 日止的任意一天），在 2013 年 12 月 15 日之前，以每天锦州港玉米主流收购价减去30元（辽锦生化至锦州港运杂费）为基准，农民可任选一天进行点价。如果基准价高于订单合同价，则由新湖瑞丰补给农民价差；如果基准价低于订单合同价，则原订单价仍有效；如果农民到约定时间仍未点价，则计算农民自售粮之日起到约定时间基准价的平均价与订单价价差，若价差为正，则新湖瑞丰补给农民全部价差，若价差为零或负数，则仍可按原订单合同价进行结算。到2013年12月15日点价时间结束时，由于当周玉米价格下跌，合作社未进行二次点价，新湖瑞丰按价差向合作社发放了15元/吨×500吨=7500元的二次点价补偿款。

对于一次性点价收购的500吨玉米，新湖瑞丰采用在大连市场直接卖出期货套期保值。对于二次点价收购的500吨玉米，由于卖出套保仅能规避价格下跌风险，新湖瑞丰选择了“卖出期货+买入看涨期权”的组合来规避玉米价格双向波动的风险。在支付首付款之后，新湖瑞丰卖出玉米1409合约，同时买入1409看涨期权（由于目前国内还没有玉米期权，新湖瑞丰与一家外资大宗商品投资对冲基金合作，进行用期货复制期权的期权交易）。具体操作上，新湖瑞丰在卖出期货合约防范价格下跌的同时，通过计算各种风险值及其变化，以不断买入玉米期货合约并不断平仓的方式复制看涨期权，即在玉米价格不断上涨的过程中逐渐买入相应的期货合约，并在下跌的过程中通过风险值的变化而平仓相应数量的多头头寸。在操作上，这将导致新湖瑞丰的买入成本不断增加，但该成本相当于买入看涨期权时支付的期权费。此次复制期权操作至2013年12月15日农民的“二次点价”时间到期，公司用于复制期权的头寸全部平仓。

“二次点价+复制期权”模式的效果。从新湖瑞丰“二次点价+复制期权”的操作效果来看，在现货市场上，新湖瑞丰一次性点价收购的500吨玉米盈利60元/吨；二次点价的500吨玉米仅盈利45元/吨，合计盈利52500元。在期货市场上，新湖瑞丰以2261元/吨平仓1000吨玉米1409合约空单，亏损16元/吨，亏损总计16000元，加上承担的17655元咨询费、3490元复制期权成本、税费22800元，合计为59945元。最终，在本次

1000 吨玉米的收购中，新湖瑞丰收支基本相抵，顺利完成了对于“二次点价 + 复制期权”模式的探索。

2015 年，上海新湖瑞丰金融服务有限公司在锦州义县试点的“二次点价 + 复制期权”项目经验的基础上，开始主动引入保险公司，打造农民买价格保险保收益、保险公司购买场外期权对冲风险、期货公司风险管理公司场内复制期权覆盖风险的闭环。其间，保险公司短期还不具备直接到期货市场进行风险对冲的能力，因此其选择期货公司风险管理公司作为再保险对象，在当时还没有场内期权的情况下，通过购买期货公司风险管理公司场外期权的形式将保单进行再保险。

2. “保底租地协议 + 场外期权 + 期货”模式

2014 年年初，大商所组织浙江永安资本管理有限公司（永安期货的风险管理子公司，以下简称“永安资本”）与吉林长岭云天化农业专业合作社（以下简称“云天化合作社”）在玉米种植销售过程中共同开展期货订单农业场外期权业务创新，由永安资本为云天化合作社提供量身定制的场外期权产品。“保底租地协议 + 场外期权 + 期货”模式的操作过程主要有以下三步：首先，农户与合作社以 8000 元/公顷的价格签订保底租地协议，租期为 15 年，且租金随每年玉米价格上浮。其次，合作社从永安资本定制场外期权，将价格风险转移到风险管理公司。2014 年 2 月 17 日，云天化合作社与永安资本签订一份场外看跌期权交易合同，期权标的为 1000 吨玉米，参照当日期货价格确定期权执行价格为 2340 元/吨，期限为 31 天，期权权利金为 27.09 元/吨。合同规定，到期日如果玉米期货 1405 合约收盘价（P）低于 2340 元/吨，则永安资本须向云天化合作社赔付（$2340-P$）元/吨 × 1000 吨；如果收盘价高于或等于 2340 元/吨，则不作赔付。最后，风险管理公司根据期权定价模型确立在期货市场的对冲头寸，实现风险转移。从效果来看，云天化合作社因玉米现货价格上涨盈利 60000 元，权利金损失 27090 元（若进行传统套保，费用则为 28953 元），最终盈利 32910 元；由于云天化合作社放弃行权，永安资本盈利 27090 元，期货方面对冲损失 15320 元，除去交易手续费等共盈利 11590 元，实现了“双赢”。试点中，农产品期权为农业生产者制定出最低售出价格，不仅保障了最低收益，还能提高订单农业履约率，在一定程度上替代了国家政策性收储功能。

“保底租地协议 + 场外期权 + 期货”试点是对创新期货公司风险管理子公司服务模式和应用场外期权的有益尝试，其突出特点主要表现在以下三个方面：

一是探索开展场外市场业务，积极进行新交易机制创新。该试点开创性地利用期权交易工具帮助合作社规避风险，因为期权只要求卖方履约，买方没有履约义务，可以使买方将风险锁定在一定范围内，且只需一次性支付期权权利金，不需要追加保证金，比期货交易风险低。在场内期权工具尚未上市的情况下，场外期权的应用实现了交易机制创新。

二是拓展风险管理子公司服务，培育期货市场机构投资者。试点中，期货公司风险管理子公司作为对手方，在场外市场承接合作社和农民的市场风险，为合作社提供量身定制的风险管理服务，并转而在期货市场进行套期保值，推动合作社和广大农民间接利用期货市场进行风险管理，拓展了期货公司风险管理子公司开展业务的领域。

三是发挥规模经济效应，进一步增加市场收益。在试点中，合作社与农民签署了保底租地协议，消除了农民卖粮的后顾之忧，土地集中后实现了统一播种、统一测土施肥、统一收割，原本种植过程可能出现的虫害、运输等问题得到有效解决，消除了农民种粮卖粮的后顾之忧。同时，土地流转出去的农民既可以受雇在合作社参加生产，也可以外出打工挣钱，收入水平较之前有明显提升。

3. 小结

“场外期权 + 期货”是期货公司创新利用场外期权保障农户收益的创新模式。“场外期权 + 期货”的两种模式均立足于农产品价格风险管理，较好地利用了期货平台、产品和工具，引入了政府资金支持、银行信贷、龙头企业协助等多主体参与，最终实现了农民、合作社和期货公司等多方共赢，在行业内引起广泛关注。在具体实施中，大多数期货公司都使用了亚式期权设计，用资产的算数平均价进行最后的期权结算和保险赔付，使得最后赔付的稳定性更好；部分期货公司使用了美式期权设计，农户可以在到期日之前，提前锁定赔付金额，给予了农户更多灵活选择的权利；部分期货公司利用阶梯式赔付方案、多次行权以及设置最低赔付金额等多种方式提高赔付概率，保障了农民利益；还有一部分期货公司选择用现货市场价格基准进行保险赔付，更加贴近终端用户需求。当前，交易所正积极总结推广此类模式，支持和鼓励更多期货公司为“三农”提供风险管理服务，并将试点品种从玉米、大豆扩大到鸡蛋等多个农产品（见表8－1）。

表8－1　2013/2014年两种“场外期权＋期货”模式对比

比较项目	二次点价＋复制期权	保底租地协议＋场外期权
地 点	辽宁锦州义县	吉林长岭
品 种	玉米	玉米
保护农民利益方式	保底价格协议＋二次点价	保底租地协议＋场外看跌期权
粮权变化	转移到新湖瑞丰	无变化
时间段	2013年10—12月	2013年10月至2014年3月
优 点	无论涨价落价，均可以保底价格保证农民收益和增收	无论涨价落价，均可以保底租地价格保证农民收益
缺 点	现货子公司现货基础薄弱影响售粮效率	复制期权成本过高

资料来源：根据公开资料整理所得。

2019年，上海期货交易所试点天然橡胶场外期权产业扶贫项目，项目产生收益约1341万元，平均收益率近84%；郑商所“场外期权＋期货”共划转权利金约4500余万元，名义本金为15.64亿元；大商所推出了涵盖场内外期权、基差贸易、含权贸易等多种交易形式，期货公司、商业银行、证券公司和产业企业共同参与的综合性“企业风险管理计划”（以下简称“大商所企风计划”），同“大商所农保计划”共同利用场外期权在服务乡村振兴方面带动全产业链整体发展。

（四）“保险+期货”模式

1. “保险+期货”

2015年，大连商品交易所率先将保险公司引入已经相对成熟的“场外期权+期货”模式，形成“保险+场外期权+期货”，并在玉米、鸡蛋等品种上开展了三个试点项目。“保险+场外期权+期货”简称“保险+期货”模式，并被写入了2016年的中央一号文件，得到社会各界认可。“保险+期货”，顾名思义，是指将保险和期货两种金融工具有机结合起来以分散农业风险和降低改革成本的做法。它的具体思路是农民、合作社或涉农企业通过购买价格保险产品将风险转移给保险公司，保险公司通过购买场外期权产品将风险转移给期货公司，期货公司进入期货市场交易对冲风险。这种模式虽然起源于基层试点，但是有其深厚的时代背景和国际实践基础。

2016年，根据中央一号文件精神，在证监会、保监会、农业部的努力推动下，全国共完成“保险+期货”试点项目18个，涉及13个省份，覆盖大豆、玉米、棉花、白糖等重点农产品。其中，大连商品交易所联合12家期货公司和7家保险公司在黑龙江、吉林、辽宁、内蒙古和安徽5个省份开展了9个玉米试点和3个大豆试点，支持资金1960万元；郑州商品交易所联合6家期货公司和4家保险公司在新疆、广西、广东、湖南和甘肃5个省份开展了5个棉花试点和1个白糖试点，支持资金425.2余万元。2016年3月，农业部也专门下发通知，启动“金融支农服务创新试点”，重点支持17个试点，探索运用保险以及保险与其他金融工具融合促进我国农业现代化发展的有效模式，其中完成了3个“保险+期货”试点项目。在创新试点中，农业部支持了辽宁、吉林、黑龙江3个省份的4个“保险+期货”试点项目，每个试点省份资助500万元，期限为1～3年不等。①

① 中国证券监督管理委员会，中国期货业协会，编．中国期货市场年鉴（2016）［M］．北京：中国财政经济出版社，2016：172－175.

在中央一号文件精神的指引下，上海、郑州、大连三家商品期货交易所稳步扩大“保险+期货/期权”试点，推动试点由点及面，建立“保险+期货”助力“三农”发展的长效机制，助力乡村振兴战略实施。根据中国期货业协会数据，2017年，交易所支持的“保险+期货”试点品种包括玉米、大豆、棉花、白糖和天然橡胶，试点省份覆盖黑龙江、新疆、云南等12个省份，试点项目达75个，惠及11.86万户农户和211个合作社，覆盖面积达262.70万亩，共涉及现货规模88.55万吨，各交易所支持资金总额达1.11亿元，较2016年均有大幅提高。2018年8月28日，财政部、农业农村部、银保监会共同印发《关于开展三大粮食作物完全成本保险和收入保险试点工作的通知》（财金〔2018〕93号），推动保障水平在目前种子、化肥等物化成本和租地成本的基础上，进一步增加劳动力成本至覆盖全部农业生产成本或直接开展收入保险。“保险+期货”模式在前期农产品价格保险试点的基础上，又引入收入保险试点，为促进“三农”发展提供了有力的资本市场支持。

2019年，“保险+期货”试点进一步扩大，开展试点项目已达128个，涉及大豆、玉米、鸡蛋、豆粕、白糖、苹果、红枣、天然橡胶8个品种，首次推出猪饲料成本指数类试点项目。三家商品交易所支持资金约3.6亿元，较2018年进一步增加。县域全覆盖试点支持力度进一步加大，试点县域达20个，其中8个是国家级贫困县；试点省份扩大到10个，试点品种增加到5个，惠农保障力度持续提升。同时，县域全覆盖试点项目与财政部、农业农村部、银保监会三部门的收入险补贴试点相结合，首次探索在“保险+期货”中引入中央财政资金支持。

“保险+期货”的操作流程大体有五步。第一步，制订生产者收益保障方案。合作社通过租地协议、保底价订单等形式，涉农企业通过订单合同等形式将农民组织起来，农民从中获得稳定的土地租金或保底收益，有的农民还可以获得农产品价格上涨后的二次分红。第二步，合作社、涉农企业从保险公司购买价格保险或收入保险，如果投保产品价格或收入在到期日低于保险合同约定的价格或收入，那么保险公司向投保方赔付价差款。第三步，定制场外期权。保险公司向风险管理公司购买看跌期权，约定未来卖出价格。如果农产品市场价格在到期日下跌至约定价格以下，则风险管理公司须向保险公司赔付价差款；如果到期市场价格高于期权合同约定价格，则保险公司可放弃按约定价格卖出的权利。第四步，通过期货市场对冲风险。风险管理子公司作为场外期权出售方，通过承接保险公司的风险来获取权利金收入，然后凭借其在研发、技术等方面的优势和能力进入期货市场交易，将转移过来的风险进行套期保值、风险对冲，得到合理收益。第五步，期货公司风险管理子公司选择行权支付价差、保险公司赔付农户。

以黑龙江逊克农场玉米收入保险为例。首先，人保财险公司根据投保玉米的历史价格波动率、投保时间段、国家托市政策、地区价格差等要素，同时参考看跌期权报价，设定本次玉米投保目标价格，时间段为2017年8月7日至12月7日共计4个月，保障范围约2.4万亩玉米。经过考虑，投保合作社最终选择在2017年8月购买玉米期货1801合约，目标价格为1720元/吨，根据官方公布的历史5年平均产量计算得出目标产量为0.62吨/亩（已折合成14%水分的干粮），这样就锁定了玉米的最终销售收入为1066.4元/亩。其次，为了避免价格暴跌带来的理赔风险，人保财险公司购买了新湖瑞丰的场外玉米看跌期权，执行价为玉米期货1801合约1720元/吨，到期日为2017年12月7日，将其玉米价格保险的价格波动风险完全对冲（在价格险的实际运作中，保险公司也可以根据自身对风险、市场价格的判断，择时、分批地对其保单进行看跌期权对冲）。最后，新湖瑞丰通过买卖玉米1801合约来实现delta中性的动态对冲。项目到期时，C1801在投保期间收盘价算术平均值为1682.33元/吨。人保财险公司根据理赔价格，以及逊克县农业技术推广中心测算的实际产量0.506吨/亩，计算实际收入，对低于目标收入85.00%比例的部分进行赔付。经核定，该项目每亩理赔金额为55.18元，总赔付金额为132.43万元。该项目保费每亩为95.0元，农户自付19.8元/亩，其余由期货公司补贴，保险费率为8.95%（见表8-2）。

表 8-2　黑龙江逊克农场玉米收入保险案例

投保时间	2017 年 8 月 7 日至 12 月 7 日（4 个月）
目标收入	目标产量 × 目标价格
目标价格	投保时玉米期货 1801 合约的收盘价格，1720 元/吨
目标产量	试点地区政府公布的历史 5 年平均产量，0.62 吨/亩（14% 水分干粮）
实际收入	实际价格 × 实际产量
实际价格	计算区间最后一个月各个交易日收盘价的算术平均值，1862.33 元/吨
实际产量	收割前农技专家测定实际产量，0.506 吨/亩。2018 年为遥感卫星结合人工测产测定实际产量
保险责任水平	85.00%
理赔金额	目标收入 × 保险责任水平 - 实际收入，每亩理赔金额为 55.18 元
保险费率	8.95%
保 险 费	每亩 95.0 元，其中农户自付 19.8 元

资料来源：中国人民财产保险股份有限公司。

通过两年的试点工作，“保险 + 期货”模式在服务“三农”方面已经取得初步成效。

对于农户和合作社来说，其保障了收益相对稳定。在试点中，农户或合作社通过向保险公司购买价格保险，可以较好地进行避险管理，消除粮价波动的后顾之忧。例如，在大商所的 12 个试点中，9 个玉米品种试点共计投保 16.65 万吨，涉及土地 33 万亩（玉米平均亩产按照 0.5 吨计算），4022 户农户和 39 个合作社参保，平均目标价格为 1537 元/吨。其中，7 个试点项目获得理赔，平均每吨赔付 36 元，理赔金额共计 435.7 万元。当前，正值我国推进粮食收储制度改革的关键期，“保险 + 期货”有助于稳定生产者收益，对于促进粮食适度规模经营的发展有重要意义。

对于保险公司来说，其可有效实现风险转移。保险公司开展价格保险业务，在收取保费的同时也将价格风险集中于自身。如果市场出现价格暴跌的极端情况，那么保险公司将面临赔付金额大于保费的风险。“保险 + 期货”试点提供给了保险公司转移自身风险的途径，即向期货公司购买农产品场外期权或场内期权。以阳光保险为例，2016 年，赵光农场向阳光农险购买大豆价格保险（价格保险标的为大商所黄大豆一号 1701 合约），投保大豆1万吨，投保面积为5万亩，保单期限为2016年6月15日至10月31日，目标价格为3800元/吨，保险费为200元/吨。随后，阳光农险通过南华资本管理有限公司购买场外期权产品对冲价格风险，权利金为161元/吨。截至2016年12月试点项目结束，黄大豆一号1701合约9—10月的收盘均价为3712.39元/吨，低于承保价格87.61元/吨。阳光农险向赵光农场赔付87.61万元，南华资本管理有限公司根据合同约定向阳光农险赔付87.61万元，保险公司实现了市场风险转移。

对于国家来说，其相当于增添了支持农业的新抓手。农业作为一个特殊部门，各国普遍倾向于实施农业保护，中国也不例外。但是，我国自2004年以来建立起的国内农业支持政策逐步暴露出财政压力大、补贴效率低的问题。目前，政府正在寻求通过市场提高农业部门自身竞争力的途径。“保险+期货”对于完善国家的农业支持政策、减轻财政负担、提高补贴效率有积极意义。根据2016年试点数据分析，9个玉米试点的平均保费为122元/吨，较国家实施临时收储的费用节约210元/吨。按照保险产品约定，价格无论下跌多少农民都可以得到赔付，试点体现出较为明显的成本优势。同时，作为一种市场化风险管理工具，国家财政既可以支持保险保费，还可以探索开展农产品期权权利金补贴，这均属于WTO规则中的“绿箱政策”，不用顾忌相关约束，还能提高补贴效率。

2. “保险+期货/期权”

当时的“保险+期货”模式在发展中面临两大障碍：一是场内期权尚未推出；二是保险公司尚不能直接进场购买期权。推出农产品场内期权之后，“保险+期货”模式面临的障碍也会迎刃而解。2014年5月，国务院在《关于进一步促进资本市场健康发展的若干意见》中明确提出了“发展商品期权”的要求。我国农产品场内期权的推出对于解决信贷、保险、期货市场服务“三农”中的主要问题具有独到之处。

2017年3月，我国第一个商品场内期权——豆粕期权上市，4年来已经上市18个商品场内期权，涉及农产品、金属、能源、化工等多个大宗商品领域。其中，农产品场内期权有6个，分别是豆粕期权、玉米期权、棉花期权、白糖期权、菜籽粕期权和天然橡胶期权。随着相关期权品种的不断增多，期货、期权组合带来的活力也为产业链企业提供了更灵活、更多样化的风险管理工具，使“保险+期货”模式进一步完善为“保险+期货/期权”模式。

“保险+期货”是“保险+场外期权+期货”的简称，而“保险+期权”则主要是指“保险+场内期权”。它们的共同之处在于利用期权为保险公司进行再保险，它们的差别在于保险公司进行再保险所利用的工具是场内期权还是场外期权。从理论上讲，“保险+期权”是比“保险+期货”更直接、更高效的一种避险模式。农产品场外期权需要到场内利用期货复制期权对冲风险，运行成本高、价格不透明。与之相比，农产品场内期权则更有优越性，保险公司直接购买场内期权，不仅成本低、价格透明度高，还可以保值、增值，方便各方使用者。根据中国期货业协会数据，2019年，三家交易所共支持试点项目128个，涉及大豆、玉米、鸡蛋、豆粕、白糖、苹果、红枣、天然橡胶8个品种，首次推出猪饲料成本指数类试点项目。三家交易所支持资金约3.6亿元，较2018年进一步增加。县域全覆盖试点达20个，其首次探索在“保险+期货”中引入中央财政资金支持。

从组织方式来看，“保险+期货/期权”模式较“保险+期货”模式更加完善，模式功能得到提升，其操作流程如图8－4所示，除了“保险+期货”的五个步骤外，还有两个创新点：一是“保险+期货/期权”模式中保险公司进行再保险的方式更为直接，可直接入市购买场内期权对冲风险；二是农业生产经营主体可进行收入保险质押贷款，而之前是持期货公司风险管理子公司为其出具的风险管理证明在银行进行贷款。

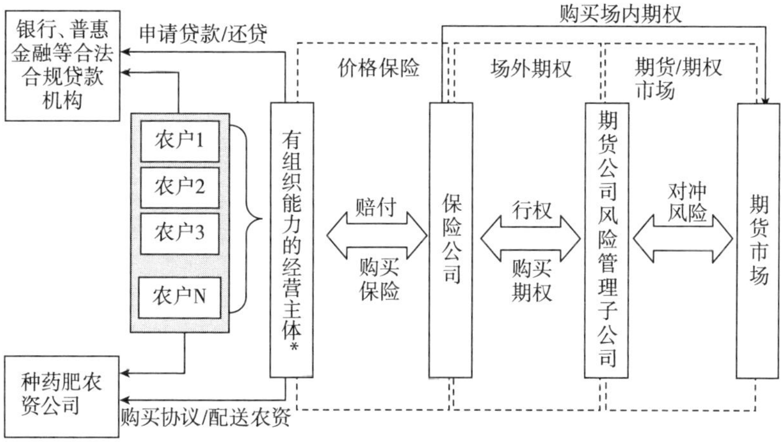

图 8－4　“保险＋期货/期权”模式操作流程

注：有组织能力的经营主体是指有能力通过订单、土地流转合同、社会化服务等方式将分散的农户组织起来进行规模化生产的市场经营主体，包括但不限于种植大户、合作社或联社、龙头企业、专业协会、社会化服务组织等。

3. 小结

“保险＋期货”模式一经推出，就获得了社会各界的认可。在“保险＋期货”模式下，保险产品尤其是“收入保险”的责任范围更宽、保障程度更高、险种优势更突出，实现了从传统的单纯保农作物自然灾害风险的方式逐渐向“保产量、保价格”双保障推进，以综合保障农民种粮收入为目标，有效提高了农民种粮积极性。综合来看，“保险＋期货”模式还有以下两个突出特点：

（1）以保险代替期权功能发挥，对农民来说更容易接受。引入了保险公司，而保险公司由于其多年的铺点推广和销售人才队伍建设，使农民更容易接受，有的保险销售人员直接就是来自农村，使农民能便捷、快速地间接参与到期货及其衍生品的风险管理中来，而减少了向农民解释期货、期权等业务内容的环节。其实，参保农民与保险公司签订保险合同实际上也是买进了一种卖出期权。如果保险责任到期时的市场实际价格高于保险合同约定的价格，则投保农民可以放弃履约权利；如果保险责任到期时的市场实际价格低于保险合同约定的价格，则投保农民可以行使履约权利，要求保险公司根据保险合同启动赔付从而获得相应补偿。总体来看，在这种模式下，保险公司实质上是扮演了农民与期货市场的中介者角色，发挥了将参保农民与期货市场连接起来分散市场价格风险的作用。

（2）利用期货市场进行套期保值，保险公司的赔款支出能够通过期货市场的套期保值得以弥补。保险公司通过在期货风险子公司卖出套期保值操作，回避了保险责任到期时市场实际价格低于保险合同约定价格带来的风险。当保险标的价格上涨时，保险公司的保费收入正好可以弥补购买期货市场合约的成本支出；当保险标的价格下跌时，保险公司的赔款支出能够通过期货市场的套期保值得以弥补。

三、期货市场服务乡村产业模式遇到的挑战

应当看到，我国农产品期货市场服务乡村产业发展已经具备了良好的基础。期货市场服务乡村产业服务的多种模式在保证农民收益、管理农产品价格风险等方面发挥了良好作用，但由于市场参与主体准备不充分、市场发展不完善、相关制度安排不健全等原因，这些服务模式的作用发挥受到一定的制约和影响，要想更好地发挥它们的作用，还需要多方面不懈努力。总结来看，期货服务乡村产业在推广实施过程中面临的挑战主要有以下三个方面。

（一）观念上，参与主体对“保险 + 期货”模式认识模糊

随着试点的推进和宣传力度加大，一些参与主体对“保险 + 期货”有了初步认识，但仍有一些农户和合作社的认识比较模糊。有的农户将“保险 + 期货”视为国家的保护政策，认为其是国家保障农民收入的一种手段；有的农户甚至期望得到高于市场价格的保险赔偿；还有些农户不理解保险与财政补贴之间的差异，希望投保期结束时能够百分之百得到赔付，按照合同条件的约定，未得到保险赔偿的农户怨气较大。也有农户存在观望心理，对试点工作不太信任。

（二）技术上，期货市场建设和保险产品设计尚需完善

1. 期货运作机制尚未完善

由于我国期货市场缺乏场内期权机制，保险公司与农户签订价格保险合同后，只能通过委托期货风险管理子公司运用复制场外期权的方式来对冲保险风险，运作复杂、成本较高。虽然国务院已批准了豆粕和白糖两个场内期权品种，但是试点中涉及的玉米、棉花、橡胶等品种的场内期权机制依然缺位。同时，部分试点品种的期货市场功能有待提升。例如，虽然自玉米收储制度改革以来，玉米期货、现货价格波动性明显提高，期货市场交易量从月均几十万手增至上千万手，但是期现相关性较低，期货价格发现功能依然较弱，套期保值效率不高。

2. 产品设计科学性有待提升

在“保险+期货”项目中，保险公司须向期货公司支付权利金用于购买期权。根据大连商品交易所的要求，权利金占比不得低于总保费的50%。以玉米为例，黑龙江传统政策性玉米保险费率约为8.00%，玉米“保险+期货”模式下的“收入保险”费率是8.95%，在缴纳权利金后，保险公司实际费率仅为4.48%。也就是说，保险公司仅以传统政策性保险产品近一半的费率提供产量保障，导致保险公司亏损情况时有发生。

3. 审批效率亟待提高

在“保险+期货”试点中，存在保险产品条款审批慢的问题。笔者在调研中了解到，一些参与试点的保险公司上报保险产品条款后，2~3个月才能得到批复，不仅拖延了试点进展，也迫使期货公司只能被动选择入市对冲风险的时间。因审批延迟，一些试点项目无法在市场年度内完成全部审批流程，只能被迫终止。

（三）政策上，缺乏多部门合作的协调机制和财政支持的长效机制

1. 多部门协同机制不健全

在“保险+期货”试点中，各部门之间协作机制不健全、不通畅，抬

高了试点成本，影响了试点效果。首先，从风险分担机制来看，目前的试点方案中，保险公司的风险基本能够通过期货风险管理子公司得以转移，但期货公司承担的风险则存在不能完全对冲的风险。加上复制场外期权导致对冲成本偏高，期货公司压力较大。其次，从市场准入机制来看，目前保险公司尚不能直接参与商品期货、期权交易，须与期货风险管理子公司签订场外商品期权交易合同以规避风险，增加了环节。

2. 保费负担重，缺乏稳定的财力支持

从国际经验来看，在农民价格保险和收益保险中，建立稳定的财政保费补贴机制是多数国家通行的惯例，农民承担保费通常在30%以下，这有利于调动农民参保的积极性。但在“保险+期货”试点中，由于试点支持资金来源不稳定、资金支持总量有限，缺乏稳定、长效的国家财力支持机制。近年来，开展的试点项目均由期货交易所牵头，交易所支持资金占比约80%，地方财政资金承担约20%，中央财政只在极少数项目有零星涉及。目前，价格保险和收入保险的保费水平相对较高，农民实际保费负担比例接近30%，相当于国际上农民价格保险保费负担的上限水平，在一定程度上影响了试点的深入推进，也不利于“保险+期货”的进一步拓展。

四、期货市场服务乡村产业模式的发展趋势

目前，我国期货市场逐步成熟，但功能发挥依然受制于产品结构、市场参与各方及法规政策等内外部因素。作为近些年新兴的金融服务“三农”的创新模式，随着农产品价格改革推进、农业经营方式转变和扩大农业对外开放，以及政府、金融机构、监管各方的通力合作，期货市场服务乡村产业的实践模式会得到更多认可，并不断完善、升级，其作用会进一步加强。

（一）发展契机

1. 农产品价格改革深入推进的需要

过去，我国主要农产品的价格有最低收购价、临时收储价两类，这两

类价格都由国家制定，保障了市场的稳定，但也在一定程度上限制了市场调节作用的发挥，将风险集中到国家收购上。随着价格改革的深入，市场将决定价格，供需的调节作用会更加明显，但市场的风险也会加大。对于农民来讲，过去种什么主要看国家价格，现在没有了国家定价，市场方向更不确定了，以致影响了生产决策。对于加工企业来讲，过去原料主要来自国家收储企业，价格有基本预期，现在市场主体更加多元，价格波动会更大，风险控制也更加困难。因此，期货市场服务乡村产业发展的作用更加凸显。以玉米为例，2015 年，临储价格结束了刚性上浮，下调 10%，市场避险需求增加，玉米和玉米淀粉期货活跃度显著提高，2015 年，成交量达0.69 亿手，同比增长 635.4%，持仓量达 124.9 万手，同比增长 764.0%。2016 年 3 月 28 日，玉米补贴新机制公布当日，玉米和玉米淀粉的成交量、持仓量均创当月最高值。

2. 农业经营方式转变的需要

过去农业以农户的小规模生产为主，在生产分散化的同时市场风险也被分散化，市场承受风险的能力比较强。随着新型农业经营主体的不断兴起，经营规模逐步扩大，生产集中的同时也带来风险的集中。如果说小规模经营时，价格波动主要影响的是农户的收益水平，那么在规模经营条件下，价格波动则会直接威胁到生产经营主体的生存。因此，农业经营方式的变革，需要进一步完善期货市场。农产品加工业也一样，规模小、分散经营的状况在改变，生产经营集中度在提高，也迫切要求通过新的工具和模式来分散风险。

3. 扩大农业对外开放、参与国际竞争的需要

2001 年，中国加入世界贸易组织（WTO），掀开了我国对外开放的新一页。20 年来，中国农业作为国民经济的基础部门和重要组成部分，实现了由封闭、半封闭向全面对外开放的历史性转变。目前，我国已经是全球第一大农产品进口国、第二大农产品贸易国，在进一步扩大对外开放和农业国际竞争中，要保护国家利益就必须重视提升我国在全球农产品定价中的话语权和影响力。在当前国际农产品价格形成机制下，谁能影响农产品

期货价格，谁就掌握了定价的主动权。国际上，大宗农产品价格主要由最著名的期货交易所的标准期货合约价格所决定，如芝加哥期货交易所的小麦、大豆合约等。我国虽然在多种农产品的产量和消费量上地位举足轻重，但是国内期货市场发展不充分、国际化水平不高，定价话语权依然不足。要改变这一状况，就要建设一个高水平、有重要影响力的国内农产品期货市场。服务乡村产业发展，可以聚人气、增实力，提升期货市场整体效能，为获得国际定价话语权和影响力奠定基础。

（二）发展趋势

把握发展契机，期货市场服务乡村产业的实践模式未来发展呈现出如下三大趋势。

1. “期货+”的乡村产业综合服务模式需求会越来越大

2014年，在之前多种模式摸索和实践的基础上，交易所推出“场外期权+期货”。为了提高农民的认同度，交易所与保险公司联合推出“保险+期货”。随着试点范围的扩大，参与农民的收入得到保障，越来越认可这种风险管理模式。一传十，十传百，周边农民都希望参与试点，参保热情高涨。

2. 服务模式不断优化，服务能力不断提升

期货市场服务乡村产业发展的模式不断完善，从最初的“订单+期货”，“粮食银行”到后来的“保险+期货”，从之前的期货市场单打独斗到后来的保险公司、银行、农业企业等多主体参与进来，协同服务，服务能力得到有效提升。比如，大型贸易商利用期货交割仓库和粮食银行，形成卖粮、融资和风险管理一体化，保障农民收益的综合农村金融服务体系。又如，“保险+期货”还可以继续完善，可尝试引入农产品加工企业、保险销售平台等补充环节，延伸保险链条，首先在农产品生产链内分散风险，其次通过期货市场进行风险对冲，提升服务模式的风险管理水平。这种模式可从供求两端化解农产品市场风险，降低承保成本，提高农业参与者的整体收入水平，不仅有助于农业产业和期货市场的稳定发展，还凸显

了保险业进行风险管理的社会价值。再如，可尝试在“保险 + 期货”模式的保单中加入支持免耕、保护土壤等绿色发展条款，以此推广有利于碳达峰、碳中和的技术，促进农业农村领域的生态宜居和绿色发展。

3. 成为农业国内支持政策体系的重要补充

期货是国际主流的风险管理工具之一，可以为国家制定合理的补贴标准提供依据，能让涉农主体转移风险、保值增值，辅助国家补贴精准到位。经过一系列试点，“保险 + 期货”已在“三农”服务中生根发芽。随着“保险 + 期货”规模的扩大，国家也以试点的形式对主要农作物价格和收入保险实施了部分补贴。作为 WTO 成员国，农业补贴会受到相应规则的约束。但是，保费或权利金补贴属于 WTO 规则中的绿箱范围，因此探索国家财政对“保险 + 期货”试点的常规政策支持非常必要。借鉴美国、巴西等国经验，我们可以尝试探索玉米期权权利金补贴，不仅可以扩大 WTO 规则下的国内支持政策空间，还可以降低补贴成本、提高补贴效率。例如，政府确定一个适当的目标价格，以播种期该执行价格的看跌期权权利金为补贴标准，政府对其权利金进行全额补贴。假设 2020 年，如果政府目标价格为 1.2 元/斤，播种期的远期期权合约执行价格为 1.2 元的看跌期权权利金是 0.2 元，则政府就补贴 0.2 元；如果目标价格是 1.3 元/斤，而 1.3 元的看跌期权权利金是 0.25 元，则补贴 0.25 元。其中，保险公司、推行粮食银行的企业（需提前签订合同）可直接入场并替农民操作，合作社直接入场参与期权交易，但参与者必须将期权持有到期才可平仓，否则就不能得到财政补贴。国家将财政补贴给保险公司、参与企业以及合作社等主体即可。通过权利金补贴，国家不仅支持了“保险 + 期货”的服务模式，农业产业和生产者还有效规避了价格风险，保证了收益，提高了自身的抗风险能力，在一定程度上代替了某些农业支持政策的功能。随着我国国内支持政策的空间越来越小，期货市场服务乡村产业的模式应该可以成为农业国内支持政策体系的重要补充。

第九章　期货市场服务“双循环”新发展格局

当前，中国和世界都在改变，世界经济增长放缓、摩擦不断、新冠肺炎疫情肆虐，中国经济稳健发展，并已经开始疫后企稳复苏，对外依存度降低。在此形势下，自改革开放以来形成的“以外为主，以外促内”的外向型发展战略已不再适合当前的中国，必须做出调整。“以国内大循环为主体，国内国际双循环相互促进”的“双循环”新发展格局正是这种战略调整的必然结果。经过30余年的发展，我国期货与期权市场建设逐渐成熟，市场功能发挥水平和国际化水平不断提升，有能力为加快构建“双循环”新发展格局提供支撑。

一、“双循环”新发展格局的战略要点

自2020年5月以来，习近平总书记多次强调，要“推动形成以国内大循环为主体，国内国际双循环相互促进的新发展格局”。“双循环”新发展格局的提出是基于国际复杂多变的政治经济形势和国内企稳向好的态势做出的重大抉择，是应对百年大变局的主动调整。

（一）以国内大循环为主体

构建“双循环”新发展格局，是独立自主、自力更生这一思想的具体体现。习近平总书记曾说“中国要发展，最终要靠自己”。作为一个拥有14多亿人口的大国，我们要坚定地实施扩大内需战略，充分利用国内发展潜力和发展空间，依托国内庞大而完善的产业分工体系，以需求为导向和

牵引，以供给为实现需求和创造需求的手段，让生产、流通、储备、消费动态循环起来。

从生产角度来看，我国是世界上唯一拥有联合国产业分类中全部工业门类的国家，要发挥产业体系完备的优势，打造产业集群，提升技术水平和推动科技创新，确保产业链、供应链的安全稳定，形成必要的产业备份系统。

从流通角度来看，要提高原材料、中间品、最终产品在国内的流通效率，疏通区域和城乡间在制度层面、市场层面、基础设施等方面的障碍。加快运用人工智能、大数据、区块链、物联网等改造传统产业，推进各领域数字化升级，破除国内经济流通循环中的难点、堵点、痛点。

从储备角度来看，储备是丰歉调剂的蓄水池。要科学制定储备规模，优化布局，将中央与地方储备、实物储备与产能储备、政策储备与企业社会责任储备相结合，完善应急保障体系。

从消费角度来看，需要增强居民的消费能力和信心，扩大中等收入群体的规模，引领消费结构升级，并从中寻找持续、高效、稳定的经济发展动力源和支撑点。这就需要在分配上更加注重效率与公平，缩小城乡、区域、行业间的收入差距，创新知识、科技、数据、管理等要素的报酬分配机制，优化收入分配结构，才能激发经济发展新动能。

（二）国内国际“双循环”相互促进

当前，国际形势复杂多变，越是困难的时候，越要扩大开放，以对外开放的主动赢得经济发展和国际竞争的主动。以国内大循环为主体不是封闭的自我循环，不能盲目排外，要以更加开放的姿态推动国内国际“双循环”。

构建“双循环”新发展格局的战略基点在国内，通过提高国内循环效率来推动在更大范围、更宽领域、更深层次上参与国际循环，推动国际社会和经济朝着包容、平衡、普惠、共赢的方向发展。要稳固和深耕传统市场，促进高质量“引进来”和高水平“走出去”，扩大农业、制造业和现代服务业开放。积极培育贸易新业态、新模式，提升贸易数字化水平，加快形成以技术、品牌、质量、服务为主导的国际竞争新优势。要持续建设更加市场化、法治化、国际化的营商环境。

二、期货与期权市场服务新发展格局的机理与着力点

“双循环”新发展格局的提出，为我国期货与期权市场的发展指明了新方向。期货与期权市场可通过市场机制为“双循环”新发展格局注入新动能和新活力，而当前期货与期权市场提升效能的着力点在于继续扩大对外开放，以开放促发展、促改革。

（一）期货与期权市场服务新发展格局的机理分析

1. 通过提升中国的经济软实力服务新发展格局

改革开放以来，我国经济发展突飞猛进，但整体来看，要素配置效率并不高。随着劳动力、土地、资本等要素成本高企，原来粗放的发展方式已经不可持续。高质量发展的核心在于提高全要素生产率。为了矫正要素配置扭曲，化解部分产业产能过剩，扩大有效供给，供给侧结构性改革正在稳步推进，“去库存、调结构、转方式”已经成为当务之急。期货与期权市场具有资产配置功能，要使其在促进经济发展、引导资源配置、助力企业转型升级等方面发挥更为重要的作用。首先，期货市场可以有效理顺国内外产业价格关系，有助于引导资源合理配置，通过市场机制化解过剩产能。其次，期货与期权市场还可以拓展“一带一路”沿线区域合作的深度和广度，配合“一带一路”倡议的落实，加大保障中国资源战略安全的力度。最后，期货与期权市场可成为中国参与全球治理的现实切入点之一。期货与期权市场的发展壮大有利于提升中国价格的影响力，让各国企业在大宗商品和生产要素等国际贸易定价中充分考虑中国因素，使中国在全球和区域经济贸易制定中占有一席之地。这既能充分发挥中国负责任大国的作用，也能更好地维护中国的国家利益，并为中国由经济大国变为经济强国提供坚实的支撑，提升中国经济软实力，从而推进“双循环”新发

展格局建设。

2. 通过优化中国在全球的财富和资源配置服务新发展格局

期货与期权市场具有价格发现、风险管理和资源配置功能，可以促进我国的资源和资本在全球的优化配置。随着经济发展和我国企业“走出去”进程的加快，中国的资本和资源在全球的配置越来越多。其中，一些资产配置的选择并不尽如人意。这时，期货与期权市场的资产配置功能就可以发挥作用，通过聚集更多全球的参与者，汇聚更多的有效信息，形成更具国际代表性的市场价格。高效的价格信号是财富管理和资源配置的主要依据。我国市场主体可根据价格综合判断，用闲余资金购买上游资源型产品的股权、矿权等财富资源，以完善产业链并掌握优良资产。另外，期货与期权市场的投资者可以套期保值的方式在全球范围内为现货资产或投资组合进行风险对冲，以比投资现货低得多的成本来实现资产保值。

3. 通过助力金融市场的扩大开放服务新发展格局

在 2017 年的全国金融工作会议上，习近平总书记强调金融是国家重要的核心竞争力，金融安全是国家安全的重要组成部分，金融制度是经济社会发展中重要的基础性制度，要积极、稳妥地推动金融业对外开放。中国金融市场对外开放离不开期货与期权市场对外开放，否则就是不完整的对外开放。期货与期权市场对外开放可以提高金融市场的开放度和便利性，进一步推动金融市场对外开放向纵深发展。例如，美元的国际货币地位就曾得益于其在国际石油贸易中被当作计价货币。扩大期货与期权市场的对外开放有利于争取部分期货品种的国际定价权，从而加快人民币国际化进程。借鉴“石油美元”的经验，如果我国约 70 亿美元规模的进口铁矿石能以人民币计价及结算，由此产生的金融交易也将形成数倍于此的人民币跨境使用，就可推进人民币成为国际结算货币，改变当前由美元垄断国际货币的格局，形成人民币位列其中的多元化格局，从而提升人民币的国际地位。

4. 通过获取大宗商品国际定价权或区域定价权服务新发展格局

中国是世界第二大经济体，是全球最大的大宗商品生产、消费和贸易国，其中精炼铜、铁矿石、铝土矿、金属、大豆的进口量为全球第一。根据海关总署数据，2020 年，中国铁矿石进口量达 11.7 亿吨，原油进口量达 5.4 亿吨，大豆进口量达 1.0 亿吨，较 2016 年分别增长 8.4%、41.7%、19.0%，对外进口依存度均超过 50.0%。与之形成鲜明对比的是，作为“大买家”，中国在国际贸易中并没有太多发言权，受制于人，要被动接受国外交易所的期货价格作为参考或定价基准。比如，有色金属在签订贸易合同时主要以 LME 的期货价格为定价基准、农产品贸易主要以 CME 的期货价格为定价基准、能源产品主要以 NYMEX 及 ICE 的期货价格为定价基准等。由于价格形成中心处于我国境外，中国只能被国际市场价格“牵着鼻子走”，常常会出现“高买低卖”“高进低出”现象，而这种现象又被解释为所谓的“亚洲溢价”或“中国因素”，使中国陷入“死循环”，不利于中国经济的健康发展和金融稳定。中国期货与期权市场通过扩大对外开放可让境外投资者有序参与境内交易，遵照我国市场规则运作，让中国期货与期权市场价格更具权威性和公信力。只有这样的价格信号才能为大宗商品市场的参与者或者“一带一路”沿线国家等区域性市场的参与者所接受，有助于我国逐步获取大宗商品的国际或区域性定价权。

（二）期货与期权市场服务新发展格局的着力点在于国际化

要让期货与期权市场更好地通过增强中国经济软实力、提升资源配置效率、推进金融开放以及争取大宗商品国际定价权等途径来推进构建服务新发展格局，就要坚定地扩大对外开放，让国内与国际市场资源循环起来。通过期货与期权市场国际化，国内外期货投资者、中介机构、交易所等市场主体的经营活动均可跨越国界，让资源充分流动，让我国市场成为适应国际通行规则的国际性市场。因此，期货与期权市场国际化是市场自我完善和提高效能的着力点，也是更好地服务新发展格局的着力点。

具体来看，期货市场国际化主要包括三个方面的内容：第一，期货投资者的国际化。我国的期货投资者可以进入国际市场，参与其他国家的期货交易活动；其他国家的投资者也可以进入我国参与期货交易，以达到避险或投资的目的。第二，期货中介机构的国际化。我国的期货中介机构可以在国外设立分支机构，进行相关业务活动；国外的期货中介机构也可以进入我国开展期货经纪业务。第三，期货交易所的国际化。其主要包括两个层面：一个层面是指我国的期货交易所可以通过收购、参股、跨境新设等多种途径在国外（境外）组织期货市场和服务客户等活动，其他国家的期货交易所也可以通过上述多种方式进入我国进行市场组织、服务等活动；另一个层面是指期货交易所是市场规则的制定机构，期货交易所要配合国际化，制定符合国际惯例的交易规则与制度安排，这样才能保障各国市场间更好地融合、期货市场有序发展以及交易活动正常进行。

通过国际化，我国期货与期权市场可以全面提升其功能。经过30余年的发展，中国期货市场已经取得巨大发展，商品期货成交量已连续多年位居世界第一。其中，油脂油料、化工、焦煤焦炭、黑色建材等期货市场位居全球第一，其他农产品、有色金属期货市场位居全球第二。但是，我国期货市场长期以来的“机构少、散户多”的局面并未改变，市场投机氛围较重。与国际市场相比，我国的机构投资者在资金实力、投资理念、交易策略、风险管理等方面尚有较大差距。期货市场国际化有助于引进境外交易者，完善期货市场的交易者结构，从而可以提高期货市场功能发挥水平，提高我国经济运行质量。例如，在公开、公平、高效、竞争的期货市场中，期货市场价格通过集中竞价形成，具有连续性和预期性等特点，可以对未来商品价格的变动趋势做出预判。在竞争过程中，一定是竞争越充分，形成的价格就越接近真实价格。引入境外投资者，扩大竞价的参与者规模，使这些参与者对商品未来趋势和价格的预期全部反映到市场价格中，就会使中国期货市场发现的价格更加合理和真实，也会受到更多国内外投资者重视，成为商品定价的基准价格。随着我国企业“走出去”，企业相应的避险需求也不断增加。如果我国企业总是利用国际期货市场避险，就会面临执行国际交易规则带来的高额成本及其他成本的风险。这就要求我国期货与期权市场加快国际化步伐，在交易品种、交易制度、交易技术、国际惯例等方面适应实体企业需求，为企业提供套期保值服务，也为经济新的发展和变化更好地保驾护航。

我国期货与期权市场可以通过提高自身功能发挥水平，提高国际话语权和影响力，从而提升中国经济软实力、提高资源配置效率、推进金融开放以及争取大宗商品国际定价权，也就进一步促进了“双循环”新发展格局的形成。

三、中国期货与期权市场服务新发展格局的基本条件

（一）中国期货与期权市场国际化基础坚实

1. 期货与期权市场体系建设日益完善

当前，我国期货市场已经形成相对完善的运行体系。根据中国期货业协会数据，截至2020年，我国期货市场拥有近200万的有效客户，期末客户保证金接近9000亿元，期货中介公司达149家，下辖近2000家营业部。一系列制度创新应运而生，如保税交割、集团交割试点等。从保税交割来看，在上海期货交易所率先开展铜、铝、原油期货保税交割试点的基础上，大连商品交易所、郑州商品交易所相继开展了线型低密度塑料、甲醇、铁矿石等期货品种保税交割试点。从集团交割来看，大连商品交易所开展玉米集团交割。这些举措都有利于优化期货品种客户参与结构，为引入境外投资者打下了坚实基础。在技术性能方面，中国各期货交易所普遍提高了对交易系统性能优化的重视程度，均成立了技术子公司，为商品期货市场功能的发挥提供了有力的技术支撑。

2. 市场服务实体经济的能力大幅提升

期货市场发端于实体经济，归根结底要为实体经济服务。期货市场服务实体经济能力的高低取决于其市场功能的发挥水平。经过30多年的发展，中国期货交易所产生的“上海价格”“郑州价格”“大连价格”已经汇聚成全球公认的“中国价格”，后者已成为诸多行业的价格“风向标”。2020年，我国期货品种期现价格相关性仍保持较高水平，价格发现功能作用进一步增强，期现相关性在0.9以上的期货品种超过63%，且存在期货

价格引导现货价格或期现价格相互引导的关系。其中，铁矿石期货价格已成为相关现货生产贸易、基差定价、指数编制和衍生品交易的重要参考，并对普氏价格指数产生实质性影响。尽管目前由于化工企业贸易习惯等原因，化工企业利用期货价格进行基差定价的比例还较低，但化工类品种的期货价格已成为其生产经营中的重要参考因素。同时，各期货品种的套保效率均有提高，为实体企业参与期货市场避险提供了更好的环境。

3. 市场监管体系已经建立，风险可控

经过30多年的发展，我国市场监管体系逐渐完善，构建了中国证监会、证监会派出机构、中国期货业协会、期货交易所和中国期货市场监控中心的“五位一体”的监管格局。以交易行为为中心，通过实施“穿透式”监管，中国期货市场做到了风险的早识别、早预警、早发现、早处置。随着市场对外开放，我国期货交易所已经形成了一套严格和完善的风险控制管理体系，其有效性也获得国际同行的普遍认可。例如，我国期货交易所实行的保证金制度、涨跌停板制度、限仓制度、大户报告制度、强行平仓制度、强制减仓制度、结算担保金制度和风险警示制度等，经受住了市场的检验，为期货市场平稳运行提供了良好的制度基础。另外，我国自2002年实施QFII制度以来，已有境外投资者通过QFII参与国内期货市场，其账户在境内实行专户存放和封闭管理，为当前期货市场直接引入境外交易者积累了风险防范经验。

（二）我国期货市场国际化的现状

我国期货市场于21世纪之初开启对外开放之门，目前已取得初步成效。对外开放是双向的，许多实体企业、机构、交易所已经“走出去”，市场“引进来”也取得初步成果。

1. 我国期货业“走出去”相对成熟

我国期货市场从业主体，包括企业、期货公司、交易所等纷纷走向国际市场，进行境外风险管理，或者拓展业务。

（1）投资者角度。国家需要对参与国际期货市场避险的企业进行审核。2001 年 5 月，证监会、原国家经贸委、原外经贸部、国家工商总局和国家外汇管理局联合颁布了《国有企业境外期货套期保值业务管理办法》（证监发〔2001〕81 号）。到 2005 年 11 月，证监会分 4 批次批准了 31 家大型国有企业（因部分企业合并，目前为 26 家）取得中国证监会颁发的境外期货业务许可证进行境外套期保值业务。

（2）期货公司角度。期货公司通过收购、参股、跨境新设等多种方式参与到国际期货市场之中，实现“走出去”，在更广阔的舞台上为国内外投资者服务。我国内地于 2016 年准许第一批广发期货、永安期货等 6 家期货公司在香港设立分支机构，于 2011 年准许中国国际期货、永安期货和中粮期货等 3 家期货公司开展境外代理业务，可以代理中国内地企业和投资者从事境外期货交易。目前，在香港设立分支机构的内地期货公司已达 50 余家。还有一部分期货公司收购境外期货经营机构，比如南华期货在美国芝加哥设立海外子公司；有的期货公司通过申请成为国际重要交易所的结算会员，如中银国际期货等。这为期货经营机构进一步国际化积累了大量人才和经验。2017 年 4 月，中国证监会又出台了《关于取消期货公司设立、收购、参股境外期货类经营机构行政审批事项的决定》，明确规定今后期货公司设立、收购、参股境外期货类经营机构，以及变更境外期货类经营机构注册资本或者股权的，均由证监会统一实施备案管理，不再实施行政审批。这将进一步加快内地期货公司的海外市场拓展。2019 年，期货公司国际化发展步伐加快，已有 21 家期货公司在海外设立了分支机构，部分期货公司已经成为 CME、LME 等境外交易所会员，其中广发期货的英国子公司已经成为 LME 圈内会员，并实现了较好的盈利。

（3）期货交易所角度。国内交易所与境外证券期货市场机构在股权合作方面取得突破性进展。2015 年 10 月，中国金融期货交易所、上海证券交易所与德意志交易所在法兰克福合资成立了中欧国际交易所（China Europe International Exchange），并上线了首个衍生产品——沪深 300 指数 ETF 期货合约。截至 2019 年年底，中欧国际交易所共有 44 只现货产品挂牌交易，包括 1 只股票、16 只 ETF 产品，其余为债券类产品；交易总金额共计224.72亿元人民币（双边计算），约95.43%来自ETF产品。

2016年年底，中国金融期货交易所、上海证券交易所、深圳证券交易所等三家交易所联合竞购了巴基斯坦交易所30%的股权，成为其单一最大股东。

2. 期货市场“引进来”有序推进

从市场建设角度来看，“引进来”更为重要。只有更多的国际投资者进入中国期货市场，在境内期货市场产生的价格才能对国际市场运行形成一定的影响力，才能在大宗商品贸易定价中体现中国这个最大购买者的话语权。因此，我们需要加快引入境外投资者的步伐。2015年6月，证监会发布了《境外交易者和境外经纪机构从事境内特定品种期货交易管理暂行办法》（证监会令第116号），此外，与其配套的中国人民银行公告（〔2015〕第19号）、外管政策（汇发〔2015〕35号）也一并公布。2018年，期货市场的特定期货品种交易正式引入境外交易者，目前包括原油、铁矿石、PTA、20号胶、低硫燃料油等期货品种。截至2020年10月底，铁矿石期货已拥有21个国家和地区的约270家境外客户，包括英美资源集团、嘉能可、拓克等大型国际公司参与，已发展成为全球交易量最大、唯一采用单一实物交割的铁矿石衍生品。PTA作为我国期货市场首个引入境外交易者的化工品种，已经成为全球聚酯产业的价格风向标。天然橡胶和20号胶期货互为补充，已成为全球最主要的天然橡胶期货市场。上海原油期货2020年1—10月境外客户日均成交量占比近18%，日均持仓量占比近25%。

另外，2012年，证监会颁布了《关于期货公司变更注册资本或股权有关问题的规定》（证监会公告〔2012〕号），其中第七条规定境外投资者直接或间接参股（包括通过公司章程、协议安排等能够影响或控制的方式）的中国境内法人入股期货公司的，单一境外投资者间接拥有期货公司股权权益或表决权的比例应当低于5%，这开启了我国期货业对外开放的大门。2018年8月24日，证监会正式发布《外商投资期货公司管理办法》表示，即日起符合条件的境外机构可向证监会提出申请，持有境内期货公司股比不超过51%，三年后持股比例不受限制。自2020年1月1日开始，证监会又宣布正式取消期货公司外资股比限制。我国期货业对外开放的程度再次扩大。2020年7月，摩根大通期货完成多项工商信息变更，持股比例由49%变更为100%，我国境内首家由外资全资控股的期货公司正式诞生。

四、中国期货与期权市场国际化进程中存在的突出问题

当前，我国期货市场对外开放程度仍然较低，在国际化进程中还存在一些突出问题。

（一）存在的突出问题

1. 境内投资者实力不足制约其参与境外市场的能力

随着中国经济的快速发展，中国大量实体企业参与到国际经贸活动之中，随之而来的是国际市场的波动风险。为了进行有效的风险管理，许多企业选择到交易品种种类相对齐全的国际期货市场进行相应商品的套期保值，以规避风险，保证生产经营活动的正常进行。我国少量境内投资者在21世纪初就已经开始试水国际期货市场。但到目前为止，仍有许多企业对国际金融衍生品市场缺乏了解，更谈不上在国际期货市场进行投资和风险管理。缺乏期货相关人才、风险管理内控机制不健全、法人治理结构不完善等原因，导致一些企业利用国际期货市场出现失误和亏损。例如，中航油、中国远洋等大型企业涉足境外“套期保值”及其他金融衍生品业务，但能力不足和操作失误导致巨额浮亏和重大损失。还有一些民营企业虽然没有直接参与国际衍生品市场的资格，但是为了规避经营中的市场风险，通过境外子公司或者QDII跨境投资基金专户等途径“绕道”参与国际市场，自己解决汇率兑换等相关事宜，但这样做会面临较大的法律和政策风险。总体来看，当前国内投资者参与国际期货市场交易的能力亟待提升，在一定程度上影响了中国期货市场的国际化进程。

2. 境外投资者缺乏参与境内期货交易的政策和渠道

随着我国期货市场的快速发展以及中国经济更多地融入国际经贸体系

当中，与国外的合作、贸易和交往更加频繁，许多境外投资者也越来越重视中国市场和“中国因素”，一些境外投资者也有比较强烈的参与中国期货市场的需求。顺应这种趋势，我国监管部门在严格控制的情况下，在期货市场国际化的相关政策和制度方面也在向前推进。如 2011 年 5 月 4 日，中国证监会发布《合格境外机构投资者参与股指期货交易指引》（证监会公告〔2011〕12 号），规定“合格境外机构投资者参与股指期货交易，只能从事套期保值交易”。根据中国证监会数据，截至 2020 年年底，我国已经批准合格境外机构投资者达 556 家，累计投资总额达 1163 亿美元。但是，由于 QFII 在 A 股市场的投资额度较小，并且 QFII 持有股指期货的合约价值以及成交金额被严格限制在一定范围内，因此通过 QFII 参与期货市场的境外投资者还非常少。2012 年修订后的《期货交易管理条例》第 24 条增加了“符合规定条件的境外机构，可以在期货交易所从事特定品种的期货交易”的规定。其中的“特定品种”需要由国务院证券监督管理机构确定，但目前尚没有期货品种被正式认定为特定期货品种，境外机构也就没有直接通道进入我国期货市场。2013 年 5 月 2 日，中国人民银行发布通知，明确人民币合格境外机构投资者（RQFII）可在期货保证金存管银行开立专门用于股指期货保证金结算的专用存款账户；同年 3 月 7 日，规定除发行债券类产品或 A 股 ETF 产品外，RQFII 被批准可在允许的投资额度内投资股指期货等人民币金融工具。目前，股票市场已实现了“沪港通”“深港通”，但香港与内地期货市场双向开放还没有实现。根据相关规定，境外投资者参与境内期货交易仅限套期保值，其投机行为被严格禁止。总体来看，当前境外投资者参与境内期货市场的渠道狭窄，政策还不畅通，与境外投资者参与中国的需求尚有差距。

3. 期货公司欠缺提供国际化服务的核心竞争力

近年来，我国期货公司整体实力和盈利能力、服务水平有了进一步提升。随着 2011 年 5 月 1 日《期货公司期货投资咨询业务试行办法》的正式实施，14 家期货公司获批投资咨询业务资格，打破了期货行业长期以来的单一经纪业务模式。目前，期货公司基本都具备咨询业务资格。2012 年

9月1日，我国期货公司业务范围正式扩展到资产管理领域，且呈较快发展趋势。截至2019年年底，全国149家期货公司中具备资管资格的期货公司达到了129家，实现收入7.73亿元，同比下降3.38%，该项业务收入超过1000万元的有18家。与银行、证券和保险等其他金融机构相比，我国期货公司在总资产规模、服务能力、盈利能力等方面都处于较低水平。与主要发达经济体国家的期货经纪机构相比，我国期货市场存在“大交易所、小期货公司”的现象，期货公司的治理结构欠合理，资产规模小，公司业务存在单一化、同质化、低层次竞争等问题，收入来源严重依赖佣金和利息收入，经纪业务附加值较低。此外，随着新产品、新业务的推出，期货公司高端人才不足。同时，期货从业人员稳定性较差、从业时间短、经验积累不足等问题制约了期货业的健康发展。总体来看，期货公司服务实体经济的能力有待提高，目前仍不能完全具备为期货市场投资者提供深层次、国际化服务的能力。

4. 国内期货交易品种覆盖范围和品种结构有待进一步完善

近年来，我国期货市场快速发展，现已成为世界第一大商品期货市场和第一大农产品期货市场。目前，我国市场已上市87个期货品种和19个期权品种，基本覆盖农产品、金属、能源、化工等主要大宗商品以及股指、国债等金融领域，但与实体经济的风险管理要求相比仍显不足，对我国国民经济极为重要的原油、猪肉等大宗商品仍没有推出期权产品。期货产业链条不健全，不适应当前中国经济发展的需要。同时，中国没有个股期货、外汇期货和国债期货以及对应的期权产品，而这些金融类期货、期权产品占国际衍生品市场的70%以上。金融类期货、期权产品缺失导致银行、保险、证券、基金等金融机构无法通过期货市场进行风险管理。

5. 期货市场监管能力不适应国际化需要

我国期货市场自20世纪90年代开始建立。针对前期市场盲目发展和法制建设滞后的问题，我国分别于1999年和2007年试行并颁布了《期货交易管理条例》，政府监管部门以及行业协会随之修改和新制定了一系列监管规章制度，我国期货监管体系逐步形成。然而，与日益发展的国内市场需求和国际市场的监管环境相比，我国的期货市场监管仍不能满足实践发展的要求。一是行政色彩浓厚，市场化发展机制尚未完全建立；二是没有为期货公司、投资者，特别是机构投资者提供足够的国际发展空间；三是政府监管部门的有关制度设计和监管政策不完善，不能及时发现违规越权操作的问题。另外，中国在金融跨境监管方面缺乏经验，仍处于探索初级阶段。证监会的跨境监管措施多是签订谅解备忘录。但是，谅解备忘录仅涉及跨境监管合作的原则性规定，其实现途径和具体操作方式还需要进一步落实，比如如何跨境处罚、如何跨境执法，这些问题的解决与否是跨境监管效力和执行力的具体体现。

（二）问题原因分析

1. 期货市场发展受现有体制机制的束缚

经过20余年的发展，我国期货市场在规模上已经取得显著增长，但是其进一步提质增效仍然受到体制机制方面的诸多束缚。我国期货市场实行的是中国证监会、证监会派出机构、中国期货业协会、期货交易所、中国期货市场监控中心共同构成的“五位一体”监管体系。随着中央“简政放权、放管结合、优化服务”改革的推进，市场监管部门取消了行政审批项目共94项，多方面监管工作均在向市场化方向改革，促进了中国期货市场的健康发展。但是，目前期货市场发展依靠行政审批的局面并未获得根本扭转，比如期货交易所独立性差。目前，国内四家期货交易所均由政府主导创立，是自上而下的产物，政府行政干预的色彩比较浓厚，像期货品种上市这类在国外由交易所主导的行为，在我国需要上报至国务院，层层审批、过程烦琐、效率较低。

2. 利率、汇率市场化以及资本项目开放步伐缓慢

利率和汇率等金融要素价格是市场发挥资源配置决定性作用的微观基础。在国际期货与期权市场中，金融类期货与期权产品的市场份额虽有下降，但一直保持70%以上的绝对优势；商品类期货与期权的市场份额虽有明显提高，但依然不足30%。然而，我国利率市场化、汇率市场化改革尚

未到位，利率市场化改革仅放开了存款下限，尚没有放开存款上限，新的存贷款基准利率形成机制仍未形成，外汇市场管制过于严格，这些因素都制约了金融期货、期权产品的研发。另外，近年来，人民币资本项目开放程度稳步提高，但与其他国家相比仍显不足。根据 Chinn - Ito 资本开放指数，如果以美国的资本开放水平为 1.00，那么中国的开放程度仅为 0.16。由于社会广泛认为衍生品的高杠杆、高波动性、可做空等特征决定了衍生品对外开放应处于人民币资本项目开放路径的末端环节，人民币资本项目国际化步伐缓慢限制了期货市场的国际化。

3. 中国经济发展水平也影响着期货市场的国际化程度

一国期货市场的国际化水平需要与其经济发展水平相适应。理论和实践都证明，在不同的经济发展阶段，市场运行会呈现出不同的特征，这些特征决定了各国在选择期货市场发展道路和模式时难以有统一模式。以农产品为例，作为期货先行品种，有研究曾对中国和美国开始农产品期货交易时的状况进行过对比，发现两国在期货市场的起步阶段有四个方面的重大差异：一是农业人口在总人口中的比例，中国的高于美国近 30 个百分点；二是农业收入在国民收入中的比例，中国只有美国的一半；三是人均粮食水平的差异，中国的只有美国的一半左右；四是运输状况的差异，中国与美国开始期货交易时的状况相差较大。从实践来看，中国期货市场于建立之初的几年里就出现了混乱局面，主要原因之一就是忽视了当时中国经济发展情况而盲目照搬国外现成的经验。反观当前，根据世界银行最新数据，2019 年，全球 GDP 总量达 85 万亿美元，美国总量占比 24.4%，排名第一；中国总量占比 16.3%，排名第二。但是从人均数据来看，2019 年，中国人均 GDP 为 10217 美元，远低于美国（65298 美元）、加拿大（46195 美元）、德国（46445 美元）、英国（42330 美元）、新加坡（65233 美元）等发达经济体。中国期货市场发展的背景与其他国家相比具有特殊性，中国期货市场的国际化程度也脱离不了中国经济发展的现实状况。

五、境外期货市场国际化的做法与经验

经济全球化进程在当今世界是不可阻挡的。随着经济与科技的发展，主要市场经济国家的期货与期权市场的国际化水平都非常高。例如，美国、英国、法国、新加坡、中国香港等国家和地区期货交易所的成交量有30%以上来自境外投资者，有的期货交易所境外会员达60%以上，许多期货交易所的业务已覆盖全球。期货市场的国际化可助力市场经济繁荣，也为本国经济发展提供了更多便利。本节介绍美国、英国、日本以及部分新兴市场国家期货市场国际化的做法与经验，并进行总结。

（一）美国期货市场的国际化经验

1. 美国期货市场的国际化情况

美国期货市场历史悠久且最为成熟。作为移民国家，美国经济向来具有开放性，这也决定了美国在期货市场国际化方面颇具先发优势和开拓性。与其他市场相比，美国期货市场具有两个特点：一是美国期货市场的上市品种最丰富，对境外市场交易者具有吸引力。目前，美国拥有的期货品种数量超过1300个，而同期世界主要交易所上市的期货品种约为2800个，美国占比接近世界的一半。这是美国的期货交易所和中介经纪机构共同努力的结果，为了在市场竞争中获得更有利的地位，它们通过修订法律的许可范围、便利交易规则等方式争取更多国际化期货品种上市交易，以吸引越来越多的外国交易者。二是美国在不断加强国内期货市场监管的情况下，逐步取消了国际化限制。20世纪30年代经济危机及第二次世界大战之后，美国加强了期货市场监管和实施外汇管制，经济出现“内化”倾向，但美国很快取消了外汇管制，1984年美国又取消了预扣税，使其期货市场国际化的障碍基本消除，国际化水平快速提升。美国期货市场国际化提速的前提和保障是其多年来建立的完备的市场监管体系。从法律条文来看，美国现行的法律有《期货交易法》《商品期货交易委员会法》《商品期货现代化法》以及2012年出台的《多德—弗兰克法案》。从监管机构来

看，美国期货市场的主要监管机构包括联邦商品期货交易管理委员会（CFTC）、联邦证券交易委员会（SEC）以及全国期货业协会（NFA）。

2. 美国期货交易所、期货公司国际化的具体实践

交易所和期货经纪公司分别是期货市场的组织者和中介桥梁，它们的发展情况可相对全面地反映美国期货业务在全球的布局状况。

（1）CME 集团。CME 集团的历史可追溯至 1848 年全球第一个期货交易所——芝加哥期货交易所（CBOT）的成立。目前，通过多次并购，CME 集团旗下拥有芝加哥商品交易所（CME）、芝加哥期货交易所（CBOT）、纽约商业交易所（NYMEX）、纽约商品交易所（COMEX），是美国乃至全球最大的交易所集团，在美国及全球分别占有 95% 与 40% 的市场份额。CME 集团的电子交易平台 Globex 上拥有全球大多数的衍生性金融商品。CME 集团在世界五大洲都拥有交易中心、大量客户、办事处以及合作伙伴，参与期货交易的客户可通过 CME 集团在各地授权的期货公司开设账户，再向美国期货市场进行投资。例如，在中国香港就有 26 家亚洲经纪商为当地客户提供 CME 的交易服务，其中包括中国国际期货（香港）有限公司、广发期货（香港）有限公司、亚达环球期货公司等。CME 集团的期货品种齐全，包括农产品、能源类、股指类、外汇类、金属类等。根据 CME 集团数据，2016 年，CME 集团的期货与期权总成交量（是 CME、CBOT、NYMEX、COMEX 四家旗下交易所的总和）为 39.4 亿手，同比增长 11.6%，占美国期货与期权（这里包括证券交易所的期权成交量）成交量的 46.4%，占全球期货与期权成交量的 15.6%。其中，CME 集团的期货成交量为 31.5 亿手，同比增长 10.9%，占美国期货交易所期货成交量的 88.3%，占全球期货成交量的 19.8%；期权成交量为 7.9 亿手，同比增长 14.5%，占美国期货交易所期权成交量的 92.2%，占全球期权成交量的 8.4%。值得一提的是，CME 集团交易的欧洲美元期货是全球最活跃的期货产品，其标的资产是自期货到期日起 3 个月期的欧洲美元定期存款。2016 年，欧洲美元期货成交量为 6.5 亿手，较 2015 年增长 11.6%。CME 集团交易的欧洲美元期权是全球第二大期权产品，2016 年成交量为 1.7 亿

手，较2015年增长49.9%。

（2）美国期货经营机构。期货中介机构是投资者和交易所之间的桥梁。美国期货中介机构主要包括期货经纪公司（FCM）、介绍经纪人（IB）、商品基金经理（CPO）和商品交易顾问（CTA）等四类。其中，FCM是主要的期货中介机构，相当于我国的期货公司。为了获得规模经济并降低经营成本，期货中介机构的市场集中度持续提高。以FCM为例，根据美国商品期货交易委员会（CFTC）数据，2002年至2016年底，客户保证金从1020亿美元略增至1655亿美元，增幅达62.3%。同期，注册登记的期货经纪公司数量从169家降至65家，降幅达61.5%。其中，2016年，前十家经纪公司客户保证金已达1248亿美元，占美国期货保证金总额的73%。

为了更好地了解美国期货经纪机构期货业务如何全球布局，这里以高盛和摩根士丹利为例作简要介绍。高盛的期货业务开展始于1981年对阿朗公司的收购。阿朗公司的前身是一家小型的家族企业，主要从事商品交易。收购阿朗公司后，高盛利用自己的资源优势，拓展阿朗公司的业务，足迹遍布全球。阿朗的交易横跨现货市场和衍生品市场，包括贵金属与稀有金属、原油与石油产品等。到了20世纪90年代初，阿朗创造的利润占到了高盛总利润的1/3，甚至更多。1997年，高盛将阿朗与固定收益业务合并，建立了固定收益商品部。目前，固定收益商品部在全球范围内运营，在纽约、伦敦、新加坡、东京、卡尔加里和悉尼（通过高盛JB WERE）设有办事处，并且仍为高盛创造巨额的利润。摩根士丹利从事期货业务的部门是衍生产品部。衍生产品部在全球范围内进行自营业务和经纪业务，其投资期货的业务种类包括权益互换、期权、期货等权益类衍生品，以及金属、农产品、原油、油类产品、电力、碳信用等大宗商品及指数，并在其中扮演着做市商的角色。

（二）英国期货市场的国际化经验

1. 英国期货市场的国际化情况

20世纪，英国期货市场曾经是世界上最发达的市场之一。但是，第一次世界大战后，由于英国经济的衰弱和对其保守传统的固守，其期货市场日渐衰弱。第二次世界大战以后，英镑区日益缩小，英联邦联合体不断瓦解，美元债券不断向伦敦集中，最终使得英国在国际上的地位被美国所取代。1986 年，英国出台了《金融服务法》（*Financial Service Acts*，FSA），对其包括期货市场在内的资本市场进行全面改革，资本市场和交易所的大门也对外开放，率先吸引外国公司上市和引入境外投资者，其活力迅速恢复，市场动态效率大幅提高。同时，英国实施由 FSA 确立的“制定法框架下的行业自律”监管体制，既保证了市场健康发展，又给予了市场较大的发展空间。目前，英国不仅是欧洲最大的期货市场，而且也是世界主要期货市场之一。LSE 和 LME 是英国资本市场的典型代表。1986 年之后，LSE 和 LME 均实行国际会员制，其会员公司及其交易席位被美、日等大银行、证券期货公司等购买获得，从而提升了它们的国际化水平。同时，来自国外会员的竞争和股份参与也促进了英国境内投资者竞争和效率的提高。

2008 年，国际金融危机之后，英国金融监管体制发生了重大变革。2001 年 12 月 1 日，英国《2000 年金融服务与市场法》（*Financial Services and Markets Act* 2000）正式生效，该法被称为英国金融业的一部“基本法”，明确了新成立的金融服务管理局（Financial Services Authority，FSA）单一监管机构地位和被监管人的权利、义务及责任。英国的金融监管体制由此转变为“制定法规范的单一监管机构”体制，统一了监管标准，规范了金融市场的运作。该法自颁布以来运行良好，已经成为从欧洲（如比利时、荷兰、瑞典、芬兰、丹麦）到亚洲（如日本、新加坡、韩国）乃至更为广泛的国家和地区（如澳大利亚等）金融监管体系建设学习和模仿的对象。该法秉承“金融监管要专业化、规则化、责任化、国际化”“金融监管制度与金融市场发展必须匹配”等理念，通过大量的修正案和 FSA 的二级立法不断完善法律框架体系，使得伦敦金融业的世界中心地位进一步加固。

2. 英国期货交易所国际化的具体实践

伦敦金属交易所（LME）始建于 1876 年 12 月，其前身是由 300 名金属商人发起建立的伦敦金属有限公司。LME 是欧洲真正现代意义上的期货交易所，是当今世界上最重要的有色金属交易所。LME 建立之初，交易品种主要是铜和锡。追溯至 19 世纪中期，英国正迈入电气时代，纺织工业、采矿业、冶金业和运输业发展迅速。作为世界上最大的铜、锡生产国，英国需要大量进口铜矿石和锡矿石回国精炼。但是，由于路途遥远，矿石价格大幅波动的风险很大，需要通过期货机制来转移价格风险。例如，当时的铜矿石是从智利、马来西亚和印度尼西亚海运至英国，时间一般需要 3 个月。因此，LME 推出了滚动 3 个月的铜期货合约（标准交割期为 3 个月）来对冲此风险。随着业务拓展，LME 推出了更多期货品种，如白银、铅、锌、铝、镍、铝合金、钴、钼等。2016 年，LME 期货成交量为 1.5 亿手，期权成交量为 710 万手。

LME 是国际化的典范，在会员、交易、交割仓库设置等方面均对接国际市场。目前，LME 的有色金属报价已经成为国际金属贸易中的定价基准。2012 年 7 月 25 日，LME 以 13.88 亿英镑被香港交易所收购，也是其继续拓展国际市场、进军亚洲特别是中国市场以寻求战略性、跨越式发展的又一重大举措。

（1）国际会员资格制。LME 大力吸收各国机构成为会员，目前 95% 以上的会员均来自国外，主要包括国际上大部分重要矿业公司和金属生产商、基金和银行以及许多与金属贸易相关的物流企业、制造企业等。这些会员可进一步分为圈内会员（包括 Ring Trading Member、Kerb Trading Member）、二级清算会员（Associate Broker Clearing Member、Associate Trade Clearing Member）、二级经纪非清算会员（Associate Broker Member、Associate Trade Member、Only for Individual and Honorary Member）。其中，圈内会员权限最大，可进入圈内进行公开喊价交易，可进行 24 小时不间断的办公室交易，可成为做市商等。目前，LME 的圈内会员有 11 个，如 AMT（德资）、Barclays（英资）、FCStone（美资）、J. P. Morgan（美资）等，多为英国境外机构。

（2）24 小时不间断交易。LME 有三种交易方式，分别是公开喊价交易（Open Outcry Trading）、办公室间交易（Inter－office Trading）和电子交易（LME Select Trading）。公开喊价交易只能圈内会员参加，在直径6米的交易圈内分别进行单商品交易和混合商品交易。在圈内交易的结算价通过LME select系统正式报出后，分布于伦敦、纽约、悉尼、新加坡和东京的办公室间交易据此开始，并实现了全球性24小时循环不间断交易。LME select于2001年2月正式运行，是经纪公司进行网上交易的官方电子交易平台。配合办公室间交易，LME select可24小时不间断操作，方便全球客户参与。

（3）交割体系遍布全球。为了配合全球业务开展，LME建立了国际化交割仓库体系。目前，LME批准的交割仓库有400多家（其中可交割铜的仓库达75家），分别位于欧洲、美国、中东和远东等全球的32个港口或地区。不同品种和交割期的金属仓库也有不同，部分仓库仅可以交割某一种金属。这些交割仓库由LME批准和认定，通常由国际大型跨国公司运营，经验丰富、信誉卓著、硬件良好。

（三）日本期货市场的国际化经验

1. 日本期货市场的国际化情况

从20世纪50年代开始到80年代，日本基本实现了有限制的直接对外开放，时间跨度长达30年。从整个过程来看，日本商品期货市场及期货交易所的发展及国际化历程与日本的法律监管环境之间有着密不可分的关系。20世纪80年代至2004年之前，《商品交易所法》推动日本成为商品期货大国。2004年，日本商品期货合约占世界商品期货的交易总量达29%，居世界第二位，彼时日本具有商品期货大国的特征。2004年之后，日本政府重新修订了《商品交易所法》并于2005年5月1日实施，这成为日本期货市场及期货交易所发展史上的转折点。这次改革过于严厉，其管理和限制措施的方式和威力远远超越了市场所能承受的能力，在个人投机者大批离场的同时，成熟完善的机构投资者体系尚未建立，日本的商品期货市场在2003年达到鼎盛之后迅速转为衰落，而日本期货交易所的国际化发展路径也就此改变。因日本政府没有限制期货公司及期货交易所到国外开发客户，日本的期货交易所和期货公司为了维持生计被迫加大引进境外投资者，这就形成了日本期货交易所和期货公司被动式国际化的格局。近年来，日本商品期货交易所不断加快国际化步伐，推出与国际接轨的市场措施，如境外准会员制度、国际化电子交易系统、夜盘交易、交易所托管服务等，积极吸引境外投资者参与。另外，日本期货市场的国际化还表现在参与主体更为国际化、期货品种国际化、交易系统国际化（日本拥有ISV 全球化期货交易系统）等。

以东京工业品交易所（TOCOM）的国际化情况为例（其交易规模占日本商品期货交易规模的95%以上）。TOCOM 成立于1951 年，是日本唯一的综合性商品交易所。从境外客户的成长情况来看，自2013 年以来，TOCOM 的境外客户成交比例整体呈稳步上升趋势，到2016 年1 月，境外交易量占比达到50.8%，创历史新高（2001 年该值不足2.0%）。TOCOM 的境外客户主要来自中国香港、新加坡、美国、澳大利亚、英国及其他地区。2014 年9 月之前，TOCOM 的境外客户主要集中于亚洲地区，尤其是中国香港、新加坡等国家和地区；2014 年9 月之后，来自澳大利亚的境外客户交流量陡升，这主要是新际证券在此期间由中国香港搬迁至澳大利亚所致。从这个角度来看，实际上TOCOM 的相关投资者仍以亚洲投资者为主。从TOCOM 主要品种的境外投资者占比来看，自2010 年以来，TOCOM 黄金期货合约境外成交量占比保持逐年稳定上升的趋势；2015 年，TOCOM 橡胶占全年总成交量的10%，其中境外成交量占65%，这使得TOCOM 仍是世界天然橡胶的定价中心。不过，自2015 年以来，TOCOM 橡胶境外成交量占比有所回落。在整体境外成交量占比不断上升并达到高点的过程中，橡胶的境外客户却有所回落，这说明TOCOM 橡胶的客户来源仍主要在亚洲地区，亦即日本的橡胶定价权可能在一定程度上局限于亚洲地区。

2. 日本期货市场国际化的具体措施

日本期货交易所通过大量引入境外投资者，使得本国期货市场保持了相对发展，并较好地维护了一些国际化程度较高的品种如黄金、原油及橡胶的国际定价基准地位。这主要得益于日本期货交易所采取了许多使外国投资者更容易进入的举措。例如，日本期货交易所推出了新产品、做市商计划和激励措施，安装和增加了交易平台使其赶上全球标准，同时在努力改变金融市场监管分割的状态等。

一是积极吸收境外会员。为了吸引海外资金进入日本资本市场，日本政府近年来相继出台了一系列有利政策，大阪证券交易所（OSE）和东京证券交易所（TSE）还于2009年1月建立了远程会员计划，允许海外投资者申请成为交易所会员，并直接参与所有期货品种交易。这种会员制度非常有效地活跃了日本本土的衍生品市场，也对日本商品期货市场产生了积极的影响。摩根士丹利、高盛、瑞士信贷等国际知名金融机构已经成为TOCOM的会员；我国南华期货有限公司的香港子公司横华国际于2015年12月已申请成为TOCOM橡胶市场的远程会员。

二是开发满足境外投资者多元化投资需求的产品。2016年，在期权交易方面，TOCOM在更换新系统的同时开始了新的期权交易。由于美国、欧洲、新加坡等发达衍生品市场都针对某些期货品种设计了标准合约和迷你合约并取得了良好的交易效果，借鉴此经验，TOCOM在推出标准黄金期货合约的基础上，又推出了合约规模较小的黄金迷你期货，以满足资金规模不大的投资者的交易需求。2015年5月，TOCOM为更好地适应境外投资者的投资需求，并维持其亚洲黄金定价中心的地位，推出了黄金递延期货，该合约一经推出便受到投资者的热捧，国内外市场参与程度逐步提升，已成为TOCOM成长最快的品种。

三是积极在境外推广自己的期货产品。TOCOM的积极推广是黄金递延期货活跃的重要条件。作为TOCOM的主推合约，TOCOM对黄金递延期货不仅在税收等方面给予了国内投资者优惠，而且非常重视并加强了在该合约上对国外市场的推广力度，积极寻求与国际市场合作并努力吸引境外投资者的参与。如在中国积极开展黄金递延期货的路演，进行相关推广活动，创造条件吸引境外投资者参与其黄金递延期货合约的交易等。

四是加快技术系统的升级和行情的国际推广。日本商品期货市场虽然已由盛转衰，但是其市场创新并未停歇。开发新的交易者和扩大客源是日本商品期货交易所的首要目标，TOCOM 在开放市场和吸引境外投资者方面举措积极主动。2009 年 5 月 7 日，TOCOM 正式引入了美国 NASDAQ OMX 集团的交易和清算系统平台，通过它以满足来自国际市场的各种交易需求，并率先将交易时间扩展至 23 小时；2016 年 9 月，TOCOM 开始使用大阪证券交易所的新的交易系统。此外，TOCOM 还可以提供主机托管服务。2016 年 2 月，TOCOM 开始在中国文华财经的电脑软件上发布该所的实时行情。

（四）新兴市场国家期货市场的国际化经验

新兴期货市场国际化的主要动力是通过市场开放来吸引国际资本，多采取有限制的直接开放。但是，新兴经济体国际化的程度有所差异。例如，一部分新兴市场如新加坡、马来西亚等国家和地区采取了高度自由化政策；而另一部分国家和地区如韩国、中国台湾等则选择了逐步自由化的政策，让国内市场逐步适应来自国际市场的挑战，总体上看，还是属于一种金融自由度较高的期货市场开放政策。但是，这种过分注重吸引外资的政策选择也为后来亚洲金融危机的爆发埋下了重大隐患。

（五）总结与启示

上述国家和地区的期货市场发展经验从不同方面给予我国以经验和启示。

（1）国际化是一国期货市场发展壮大的重要途径。从英美日及新兴市场国家的期货市场发展历程来看，国际化是一国期货市场发展壮大的普遍选择。交易所并购是期货市场国际化最常用的手段，除此之外还有参股、控股、跨境新设、共享交易平台、推出国际新品种、品种互挂等方式。但是，一国期货市场的国际化推进速度和推进方式一定要适应本国经济发展实际。如果推进速度太快，监管等配套措施跟不上就会引发系统性风险；推进太慢，则会羁绊其他经济领域的正常发展。同时，要选取适合本国国情的推进方式，确定优先开放的重点领域，力争预期目标与实际效果相一致，避免金融危机等严重后果再次发生。当前，我国国内期货市场发展环境不断向好，国际化也已有一定积累和基础，因而具备条件可以更从容地筹备国际化发展。因此，应充分综合考虑，准确把控我国的速度和适合的方式，通过期货市场国际化的建设契机来完善我国社会主义市场经济体系建设，让期货市场更好地为我国实体经济发展服务。

（2）多数国家在国际化模式上选择有限制的直接开放。综观各国期货市场的对外开放，其战略模式大致可以分为间接开放和直接开放两种。所谓间接开放，就是在不开放本土期货市场的情况下，通过组建共同基金等方式来吸引外资参与本国期货市场。这是一种相对保守的资本市场开放方式，如韩国、中国台湾就是采用这种模式。当前，我国内地实施的 QFII 制度就是来自这种间接开放模式。所谓直接开放，就是指将本土期货市场大门直接打开，投资者、资金等可自由进出。直接开放又可以分为完全直接开放和有限制的直接开放两种。其中，完全直接开放是指自由化程度高，几乎没有限制的开放模式，目前只有中国香港、德国等少数国家和地区采用。而有限制的直接开放是一种金融自由化程度相对较高，但通过立法、制度等区别对待国内外资金、国内外投资者行为等的开放模式。世界上大多数国家都是采取这种国际化模式，这有利于避免本国重要的或敏感的行业遭受国外资本的冲击。如美国、英国和日本等市场经济发达国家以及许多新兴市场国家，为了保障国内经济安全，对境外投资者都有所限制。从我国当前的经济发展状况、外汇制度、金融市场发育程度等方面考虑，我国期货市场国际化应采取这种有限制的直接开放模式，但是要认真研究如何区别对待国内外投资者和资金更有效率等问题，制定相应的各种风险防控措施。

（3）需制定国际化战略的中长期系统性规划。当前，世界期货与期权市场是以欧美等国的交易所和金融机构为核心的，主导着世界市场的新产品研发方向、监管政策方向等。新兴市场国家的期货市场居于从属地位，跟随欧美市场的发展脉络不断推进自己市场的国际化建设。但是，期货市场国际化是系统性工程，不可能一蹴而就，“东一头、西一头”更是不可取的。我国利用“后发优势”，通过行政手段在 20 多年前搭建起了境内期货市场。经过两次清理整顿和相关规章制度的出台，我国期货市场已经走上健康发展的道路。随着我国经济实力的增强和市场功能的提高，期货市场国际化是必然选择，但不能仅仅满足于“跟随”角色，应在创新思维的指导下，通过长期、系统的战略规划，完善法律体系和市场环境，兼顾期货与现货、场内与场外，稳扎稳打地推进期货市场建设和国际化进程。

（4）期货市场国际化业务应实施动态监管调控。一国期货市场的对外开放通常与国内经济发展相适应，首先要开放那些容易控制风险且对本国业务发展有利的领域，其次开放那些风险较大且可能加剧国内金融竞争的业务领域。但期货市场对外开放后，国际国内经济形势也会发生逆转，比如 20 世纪 30 年代全球经济危机及二战使得美国经济发展乏力，从而加强了期货市场监管和外汇管制；2008 年，国际金融危机之后，美国、英国等国纷纷再次放慢了国际化步伐；由于 20 世纪 90 年代初的泡沫经济，日本经济发展随后出现长期萧条，随之出台了十分苛刻的《商品交易所法》。可见，经济逆转通常会导致期货市场国际化步伐放缓甚至倒退，但这都是一国政府从经济稳定发展全局考虑的结果。一旦国内外经济环境许可，期货市场国际化也会重新开启。因此，我国在推进期货市场国际化时，应做到可放可收，根据外部环境的变化对国际化的速度、程度、方式、期货品种等方面做出适时调整。

六、有序推进中国期货市场国际化的政策选择

我国期货市场建设要坚持市场化、法治化和国际化的方向，坚持以服务实体经济、服务国家战略为根本宗旨。期货市场国际化应加快步伐，“引进来”“走出去”多措并举，有序推进，努力建设一个与实体经济风险管理需求相适应、高质量服务新发展格局的期货与期权市场。

（一）加大“引进来”政策力度

引进境外交易者，允许其直接参与我国期货市场交易活动，是我国期

货市场对外开放的内在要求，也是改善投资者结构、提升市场运行质量和国际影响力的必然选择。在前期原油、铁矿石、PTA、20号胶、低硫燃料油等期货品种引入境外机构投资者的基础上，可考虑较为成熟的棕榈油、豆粕、豆油以及金融期货等国际化较高的品种引进境外交易者。棕榈油是我国唯一纯进口的品种，年进口量在600万吨左右，具备开展国际化的条件。随着“一带一路”建设的不断深入，棕榈油期货市场也应该紧跟国家战略步伐，将“一带一路”沿线地区的机构投资者、产业企业“引进来”，以及推动品种、业务、技术“走出去”，更好地服务于我国及“一带一路”沿线国家的实体经济，实现合作共赢。此外，积极研究金融期货引入境外投资者的方案。根据中国台湾地区的发展经验，股指期货领域引入境外交易者非常必要。中国台湾在引入股指期货领域境外交易者之初，允许QFII通过参股进入股指期货行业，但需要通过QFII制度对这些交易者进行严格的限制。我国期货市场不实行QFII制度，但在将股指期货设为特定品种之初，可借鉴台湾地区的配套政策和风控经验。在推进方式上，期货市场“引进来”，应先行先试，大胆探索、创新引领，努力推动形成在全市场可复制、可推广的经验和模式。

（二）继续支持“走出去”，完善相关政策

随着国内企业不断走向国际市场，“走出去”企业面临更多市场风险，对定价服务、避险服务的需求与日俱增。期货与期权市场正是国际公认的风险管理工具之一，实体企业应充分利用该市场工具发展壮大、开疆拓土。为了更好地服务国内企业外向发展、服务中国经济的对外开放，国内期货与期权市场应加快“走出去”步伐，积极主动向外拓展。期货市场“走出去”可从如下方面考虑：

一是继续支持交易所“走出去”。交易所是期货市场的交易服务组织，为市场创造了高效的市场机制和良好的环境。交易所“走出去”可以更好地带动期货市场国际化。支持国内各期货交易所充分发挥自身优势，通过收购、参股、产品互挂、技术合作、出资共建等方式与境外交易所，特别

是与“一带一路”沿线国家和地区的交易所开展合作。

二是大力支持期货品种“走出去”。以中欧国际交易所为依托，在境外开发更多“中国元素”的期货、期权合约工具，丰富产品线，为境外投资者提供有力的资产风险管理工具。另外，支持期货交易所在境外设立交割仓库和办事处，拓展国内期货品种的国际空间，为实体企业提供丰富、便捷的跨境定价与风险管理服务。例如，我国棕榈油期货已经相对成熟并具有较高的国际认可度，可探索棕榈油交割区域向境外扩展的各种方式及其可行性，将其交割区域拓展至境外主产区甚至国际市场其他主要销区，使交割环节能够进一步服务于整个棕榈油产业链的产业客户。

三是鼓励支持期货经营机构“走出去”。支持期货经营机构在境外设立、收购公司，引入境外股东，积极开展跨境业务。期货公司不仅要走向中国香港，更要走向欧洲、走向美国，走向国际著名期货交易所，积极申请成为 CME、CBOT、COMEX 的会员，直接参与境外期货市场，积极融入国际金融市场。另外，根据政策许可和行业发展进程，期货公司业务范围应逐步涵盖期货经纪、结算、自营、境外期货代理、咨询培训以及期货基金发起和管理等与期货相关的业务，向国内外机构或个人投资者提供专业、综合的期货市场投资服务。

第十章 “十四五”时期中国期货市场创新发展的思路

“十四五”时期是我国实现“两个一百年”目标的历史交汇期，是“百年未有之大变局”的经济全球化新时期，我国期货与期权市场发展的内外部环境正在发生重大变化。从发展阶段来看，我国已经进入了全面、平衡、协调发展的高质量发展和高水平开放时期。从国际局势来看，我们面临的发展环境比“十三五”时期更趋严峻、复杂、多变和艰难。世界经济深度调整、增长继续乏力，金融危机风险上升，国际市场竞争更趋激烈。期货与期权市场是我国社会主义市场经济体系不可或缺的组成部分。国际国内形势的重大变化要求我们在以习近平同志为核心的党中央坚强领导下，大力推动期货与期权市场高质量创新发展，不断增强全球资源配置能力，提升重要大宗商品的价格影响力，更好地服务和引领实体经济发展。

一、“十三五”时期中国期货与期权市场发展存在的主要问题

“十三五”期间，我国期货与期权市场发展取得了显著成效，上市品种不断创新丰富，市场规模稳步扩大；市场运行质量持续提升，市场参与主体结构进一步优化完善；对外开放深入推进，期货公司国际化布局加快；市场运行日趋规范，监管有效性逐步提升。但是市场发展和市场功能发挥还存在一些障碍和问题，主要涉及期货市场建设、市场参与主体以及外部环境等三个方面。

（一）市场建设存在的问题

1. 法律法规体系仍不完善

我国期货市场法律制度以1999年9月国务院颁布实施的《期货交易管理暂行条例》为核心（2012年修订为《期货交易管理条例》），形成了以《期货交易所管理办法》《期货经纪公司管理办法》《期货从业人员管理办法》和《期货经纪公司高级管理人员任职资格管理办法》及《最高人民法院关于审理期货纠纷案件若干问题的规定》等为实施细则的期货市场法规体系框架，这些法律法规为期货市场的发展营造了法制环境，但与期货发达国家的期货法律制度相比还有较大差距。2021年4月29日，全国人大常委会公布《中华人民共和国期货法（草案）》，正在向社会公众征集修改、完善的意见和建议，期货法正式出台还需要一段时间。总的来看，我国期货市场立法工作有进展，但还需要提速并不断完善。从国际经验来看，美国在1916年通了《美国棉花期货法》，1922年颁布了《谷物期货法》；其后，在1936年颁布了《商品交易所法》；1974年重新颁布《商品期货交易委员会法》；1978年、1982年、1986年又几经修订颁布了《期货交易法》。日本在二战后也以立法的形式加强对期货市场的监督管理。日本政府十分重视期货市场法的完善和配套，《商品交易所法》至今已修改了多达十几次。日本内阁还颁布了《金融期货交易法》等相关法律与配套规则。美国和日本等期货市场较为发达的国家通过这几十年的不断努力已经形成了一套比较完善的期货市场法律制度。正是这种完善的期货法律制度有力地保障了它们的期货市场能够快速、健康地发展。

2. 期货品种及市场工具尚不健全

目前，我国上市交易的期货品种接近90个，基本覆盖了农产品、煤焦矿钢、化工、金属等大宗商品领域。但与国际市场约300个商品期货品种、上千种期货合约相比，我国期货与期权品种还有较大的拓展空间。与国内实体企业的实际需求相比，许多产业链上下游期货品种尚不完善，没有形成完整的期货品种链条。目前，只有煤焦矿钢、油脂油料、玉米等产业品种相对齐全，从而吸引了实体企业积极参与期货市场运作。我国商品期权发展相对滞后，62 个商品期货中只有 18 个场内期权品种，与国际上期货与期权同时推出的方式形成对比。另外，商品指数、碳排放权等新交易工具期货产品还没有推出，为实体经济提供风险管理服务的广度和深度还远不够。①

3. 期货品种合约不连续且部分品种流动性较低

长期以来，近月合约不活跃、主力合约不连续，是我国商品期货市场存在多年的问题，这种现象使套保参与者在进行套期保值时难以做到无缝对接。这给期货套期保值操作带来了风险，从而限制了饲料、养殖和深加工企业等套保主体参与期货套期保值的积极性和动力。另外，我国期货市场中部分农产品期货品种尚处于流动性不足的状态，虽然全市场推进在更多品种和合约上引入了做市商制度，但是活跃合约不连续、部分合约不活跃问题仍然存在。

4. 期现基差、地区价差不稳定

企业套期保值需要的是期现价格的趋同和收敛，但部分期货合约的基差、地区价差波动较大，不利于企业开展套期保值避险。以玉米为例，自玉米期货恢复上市以来，交割月份玉米期货价格与大连玉米现货价格之间的价差规律不显著，基差变动在 -50 ~ 200 元/吨之间波动，而且收储、拍卖政策以及宏观经济的不确定性使以大连港为基准地的玉米基差波动加大。此外，基差变动的风险不仅是期、现货的价差，还表现在不同区域的价格差上。例如，2016 年年底之前，受玉米临时收储政策影响，大连与山东两地的价差在 -200 ~ 350 元/吨之间波动；2017 年 1 月到 2020 年年末，山东玉米价格持续高于大连价格，但价格差较之前波动幅度有所收敛，价差波动在 20 ~ 220 元/吨。

5. 期货市场的国际化程度有待进一步提高

随着经济全球化进程推进、国际市场竞争不断加剧，企业面临的国际

---

① 张秀青. 农业企业利用期货市场的现状、障碍与政策建议[J]. 农业展望,2013(12):31 -33.

市场风险越来越大。国内企业需要进入国际期货市场寻求避险，但是目前国家仅有 26 家大中型企业能够参与境外期货及衍生品市场交易，一方面是因为部分企业条件符合；另一方面是因为我国对外开放程度还有待提高。一些没有参与外盘资格的企业如果想利用国际衍生品市场进行规避风险，只能通过中国香港公司参与境外期货套期保值操作，但在这种方式下企业财务报表不能合并，企业纳税也存在问题，不利于企业正常经营；期货经纪机构在境外设立分支机构及并购的审批核准手续相对复杂，使能够在境外为国内企业跨境贸易提供风险管理服务的期货经营机构很少，也限制了一部分企业“走出去”发展的步伐。与“走出去”相比，期货市场“引进来”的步伐较缓慢，目前仅有 5 个期货品种作为特定期货品种交易正式引入境外交易者，其他品种并未开放。

6. 市场监管有待创新升级

目前，创新模式业务中相关业务主体的制度建设和管理不规范、不健全，缺乏有效监管，在制度建设、管理规范、具体的操作流程、合同契约等方面参差不齐。还有一些监管法规不够具体，多以行政手段为主，无法形成强有力的监管体系。而期货业协会和期货交易所的自律管理能力较弱，无法从法制上规范期货业的行为，强化风险监控和期货公司信息披露方面的规定也有待完善。

（二）市场参与主体存在的问题

目前，我国规模以上企业有 50 多万家，但我国期货市场的产业客户仅有 2 万余户，大量企业尚未直接参与期货市场。主要表现在以下五个方面。

1. 风险管理水平普遍不高

我国企业经营管理能力依然偏低，对风险的反应不敏感，利用期货市场管理市场风险的认知程度和运用能力普遍不高。在经济持续下行、行业不景气的情况下，多数企业往往采取减产、停产、转产等方式应对市场变化和价格波动的风险，但没有能力运用期货机制避险。有些企业经营管理不成熟，套保决策流程不规范，套期保值效果评价机制不健全，会计信息披露制度不科学、不完善，也影响了运用期货市场的效果。

2. 经营模式不成熟

目前，多数企业的采购方式仍然是分散模式，甚至是家庭作坊式的“拍脑袋”决策采购，仅有部分规模较大的企业采用集中议价与区域采购相结合的采购模式。由于采购模式集中度低、子公司实力和期货人才有限，分散采购经营增加了企业利用期货的难度；大型企业与分销商和下游企业的升贴水合同远没有形成规模，个别企业的报价还处于市场培育的过程中，使期现货市场成为并行无交集的两个市场，企业很难直接利用期货市场进行风险管理。

3. 套保决策流程不完善

一些企业针对期货部门的管理落后，让期货部门单独核算，没有真正把期货和现货经营结合起来考虑。有的企业负责人甚至认为期货部门只能盈利，亏损就解散。有的企业将期货操作人员和市场行情研究人员业绩指标同等考核，这容易让市场研究和解读偏离客观实际，带有某种倾向性。还有一些企业的决策机制基本沿袭了“家长制”，企业的重大决策基本由负责人决定，期货专业人员只能执行命令，负责人对市场判断的专业性不够，可能导致决策风险。部分国有企业套保头寸一般由期货套保分管领导或者部门负责人决定，而风险控制部门的套保策略实施能力相对较弱。因此，企业领导对市场的判断会影响企业套保效果，尤其是当企业留有较大风险敞口时，市场行情出现较大波动会给企业带来更大损失，造成国有资产亏损。

4. 期货与期权专业人才匮乏

当前，国内能够熟练参与期货交易和运作的人才严重短缺，大多数企业难以吸引到相关人才。即使是已经参与期货交易的企业，目前相关人员也多以原料采购人员为主，其只能通过自学或期货公司培训等方式，初步获取相关知识并了解基本操作模式，真正有实战经验和能够有效利用金融衍生工具管理企业风险的人才极为匮乏。另外，企业内部缺乏激励机制，期货人员进行期货交易并为企业赢得丰厚收益后，并不能获得相应回报，这也不利于留住人才。

5. 期货经营机构服务能力不足

长期以来，期货经营机构发展一直面临“大市场”与“小行业”的矛盾。期货公司在资本实力、专业能力、服务水平以及人才储备等方面均存在不足，明显滞后于实体经济风险管理发展的需要。我国期货公司存在机构数量多、行业集中度不高、盈利能力不强等问题。

（三）外部环境与认识问题

1. 社会各方对期货市场的理解和支持依然不够

由于期货市场分散风险和发现价格的功能比较隐性，看不见、摸不着，而且曾经出现过重大风险事件，如“中储棉”“大豆风波”“中盛粮油”事件等，人们对期货市场的偏见难以在短期内消除。一旦有期货品种的大宗商品市场价格大起大落，期货市场就会成为舆论批评的对象，时至今日，社会上仍有观点认为参与期货市场就是投机。比如当大宗商品价格逆势上涨，社会上就有了期货市场助涨价格的议论，却忽视了当年绝大部分时间期货价格都处于贴水状态。这也正说明社会对期货市场的理解与支持还有待进一步提升。

2. 监管理念限制了企业参与期货市场

从国有企业来看，2006 年，国务院国资委发布了《中央企业全面风险管理指引》（以下简称《指引》）。《指引》指出，套期保值的目的是管理风险，但操作过程自身也有风险，如基差风险、交割风险、制度风险、技术风险、操作风险、流动性风险等。央企参与套期保值，目的是规避市场价格风险，但同时需追加新的资金，增设新部门和职位，扩大企业的管理范围，因此公司在开展战略性套期保值的同时，应加强企业风险管理。字里行间均提示企业参与期货市场的诸多风险。如果在期货市场上有损失，企业管理者将面临问责；而如果在期货市场盈利，国企管理者也仅是把握住了风险管理的本分。这就束缚了国有企业参与期货市场的步伐，有些企业甚至不敢涉足期货市场避险。

3. 期货市场创新模式发展还面临一些障碍

我国农产品场外期权市场尚不成熟，在实践中还存在一些发展障碍，主要包括三个方面：一是期权权利金分担需要探索可持续模式。通过与农产品场外期权参与试点主体的交流，相关各方均认为期权权利金的合理分担是场外期权可持续发展的关键。如在“云天化模式”试点中，为了探索新的经营模式和提高合作社的参与积极性，期货交易所拿出专项资金补贴合作社应付的权利金。降低农业生产者的参与成本是期权推广的可行途径，但随着期权市场的发展，期货交易所大规模补贴权利金并不是可持续的发展模式。二是农业保险与场外期权结合存在障碍。在场外期权的运作中，农业保险公司为农户提供价格保险，再向风险管理公司定制场外期权。但是目前，我国农业保险以保成本为主，价格保险仅在生猪、蔬菜品种上进行试点，缺乏玉米、大豆等大宗粮食品种、鸡蛋等畜牧产品的价格保险产品。另外，目前保险公司仅能针对金融期货做卖出套保，尚不能参与商品期货交易，与风险管理公司签订合同需斟酌形式以避开政策约束。虽然农业主体、保险公司、风险管理公司等各方热情较高，但是推进工作具有一定难度。三是场外期权市场的会计、税收和结算制度不健全。场外期权业务在风险管理公司没有对应的会计科目入账，发票多以咨询费等项目开具，不符合税务规定，这也是风险管理公司扩大业务的最大顾虑。交易所等机构提供的补贴均须缴纳增值税，签订场外期权合同须缴纳印花税，而期货公司套保合同无须缴税，这些都在一定程度上增加了场外期权业务的成本。同时，目前缺少专门的场外交易结算公司或结算中心，场外市场的透明度和集中风险管理水平不高，阻碍了场外市场的健康发展。

二、“十四五”时期中国期货与期权市场创新发展的指导思想、基本原则和总体目标

（一）指导思想

坚持以马克思列宁主义、毛泽东思想、邓小平理论、“三个代表”重

要思想、科学发展观、习近平新时代中国特色社会主义思想为指导，坚持和完善中国特色社会主义制度，树立新发展理念，认真贯彻习近平总书记提出的“深化金融供给侧结构性改革，增强金融服务实体经济能力”的总体要求，坚持稳中求进的总基调，不断增强“四个意识”，坚定“四个自信”，自觉做到两个“维护”，坚持“四个敬畏”“一个合力”，紧紧围绕党中央、国务院关于期货市场发展的战略部署，以促进经济高质量发展为核心，以“一带一路”建设为统领，坚持市场化、法治化改革方向，牢牢坚持服务实体经济高质量发展根本目标，稳步推动市场双向开放，加强整体谋划，奋力前行，将中国期货市场建设成为有重要国际影响力和市场竞争力的衍生品市场，为建设社会主义现代化强国、实现中华民族伟大复兴的中国梦奠定坚实基础。

（二）基本原则

按照“市场主导，服务实体；市场内外，协同并进；深化改革，扩大开放；多元风控，安全高效”的总体原则稳步推进。

1. 始终坚持服务实体经济理念

党的十九大提出了“贯彻新发展理念，建设现代化经济体系。加快完善社会主义市场经济体制。深化金融体制改革，增强金融服务实体经济能力”。期货市场是现代经济体系的重要组成部分。期货市场通过资本市场进而服务实体经济，即提高资本市场的运行效率、提升资本市场的透明度、增加资本市场的安全性和稳定性等，可助力资本市场更好地服务实体经济发展。必须深刻理解和把握期货市场的这一根本功能，必须深刻理解国家支持和规范发展期货市场的目的。期货市场的创新发展必须坚持服务实体经济，绝不能“脱实向虚”“自娱自乐”。

2. 坚持场内场外协同发展

期货场内和场外市场协同发展才能更好地满足客户多元化的需求，更好地服务实体经济。场外市场可以推动场内期货市场发展，使期现结合更加密切，提升期货市场功能发挥效果。一是在期货市场价格发现的基础上，场外市场作为期货市场的延伸，可以将特定合约的标准价格加上期现、品种、区域三个基差，增强价格传导作用，满足客户的价格管理需求。二是场外市场作为期货市场的补充，可以针对企业的多元需求提供综合服务。在价格流基础上，加厚物流、资金流、信息流，建立“四流合一”的服务，提升服务实体企业效果。三是在合约设计完善、交割仓库布局、新品种开发等方面，场外市场也能为期货市场提供实践经验。反过来，场内市场也可为场外市场提供风险对冲的场所。场外市场的产业服务商可以通过期货、期权等工具为实体企业提供综合性服务，并将风险通过场内市场进行对冲；同时，场外市场的服务能力也将随着场内市场的效率提高而进一步提高。坚持场内市场与场外市场协同发展，才能实现期货与期权市场更加稳健地发展。

3. 坚持市场的国际化建设

随着我国新一轮更高水平对外开放持续推进，国内外市场高度联通，要素自由流动，产业紧密融合。期货市场以价格联通与国际市场接轨。只有深度融入国际市场，我国期货市场才能更好地发挥价格发现和风险管理功能。但是，期货市场的体量、质量、效率与我国的实体经济规模和国际经济地位并不相称，中国在国际贸易定价体系中的声音还很弱，这些都说明我国期货市场的开放程度还有待提升。持续扩大对外开放、坚持双向开放，是时代赋予期货市场的使命。我们必须从国家战略高度加快发展期货市场，肩负起使命，充分借鉴国际期货市场发展的教训、经验和规则，从而让中国期货市场更好地融入国际市场，让因中国经济体量而形成的市场规则为世界所接受。

4. 坚持制度供给与监管协同

市场公平有序是市场功能有效发挥和效率不断提升的基础。在当前国际形势复杂多变、国内经济转型升级持续推进的背景下，期货市场创新性的制度供给有利于市场繁荣、提升市场功能发挥水平，但也容易受到外界因素的干扰和影响。要积极倡导和推动业务创新，但绝不允许利用创新来规避监管，以创新之名，行自我服务、“钱生钱”之实，导致资产泡沫累积，徒增金融体系风险。为了市场稳健发展，创新要与监管协同，强化“五位一体”的监管框架体系。始终坚守“不发生系统性风险”的底线，在市场大幅度波动的情况下，监管机构、宏观经济管理部门、期货交易所及其广大会员应主动协同应对，果断采取措施，共同维护市场平稳运行。

（三）总体目标

力争用5~10年的时间，推进期货市场发展取得与我国的实体经济规模和国际经济地位相匹配的国际影响力和市场竞争力。

1. 市场发展平稳有序

推进建设一个功能完善、辐射力强的期货市场，品种系列与衍生工具不断丰富，市场规模稳步扩大，运行质量逐步提高，高质量构建一个期货与期权品种齐全、场内与场外市场协同发展、境内与境外功能遥相呼应的期货衍生品市场体系。

2. 市场功能高效发挥

进一步深化市场功能定位，结合我国国情和我国所处的经济社会发展阶段，加快制度创新，为更多企业、行业和领域提供定价和风险管理服务，让期货市场信息更好地为宏观管理部门所用。要紧紧围绕供给侧结构性改革的各项任务和国家农业安全战略，在服务农产品收储制度改革、资源性产品市场化定价机制的形成、促进现货市场平稳运行等方面发挥应有的作用。

3. 市场风险防范有力

有效防范风险是期货市场创新发展的永恒底线。当前，全球不确定性因素更多，期货市场面临的形势更加复杂，防范风险的任务更加艰巨。要深刻吸取股市异常波动的教训，始终对市场热度保持高度警惕，适时、适度、灵活地运用各种调控手段，大力抑制过度投机，坚决防止市场从偏热发展到过热、从过热发展到泡沫、直至酿成不可控的风险。在党中央、国务院的坚强领导下，不断提高风险防范化解能力，提升服务市场、服务监管质效，坚决维护期货市场健康、稳定发展。

三、"十四五"时期中国期货与期权市场创新发展的主要思路和举措

（一）做好期货市场顶层设计

应认真研究国际期货市场的发展规律，重视期货市场与其他金融部门、实体经济乃至国际金融市场之间的内在联系机制，把握我国期货市场所面临的机遇与挑战，确立期货市场的发展思路与长期定位，合理推进期货市场的金融化和国际化进程，将期货市场打造成未来服务我国产业发展和经济安全的价格形成中心。为此，国家应该在"十四五"规划体系中，确立期货市场发展的5年专项规划和10～15年中长期战略规划，将建立具有国际影响力的定价中心与未来国家经济安全紧密结合起来，为期货市场的长期可持续发展奠定制度基础。

（二）加强期货市场建设

1. 进一步做精做细已有上市品种

目前，我国期货品种基本可以覆盖主要大宗产品，重点在于做精做细现有品种，进一步完善和增加全产业链期货品种，深化期货市场服务实体经济的能力。同时，以市场为导向，及时动态调整合约规则、交易、交割等制度安排，把已上市期货品种合约规则的改造工作放在更加突出的位置，鼓励期现货平台合作，提高交割便利度，使期货市场更贴近现货市场，降低企业交易成本。

2. 增加合约流动性和促进合约连续性

在严守合法合规底线，确保方案科学、透明的指导思想下，通过降低交易成本、完善交割制度、放宽保证金及持仓规模限制等一系列措施，不断完善期货品种交易、交割制度，促进合约完善和流动性增加，吸引买方主动参与期货市场，促进期货市场功能有效发挥。积极研究并在不活跃期货合约上引入做市商交易制度，保证市场具备适当流动性与稳定性，避免出现盘中价格瞬时异动。

3. 不断开发新产品，丰富风险管理工具

继续推出各类符合实体经济发展需求的商品期货，逐步实现已上市期货品种的期权全覆盖，并加大对商品指数期货、航运指数期货、温度指数期货、天气指数期货、碳排放权期货等指数类期货的研究开发力度。根据市场需要，适时推出权益类、利率类、汇率类等更多金融期货与期权产品，为各类机构投资者提供更加有效和精细化的避险工具。探索迷你合约、区域合约的可行性。

4. 推进期货市场延伸服务和场外市场建设

鼓励商品交易所在交易、交割、清算、市场等多方面延伸服务。应结合商品交易所自身优势，在完善场内品种结构、丰富交易工具的基础上，拓展开发多种契合各类市场主体自身需求的场外产品，积极推动场外市场发展，创新完善多种服务手段，延伸期货市场服务功能，推动期货服务实体经济的功能进一步发挥。通过手续费优惠等措施，与期货公司合作开展场外期权等业务，为现货企业提供更贴合其具体情况的风险管理工具；引导场外衍生品市场应向集中清算平台、机构间市场、区域性交易平台及中介机构柜台市场等细分层次演变；推出更多交易模式，丰富衍生品市场的风险管理功能，形成远期、期货、期权、互换等多种类型，场内、场外互为补充和协调发展的商品期货与金融衍生品风险管理市场体系，多渠道服务行业，强化期货市场整体服务能力。

5. 积极、稳妥地提升市场运行质量

不断提高我国期货市场服务能力和承载能力，不断丰富交易指令，研究推出大宗交易，探索结算价交易机制；优化担保品管理，研究推出组合保证金，提高市场资金使用效率；放宽机构投资者实施以对冲风险为目的的期货交易限制，逐步推出更多品种、不同类型的期货 ETF 产品，尽快实现商业银行和保险资金参与国债期货交易，提升期货市场的机构化、专业化水平，提高整个金融体系的防风险能力。

（三）加大期货市场主体培育力度

1. 完善企业经营决策模式

企业参与期货市场时，应以规避风险为目的，以套期保值为基本原则，要将其上升为企业经营战略的高度，绝不可将期货市场视为获取盈利和侥幸投机的场所。对于董事会人数相对较少的企业，为了防止“拍脑袋”决策，须充分听取多方面意见。因此，可在企业中设立经营决策委员会或风险管理委员会等机构，使其对企业经营发展中的重大战略问题、风险防控问题等进行研究和咨询。决策委员会可综合汇总企业的生产、销售、服务、管理以及外部宏观形势等各方面信息，进行综合研判，最后以投票方式对企业的发展方向和项目经营做出决策。

2. 规范企业期货操作流程和组织体系

在条件允许的情况下应尽量单独组建期货投资与运营团队，使得组织框架清晰、架构完整合理、管理流程科学，明确期货部门为风险管理部门，由企业董事会和管理层共同领导，考核时要将期货与现货部门盈利情况进行综合考量、统筹评价，不以期货或现货某单部门盈利情况作为评价依据。对于发展初期规模较小或者缺乏期货人才的企业，可以充分利用期货公司或第三方资源，为企业设计套期保值方案。

3. 加快企业期货人才培训

期货市场是专业性较强的市场，对人才的要求在不断提高，不仅要求其熟悉对冲操作，而且要掌握期权等工具，以及在场外市场中捕捉交易机会，多层次地解决风险对冲。要想参与和利用期货市场的前、中、后台系统的搭建，相关的营销、定价、风险控制等岗位所需人才还需要有一定的数学甚至金融工程专业基础。应联合期货业协会、高校、企业建设人才培养基地，从理论知识到实战分析，再到培养套保企业现代管理和营销的理念，加强期货从业人员的多方面技能培训。充分重视培育和扩大投资者主体范围，增加对农产品期货相关品种的推介和市场宣传，由政府牵头，加强与企业、金融机构、期货交易所、期货公司等参与主体之间的合作，如以开设培训班、研讨会等形式，为企业搭建平台，引导农业企业参与和利用期货市场。

4. 提升套期保值会计在风险管理中的作用

企业要根据其经营业务、风险管理策略和目标，完善内控流程、期货与现货合并披露、信息系统等方面的内部控制制度，预先评估套期保值项目和工具的有效性。加强内部财会、风险管理等部门的学习培训，完善套期文档、套期关系记录等基础性工作，深入研究、协调配合，切实提升套期保值会计在企业风险管理中的作用。

5. 鼓励产业化龙头企业参与期货市场避险

引导有条件的产业化龙头企业积极参与期货市场，这些企业是参与期货市场现实和潜在的重要力量；从严管理与适度放松并举，可为企业利用期货市场创造有利的外部环境，降低企业交易成本。切实推动国务院国资委等相关部门进一步清除国企参与国内期货市场套期保值的体制机制障碍，合理完善期货市场规则制度，推动国企充分利用国内期货市场进行套期保值，促进期货市场功能充分发挥。鼓励和支持国有粮食企业根据自身实际情况，积极参与套期保值交易，帮助农民合作经济组织和行业协会更好地利用期货市场。

6. 吸引各类机构广泛参与，优化市场主体结构

进一步优化市场参与者结构，积极推动商业银行、境外机构投资者参与国内期货市场。要逐步放开资金准入限制和投资者准入限制，大力培育大型期货公司和期货投资基金等机构投资者，这对稳定期货市场具有至关重要的作用；重视加强与保险、信贷等金融服务的协调配合，发挥合力。期货套保机制与农业信贷的有机结合，能够创新传统银行业务模式，有效降低贷款风险，这在农产品贸易融资上已有比较成熟的应用。

（四）强化交易所的核心枢纽地位

1. 把握好交易所的发展定位

期货交易所是国家特许的持牌机构，也是期货市场的核心和枢纽。交

易所要强化责任意识，带头落实和服务好国家战略，充分发挥自身的平台作用和资源聚集优势，引领期货行业支持国家和区域经济发展。要牢记自身系统重要性金融机构的定位，建立与市场发展相适应的交易制度，建设安全、高效的技术系统。同时，还要彻底纠正片面追求交易量和鼓励投机操作的制度安排，所有的规则和制度都要以有利于产业企业进入市场、有利于优化投资者结构、有利于市场功能发挥为根本出发点。

2. 完善交易所法人治理结构

目前，我国共有期货交易所 5 家，其中上海期货交易所、郑州商品交易所、大连商品交易所为会员制交易所，中国金融期货交易所、广州期货交易所为公司制交易所。对于会员制交易所，完善交易所的法人治理结构，既要保证党委的政治领导核心地位，又要把会员制落到实处，实现以会员制为基础的法人治理结构与党委政治核心功能之间的有机统一。交易所也要不断完善“三会一层”治理结构，充分尊重广大会员意志，广泛听取会员声音，不断推动会员单位参与交易所治理和市场建设。对于公司制交易所，要明确期货交易所的市场主体地位，适时推进交易所的市场化进程，完善治理结构，完善组织架构，建立新的激励机制，让交易所真正成为市场主体，使其更好地服务实体经济。通过强化党的领导和完善交易所法人治理结构，共同保证交易所管理层和各位理事勤勉尽责，共同保证交易所的运作和发展永不偏离中国特色社会主义市场经济这个根本方向。

3. 提升对行业发展的支持引领水平

期货交易所要开阔视野，避免“就期货论期货”的狭隘思维，要把期货市场运行放到宏观经济的大背景下考虑，加强对宏观经济走势的预研预判，为经济决策和宏观调控提供参考。要注重对现货产业的研究，把期货交易价格的变动放到实体经济的产业链中去分析。要有国际化视野和系统性思维，把国内期货品种的运行放到国际市场的大格局中去分析，把单一的期货品种放到上下游的相关产品中去思考，为全产业链的风险管理需求提供解决方案。

4. 利用先进科技完善治理体系

支持区块链技术在衍生品业务领域先行先试，由交易所牵头、中介机构和投资机构参与、产学研用联合，建立开放式衍生品业务管理体系，充分整合市场资源。同时，鼓励和支持国内交易所和相关金融机构参与国际区块链开源社区，提升影响力和话语权。

（五）提高期货公司的服务能力

从成熟市场的经验来看，一个强大的期货市场必然有一批合规守法、对投资者勤勉尽责、专业性强的中介机构的支撑。期货公司必须要有维护市场秩序的责任和保护投资者合法权益的义务，应切实管理好客户的交易风险，实施好投资者适当性制度。

1. 优化牌照管理，逐步建立市场化准入退出机制

不断优化期货公司分类监管评价制度，充分发挥政策引导作用，扶优限劣，加大对资本实力强、业务能力强、经营管理规范的期货公司的扶持力度；继续支持符合条件的期货公司上市，鼓励期货公司利用市场化手段收购兼并，实现优胜劣汰。

2. 引导期货公司差异化创新发展

随着我国期货市场品种的衍生工具的丰富，期货交易技术不断升级，期货市场投资者机构不断优化，实体企业、专业机构投资者逐渐增多，期货公司必须差异化发展才能适应市场发展的要求。期货公司应明确作为期货与衍生品服务提供商的基本定位，深耕经纪业务，做精做细创新业务。在管控好风险的前提下，加快创新能力建设，加快差异化发展，摆脱业务单一、同质化竞争激烈的局面，构建适应商品金融、场内场外、期货现货、境内境外需求的综合衍生品服务体系。

3. 继续加强投资者教育培训

期货经营机构发展首先要立足实际，坚持中介机构的职能定位，充分发挥衍生品中介服务的专业优势，紧紧围绕风险管理和资产定价的核心职能，强化对衍生品业务的培训和市场宣传工作。一是进一步加强对从业人

员的业务培训，尤其是高管人员、策略投资和量化分析人员、风险测量和控制人员的培训；二是进一步加强投资者教育工作，包括对银行、基金、私募等机构从业人员的培训；三是加强对政府主管部门的宣传培训，提高其对衍生品市场作用与风险管理的认识水平。通过提高从业者、投资者和管理者的期货素养，提高期货市场的整体运行质量，促进期货市场更好地服务实体经济。

（六）稳步推进期货市场国际化

1. 扩展特定品种和开放范围

在前期原油、铁矿石、PTA、20 号胶、低硫燃料油等期货品种引入境外机构投资者的基础上，可考虑较为成熟的棕榈油、豆粕、豆油以及金融期货等国际化较高的品种引进境外交易者。除现有特定品种路径之外，积极探索研究多元化的市场开放路径。例如，期货交易所可积极探索与境外市场进行结算价授权、交叉挂牌、跨市场挂牌、跨境交易平台等，充分利用境外市场资源，降低品种国际化的操作成本。

2. 完善引入境外交易者的相关配套制度

以成熟品种的国际化为引领，对标国际领先市场，以开放促改革、促发展，不断提升我国市场的国际竞争力和服务实体客户的能力。已经国际化的品种，各交易所要加大国际市场推介力度，提升市场运行质量，降低交易成本，吸引更多国际客户前来参与交易。在现行的合约和制度基础上，国内可试点使用外汇作为保证金，可将外币结汇成人民币弥补交易亏损和实付手续费，也可将人民币盈利汇出境外购汇，并且境外交易者可通过保税货物完成实物交割。另外，引入境外交易者的初期要给予适度的优惠政策。与新加坡、美国等境外市场相比，我国期货市场的资金使用及交易成本较高。借鉴国际经验，境外交易者参与境内期货交易可考虑在一定额度内免收保证金，降低资金占用成本。借鉴 QFII 引入时买卖价差收入免税的经验，境外交易者参与境内期货市场交易初期，其所得盈利应予以免征个人所得税和企业所得税。

3. 继续支持多元化“走出去”

支持国内各期货交易所充分发挥自身优势，通过收购、参股、产品互挂、技术合作、出资共建等多种方式与境外交易所，特别是与“一带一路”沿线国家和地区的交易所开展合作。例如，在充分调研评估的基础上，与沿线部分国家开展交易所、登记结算机构间的双边业务和股权合作，设立境外交割仓库或跨境新设交易所等，推动国际化；以中欧国际交易所为依托，在境外开发更多“中国元素”的期货、期权合约工具，丰富产品线，为境外投资者提供有力的资产风险管理工具；支持期货交易所在境外设立交割仓库和办事处，拓展国内期货品种的国际空间，为实体企业提供丰富、便捷的跨境定价与风险管理服务。支持期货经营机构在境外设立、收购公司，引入境外股东，积极开展跨境业务。

（七）促进服务模式创新

1. 完善相关制度，加快创新农业保险产品

《国务院办公厅关于加快转变农业发展方式的意见》提出，“支持新型农业经营主体利用期货、期权等衍生工具进行风险管理”，鼓励“探索开展产值保险、目标价格保险等试点”，从政策层面对“保险＋期货”这一金融创新进行了支持。此外，应夯实市场发展的法制基础，梳理整合期货市场制度规则，统筹兼顾商品与金融、期货与期权、场内与场外衍生品市场发展，完善监管制度，并为市场创新预留空间。积极探索保险与期货、期权、场外期权市场的对接。在农业保险产品设计时，应充分利用期货市场信息作为参考。鼓励和支持保险公司与期货公司联合研发不同保险时长、不同目标价格、不同费率标准、不同行权方式、不同风险保障水平的农产品保险产品，给农民提供更多的选择空间。同时，加快审批步伐，允许符合条件的保险公司以对冲风险为目的使用期货衍生品工具，清理并取消对企业运用风险管理工具的不必要限制，支持农产品期权市场健康发展。

2. 推动期货市场联合多方创新产品和服务

创新符合农村特点的抵（质）押担保方式和融资工具，探索将涉农保

险投保情况、期货市场参与情况作为授信要素，因地制宜、灵活多样地开展多种形式抵押担保贷款。大力发展订单农业，鼓励开展与订单农业相结合的农村信贷、保险产品创新。在农业保险产品设计时，应充分利用期货市场信息作为参考。鼓励和支持银行、保险公司、期货交易所、期货经纪公司等金融机构加强合作，发挥银行业和保险业的网点优势，利用期货工具设计满足农村信贷、保险需求的金融产品，为涉农企业、农村新型经营主体和广大农民提供更加完备、更加丰富的金融服务，为化解农业融资困境和农业经营风险等提供新选择。

3. 创新期货市场联合多方服务“三农”模式

借鉴国际经验，鼓励保险、银行等金融机构为合作社等新型农业主体利用期货、期权工具管理风险提供保险和贷款支持，开发简便易行、方便操作的保险产品，让更多农民参与和利用保险产品。同时，深化各类金融机构间的合作，探索建立利益共享、风险共担、合作共赢的多部门协作机制，为相关保险产品提供审批“绿色通道”，形成包括银行、证券、基金、保险、期货等各类金融机构在内的良好金融生态圈，支持各类金融机构合作开发基于农产品期货的资产管理产品等，为解决农业融资难、扩大农业保险、满足涉农企业风险管理需求等提供新产品、新工具和新服务。吸引各类金融、中介机构广泛参与，发挥金融服务“三农”的合力，形成各方合作共赢、协同发展的金融生态圈。

4. 建立财政支持服务“三农”新模式的长效机制

在总结试点经验的基础上，科学地选择计算保险费率的价格波动区间，研究降低农民和合作社保险缴费比例的可行性，调动农民参与试点的积极性。同时，着手建立多层次的财政支持机制。可参考政策性农业保险“中央财政＋省级财政＋县级财政＋农户自缴”的补贴模式，也可考虑从玉米、大豆等生产者补贴资金中划出少量资金，以给生产主体补贴保费的方式，促使他们积极参与“保险＋期货”试点，发挥财政补贴“四两拨千斤”的作用。以吉林省为例，其每年玉米产量在3000万吨以上，按照总产量10%的规模，动员农民投保期限为3个月、目标价格为1500元/吨的保险产品。财政只需投入 4.5 亿元的保费补贴，就能负担 85% 的保费（其余由农民负担），可为农民提供价格风险保障达 45 亿多元。此外，还应借鉴国际经验，积极探索开展农产品期权权利金补贴的可行性，创新“保险+期货”的有效补贴和支持方式。

5. 加强对农业主体的宣传及业务培训

借鉴成熟市场经济国家经验，可由政府相关部门牵头实施风险管理教育培训计划，或者直接资助、委托相关市场机构，比如明确各级农广校、农民科技教育培训中心、各级农业技术推广机构等现有农民培训渠道的培训任务，在农户和小微企业中普及市场风险管理知识。同时，为广大农户，包括小微企业提供符合市场的信息，继续加大对农民的信息服务力度，让他们在了解信息的基础上增加收益、管理风险。同时，应通过多种方式加强宣传，让农民、生产合作组织等主体正确认识到期货及其多种服务模式是一种市场化的风险转移和管理机制，对于转移农户价格风险、稳定基本收益具有积极作用，鼓励其积极参与到试点当中。

（八）完善法律法规，加强市场监管

1. 推进市场发展的法制基础建设

进一步完善市场法律法规体系，特别是推动期货法早日正式出台。认真研究国际上成熟期货市场法规体系和监管制度，学习借鉴境外市场经验做法，促进我国期货市场规则与国际接轨。提高跨境监管能力，加强与境外监管机构的沟通协调，提升开放环境下的监管能力，为市场开放保驾护航。

2. 进一步完善市场自律机制

充分发挥期货市场交易所和期货行业协会的作用，要主动响应和落实一线监管和自律管理的要求，抑制过度投机，打击市场操纵，共同维护期货市场秩序；建立统一的自律体系，提高监管效率；加强实时监控，实行金融实名制；丰富监管手段，赋予相关监管机构行政裁量权；增强与公安、司法系统之间的配合默契度等。

3. 加强市场监管，严把风控阀门

进一步强化以净资本为核心的风险管理体系，确保业务创新、经营规模与抗风险能力的动态均衡。特别是随着境外交易所进入境内市场，更是要严把合规风控这条生命线。继续严格实施现有的风控制度，如大户报告、投机限仓、涨跌停板、强平强减等；严格执行对境外交易者的实名认证、一户一码及其相关的交易数据披露和报送制度。此外，还应在引入初期对所有境外交易者实施总额限仓，例如，在单一合约上的持仓量不得超过该合约总持仓量的10%。

4. 持续强化市场监测监控能力建设

重点持续关注资管产品、产业客户、境外投资者、高频客户等重点客户群体，加强对商品、金融期货品种的监测监控，密切关注波动较大品种的运行情况，及时预警潜在风险。加强对市场规律的认识以及对市场风险的研判，不断提高监测分析工作质量；升级期货公司综合监管信息系统，重点完善风险监测机制；定期开展期货经营机构压力测试，有效提升风险预研预判能力，促进期货经营机构规范运营发展；持续完善场外风险监测指标体系建设，加强风险研判和预警能力建设，加强国际场外衍生品市场监管机制和市场运作机制研究，及时、高效地为监管部门提供数据支持，全面反映场外市场业务开展情况；持续优化监测监控各系统功能，加强对海量数据的综合分析运用；进一步提高数据加工处理质量，加强对海量市场信息的挖掘和分析；优化看穿式监管、期权等监控系统，加强对关联账户、异常交易、操纵等违规交易行为的排查。

参考文献

[1]Committee on Agriculture House of Representatives. Study of the Effects on the Economy of Trading in Futures and Options[M]. Washington,1985.

[2] Apanard (Penny) Prabha, Keith Savard, Heather Wichramarachi. *Deriving the Economic Impact of Derivatives—Growth Through Risk Management*[M]. Milken Institute,2014.

[3]William L. Silber. Innovation, Competition, and New Contract Design in Futures Markets[J]. *The Journal of Futures Markets*,1981,1(2):123 - 155.

[4]Annal Report 2010 - 11,Forward Markets Commission(FMC)[M],India Daniel L. Edelstein, Copper, USGS.

[5]W. C. Butterman and Earle B. Amey III, Mineral Commodity Profiles—Gold, USGS.

[6]Maff. The 86th Statistical Yearbook of Ministry of Agriculture,Forestry and Fisheries (2010 - 2011) [EB/OL]. http://www. maff. go. jp/e/tokei/kikaku/nenji_e/86nenji/index. html.

[7]USDA,Republic of Korea Livestock and Products Semi - Annual Report 2009.

[8]TOCOM,The Tokyo Commodity Exchange(2004 - 2005)[EB/OL]. http://www. tocom. or. jp/profile/doc/tocom05ar_finish. pdf.

[9]Luke Gower,Defeatism or Realpolitik? The Australia - Japan Coal Trade Once More[J]. *Australian Quarterly*,1998,70(1).

[10]Agricultural Commodity Derivative Markets: The way Ahead",Com-

mission Staff Working Document, Brussels,2009.

[11] Linwood A. Hoffman and Allen Baker. Estimating the Substitution of Distillers Grains for Corn and Soybean Meal in the U. S. Feed Complex, USDA, FDS - 11 - I - 01, October 2011.

[12] Steven Wallander , Roger Claassen, Cynthia Nickerson. The Ethanol Decade: An Expansion of U. S. Corn Production, 2000 - 09. Economic Information Bulletin Number 79, August 2011.

[13] "New Sugar No. 16 Rules 29. 00 - 29. 19 and Sugar No. 16 Resolution Nos. 1 - 3, and Amendments to Committee Rule 3. 15, Floor Trading Rules 4. 11, 4. 12 and 4. 13, Regulatory Requirements Rule 6. 23 and Electronic Trading Rules 27. 11 and 27. 18 - Submission Pursuant to Section 5c (1) of the Act and Regulations 40. 2 and 40. 6", CFTC, Submission No. 08 - 38, June 11, 2008.

[14] Annual Performance Report, Commodity Futures Trading Commission, 2004 - 2011.

[15] David Kass. Update on the 'Supplemental Commitments of Traders' Report. CFTC Agricultural Advisory Committee, December 6, 2007, Washington, DC.

[16] Annual Report 2010 - 11, Forward Markets Commission, Government of India.

[17] 10 Years in Review (2000 - 2009). World Federation of Exchanges.

[18] 2009 Market Highlights. World Federation of Exchanges.

[19] Galen Burghardt and Will Acworth, Annual Volume Survey 2008 - 2011, FIA.

[20] Robert Dismukes and Keith H. Coble, Managing Risk With Revenue Insurance, USDA, Economic Research Service, Feature: Farm & Commodity Policy, 2006.

[21] Joseph W. Glauber, The Growth of the Federal Crop Insurance Program: 1990 - 2001, American Journal of Agricultural[J]. *Economics*, 2013(1):

482 – 488.

[22] Olivier Mahul and Charles J. Stutley. Government Support to Agricultural Insurance: Challenges and Options for Developing Countries. World Bank Publications, 2010.

[23] Jerry R. Skees, Joy Harwood, Agapi Somwaru, Janet Perry, The Potential for Revenue Insurance Policies in the South[J]. *Journal of Agricultural and Applied Economics*, 1998(7):47 – 61.

[24] Allayannis G., Weston J. P. The Use of Foreign Currency Derivatives and Firm Market Value[J]. *The Review of Fiancial Studies*, 2011, u' V3 – 276.

[25] Charles Smithson, Betty J. Simkins. Does Risk Management Add Value? A Survey of the Evidence[J]. *The Journal of Applied Corporate Finance*, 2005:8 – 17.

[26] the Report Panel, China – Domestic Support for Agricultural Produces, WTO, WT/DS511/R, 28 February 2019.

[27][美]梅兰妮．斯万．区块链:新经济蓝图及导读[M]. 北京:新星出版社,2015.

[28]巴曙松,孙兴亮．从繁复向简单回归:全球金融衍生品市场发展展望[J]. 上海金融,2011(6).

[29]裴英剑,刘建民,周伟明．区块链:解决场外衍生品市场痛点的一剂良药[J]. 我国期货,2016(5).

[30]张璇．欧盟泛欧金融监管体系改革及其启示[J]. 财经问题研究,2011(6).

[31]陈靖．国际金融衍生产品监管及其对我国立法的启示[N]. 光明日报,2014 – 11 – 15.

[32]日本大米期货市场交易低迷[EB/N]. 中国证券报, http://www.cs.com.cn/hw/hqzx/201208/t20120808_3444702.html.

[33]大连商品交易所印度期货市场考察组．迅速崛起的印度商品期货市场[N]. 期货日报,2006 – 06 – 01.

[34]杨文武,邹毅. 印度经济发展模式的研究现状及其维度探析[J]. 南亚研究季刊,2009(1).

[35]杨沙沙,纪双城. 印度禁止棉花出口[N]. 环球时报,2012-03-07.

[36]王永刚,张正河,卢向虎. 世界油料及植物油生产、贸易格局分析[J]. 中国油脂,2006(1).

[37]许良,王永刚. 印度、日本和韩国植物油产业政策及其对我国的启示[J]. 2006(7).

[38]王永刚. 世界主要油料及植物油生产和贸易格局分析[J]. 中国油脂,2006(8).

[39]郭峰. 印度相关食用油政策与棕榈油市场[J]. 粮食与油脂,2001(9).

[40]王泽. 油脂市场走势分析[J]. 日用化学品科学,2010(1).

[41]时岩,永启蒙,申志刚. 独具特色的日本期货市场发展之路[N]. 期货日报,2006-05-18.

[42]邢星. 日本期货市场发展经验对中国的启示[J]. 山东教育学院学报, 2010(2).

[43]蔡东宏. 世界咖啡生产、消费与贸易[J]. 世界农业,1998(7).

[44]杨雪,乔娟. 中日天然橡胶期货市场风险比较研究[J]. 技术经济,2009(6).

[45]朱永兴,姜爱芹. 咖啡、可可和茶的全球发展比较研究[J]. 茶叶科学,2010(6).

[46]李晗虹. 生猪期货市场的建立和生猪期货交易[J]. 期货天地,2007(13).

[47]徐欣,何志良. 国际猪类期货市场发展历程、现状与启示[J]. 中国畜牧杂志,2009(14).

[48]张晓彤. 生猪期货对调控生猪价格大幅波动的作用[J]. 中国畜牧杂志,2010(20).

[49]见惊雷. 韩国抢跑生猪期货 争夺定价权中国再失良机[N]. 华夏时报,2008-07-26.

[50]蒋阳,夏冰. 新加坡期货市场发展及其对我国的启示[J]. 期货市场,1994(3).

[51]常清. 新加坡期货市场考察报告[J]. 经济研究参考,1992(Z6)

[52]李艳,王必尊,刘立云,陈思婷,郑亚军,马子龙. 棕榈油发展现状及前景[J]. 中国油脂,2008(7).

[53]齐守智. 雄心勃勃的印度金属矿业[J]. 世界有色金属,2011(6).

[54]宋国明. 印度金属矿产开发与管理[J]. 中国金属通报,2009(41).

[55]姜贵善. 印度的铜产业正在完成改革[J]. 国土资源情报,2004(1).

[56]何金祥. 近5年印度主要金属矿产品的生产与消费态势[J]. 中国金属通报,2009(45).

[57]上海期货交易所. 世界主要原油期货市场概况及对我国的启示[J]. 期货研究前沿,2012(39).

[58]黄伟. 全球能源战略的博弈改变者——页岩气[J]. 期货研究前沿,2012(49).

[59]黄艳. 印度橡胶产业发展现状[J]. 热带农业信息,2006(10).

[60]印度坐实薄荷出口霸主交椅[J]. 国内外香化信息,2011(9).

[61]田传战,姚德良. 世界黄金期货市场、工具与法规政策环境的比较分析[J]. 国际金融研究,2008(4).

[62]杨照东,魏振祥,陶俊. 近五年世界期货和期权市场发展趋势研究[J]. 金融理论与实践,2009(4).

[63]杨照东. 国际小麦、棉花、白糖和谷物期货市场发展趋势研究[R]. 郑州商品交易所研究报告.

[64]韩俊. 新常态下如何加快转变农业发展方式[J]. 中国发展观察2015(1).

[65]统一期货操作平台并灵活地进行交易[N]. 期货日报,2016 - 11 - 18.

[66]魏振祥. 期货与企业发展案例[M]. 北京:机械工业出版社,2016.

[67]中国期货业协会. 期货及衍生品基础[M]. 北京:中国财政经济出版社,2017.

[68]巴曙松,郑子龙. 人民币资本项目开放的现状评估及趋势展望[N]. 第一财经日报,2016 - 04 - 05.

[69]巴曙松,孙兴亮. 从繁复向简单回归:全球金融衍生品市场发展展望[J]. 上海金融,2011(6).

[70]姜洋等. 期货市场国际化[M]. 北京:中信出版集团,2020.

[71]冯文丽,董经纬. 农业保险功效研究[J]. 浙江金融,2007(5).

[72]高彦彬. 中国农业保险经营模式研究[D]. 咸阳:西北农林科技大学,2006.

[73]黄季焜,王晓兵,智华勇,等. 粮食直补和农资综合补贴对农业生产的影响[J]. 农业技术经济,2011(1).

[74]李军. 农业保险的性质、立法原则和发展思路[J]. 中国农村经济,1996(1).

[75]李琴英,王世保,吕雅晴. 优质小麦收入保险费率厘定及保费补贴研究——以河南省为例[J]. 金融理论与实践,2020(5).

[76]刘京生. 入世后我国保险业面临的挑战[J]. 理论前沿,2000(10).

[77]刘素春. 中国农业保险组织形式研究[D]. 武汉:武汉大学,2010.

[78]庹国柱,王国军. 中国农业保险与农村社会保障制度研究[M]. 北京:首都经济贸易大学出版社,2002.

[79]庹国柱,朱俊生. 论收入保险对完善农产品价格形成机制改革的重要性[J]. 保险研究,2016(6).

[80]庹国柱,朱俊生. 建立我国政策性农业保险制度的几个问题(下)[J]. 金融教学与研究,2004(6).

[81]王欧,杨进. 农业补贴对中国农户粮食生产的影响[J]. 中国农村经济,2014(5).

[82]吴定富. 改革开放三十周年保险业改革发展的回顾与展望[J]. 保险研究,2008(12).

[83]吴海涛,霍增辉,臧凯波. 农业补贴对农户农业生产行为的影响分析——来自湖北农村的实证[J]. 华中农业大学学报(社会科学版),2015(5).

[84]肖宇谷,王克. 中国开展农作物收入保险的意义和可行性初探[J]. 农业展望,2013(10).

[85]谢凤杰,王尔大,朱阳. 基于 Copula 方法的作物收入保险定价研究——以安徽省阜阳市为例[J]. 农业技术经济,2011(4).

[86]姚蔚. 中国农业补贴的经济分析[J]. 中国经济报告,2015(12).

[87]姚蔚. 改革开放 40 年粮食宏观调控政策回顾与反思[J]. 农业发展与金融,2018(12).

[88]钟甫宁,邢鹂. 粮食单产波动的地区性差异及对策研究[J]. 中国农业资源与区划,2004(3).

[89]叶朝晖. 关于完善我国农业保险制度的思考[J]. 金融研究,2018(12).

[90]张秀青. 世界农业补贴政策发展趋势及对我国的启示[N]. 期货日报("高端视野"版),2014-03-18.

[91]张峭,王克,李越,等. 中国主粮作物收入保险试点的必要性及可行方案——以河北省小麦为例[J]. 农业展望,2015(7).

[92]张秀青. 美国农业保险与期货市场[J]. 中国金融,2015(7).

[93]张秀青. 美国 2014 年和 2018 年农业法案主要改革趋势及启示[R]. 研究报告(中国国际经济交流中心内参),2019 年第 19 号.

[94]张秀青. 主要国家利用 WTO 规则支持农业发展情况及对我国完善农业支持政策的借鉴[R]. 证监会课题报告,2014.

[95]赵海. 我国农业支持保护制度改革路径探析[J]. 中国粮食经济,

2016(12).

[96]郑军,杜佳欣. 中美农业保险保障水平和反贫困绩效的“4E”比较[J]. 沈阳工业大学学报(社会科学版),2019(1).

[97]王磊. 龙头企业如何引领农业产业现代化[J]. 农村工作通讯,2019(16):55－56.

[98]数字[N]. 中国农资,2019－04－19(1).

[99]罗孝玲,马世昌,杨怀东. 商品期货套期保值对企业价值的影响[J]. 商业研究,2011(7):7－14.

[100]张秀青. 农业企业利用期货市场的现状、障碍与政策建议[J]. 农业展望,2013(12):31－33,38.

[101]费忠海. 企业如何运用期货市场进行风险管理(第六届国际期货大会演讲稿)[EB/OL]. 腾讯财经,(2010－12－04),https://finance.qq.com/a/20101204/001802.htm.

[102]张秀青. 国际四大粮商运作模式研究[J]. 国际经济合作,2014(9):40－44.

[103]李雪静,王骏娴. 路易·达孚运用期货市场的成功经验分析[N]. 期货日报(理论版),2015－10－14.

[104]叶斯琦. 九三集团:手握期货才能从容不迫[N]. 中国证券报,2016－11－22.

[105]叶斯琦. 保龄宝:“十年磨一剑”期货、现货完美结合(大连商品交易所“期货与企业发展案例”系列报告)[N]. 中国证券报,2016－12－15.

[106]田雪彦. 解码套期保值会计[J]. 中国外汇,2019(3):44－46.

[107]张秀青. 国际期货与期权市场发展新趋势及对我国的启示[J]. 全球化,2018(7):50－61.

[108]王红英. 央企全面风险管理体系建设分析[N]. 期货日报,2016－03－09(理论版).

附　件

附件一　各国商品期货市场介绍

一、美国商品期货市场

美国是现代规范化期货市场的发源地，商品期货品种丰富，合约数量多，市场规模大。据 CFTC 数据，截至 2010 年，美国上市交易过的商品期货和期权合约总数达 2466 个，正在挂牌交易的商品期货品种合约达 1158 个，美国期货交易所达 17 家，合约交易量达 3.11 亿手，占世界总交易量的 12.4%，位居全球之首。

美国是现代规范化期货市场的发源地。19 世纪三四十年代，芝加哥已经发展成为当时全美最大的谷物集散中心，并出现了远期现货交易。1848 年，第一家较为规范化的期货交易所——CBOT 应运而生。经过 160 多年的发展，美国期货市场已发展成为当前世界上最大、最发达的期货市场体系。

合约数量快速增长且类别完善。1865 年，CBOT 推出第一批标准化期货合约。自此，美国期货市场从农产品开始，逐步发展到金属、化工、能源、林产品等。20 世纪 70 年代末，以股票指数、政府债券、外汇、利率为主的金融期货异军突起，美国的期货、期权合约总数快速增长。据 CFTC 统计，1996 年，美国挂牌的期货期权合约数量为 199 个，2010 年增长到 2466 个，增长了 11 倍，年均增长率在 20% 以上（见附图 1－1）。

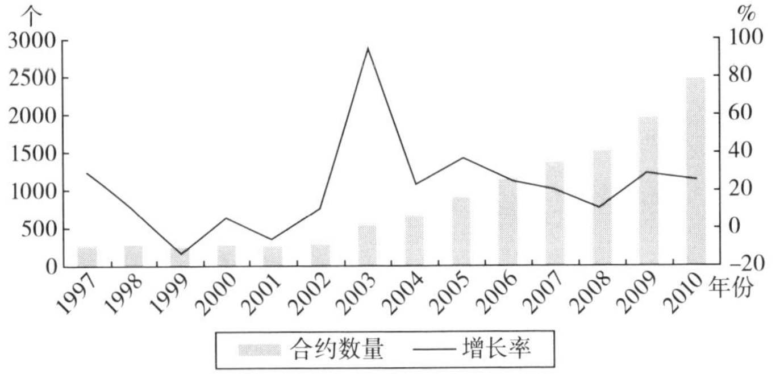

附图1－1 1997—2010年美国期货期权合约数量及增长率

资料来源：CFTC. Performance and Accountability Report. Fisical Year 1997－2011.

目前，美国的期货品种基本覆盖了所有适合的商品种类，正在挂牌交易的商品期货品种合约共计1158个，其中包括农产品38个、能源类1042个、金属类22个、化工类42个和环境类14个；分别占比3.3%、90.0%、1.9%、3.6%和1.2%（见附图1－2）。

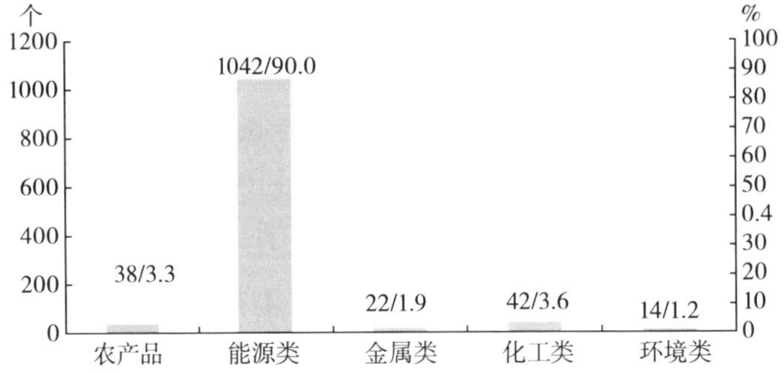

附图1－2 美国商品期货品种分布

市场规模不断壮大。随着期货期权品种及合约数量的增加，市场获得更多参与者的重视，其交易总量、持仓总量也快速增长。据CFTC统计，1997年，美国期货期权合约交易量为0.52亿手，2008年增加到3.45亿手，年均增幅为18.43%；受国际金融危机影响，2009年的交易量锐减21.53%，此后回升至2011年的3.42亿手，基本恢复到金融危机之前的水平；在持仓量方面，随着危机之后交易量的增长，美国35个活跃期货合约的年持仓量也快速增长，从 2009 年的 0.41 亿张增加到 2011 年的 0.51 亿张，年均增幅为 12.25%（见附图 1－3）。

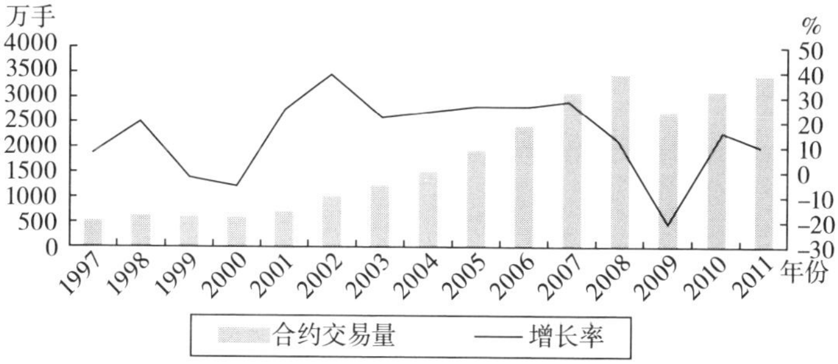

附图 1－3　1997—2011 年美国期货期权合约交易量及增长率

注：美国 2011 年期货期权合约交易量为计划数。

资料来源：CFTC. Performance and Accountability Report. Fisical Year 1997－2011.

交易所多具影响力。合约数量和交易规模的快速增长与美国简单、规范的新品种上市机制有着密切关系。在美国，新品种开发由交易所自行决定，这有利于抓住上市时机，从而成就了一批世界知名的期货交易所。除最早的 CBOT 外，CME、NYMEX、KCBT、明尼阿波利斯谷物交易所（MGE）等多家交易所在不同领域和品种上也具有世界影响力，引领相关国际市场的发展。另外，新的交易所，如芝加哥气候交易所（CCX）、趋势交易所（TRENDEX）等，也都适应发展需要相继成立。

二、欧洲地区主要商品期货市场

欧洲是世界期货市场的发源地和金属期货的诞生地。目前，欧洲地区期货市场主要集中在英、法、德三国，商品期货约 1000 种，整体较为活跃，是继亚太、北美地区之后的第三大期货市场。据 FIA 统计[①]，2011 年，欧洲地区商品期货期权合约交易量为 5.02 亿手，同比增长 13.5%，占世界总交易量的 20.1%。

① 2011 年，FIA 统计范围为世界 81 家期货交易所。

（1）期货市场萌芽于欧洲，但其现代规范化期货交易所的出现晚于美国。期货市场最早萌芽于中世纪的欧洲。到12世纪，带有期货贸易性质的交易方式在英、法等国的发展规模很大，专业化程度也很高。16世纪中后期，欧洲相继建立了一些商品市场，如英国伦敦皇家交易所（这也是世界上第一家集中的商品市场）、荷兰阿姆斯特丹谷物交易所以及比利时的安特卫普咖啡交易所等。但欧洲具有现代意义的期货交易所是英国LME，它成立于1876年，比美国的CBOT晚了28年。

（2）欧洲地区市场规模稳步发展。据WFE统计，2002—2011年，欧洲地区商品期货交易量从0.62亿手增长到4.51亿手，年均增长率约29%，虽低于世界年均增长率34%的水平，但总体呈稳步增长的势头。从世界占比来看，2002—2007年，欧洲地区商品期货市场占世界的比例稳定维持在25%~30%的水平；金融危机之后，由于欧洲地区经济受到影响以及亚太地区市场快速发展，欧洲地区市场占世界的份额出现短暂下降，目前已经基本恢复。2011年，在世界市场环比下降的情况下，欧洲地区商品期货交易量占世界的份额回升至21.21%（见附图1-4）。

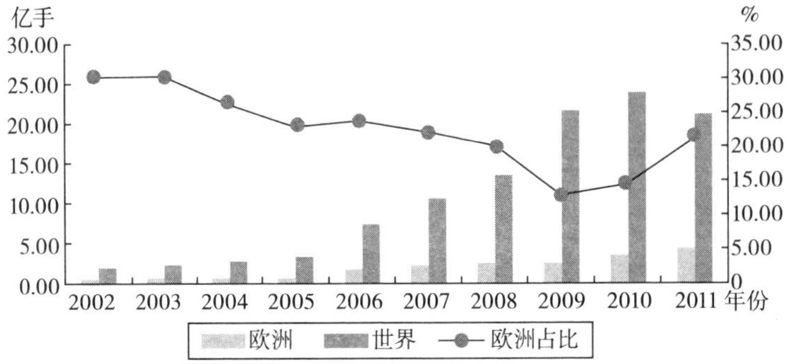

附图1-4　2002—2011年欧洲及世界商品期货交易量及欧洲占比

资料来源：世界交易所联合会（WFE）。

（3）商品期货品种以农产品、金属、能源为主。欧洲的农业机械化程度和工业生产水平都较高，其期货市场也相应地以农产品、金属、能源等品种为主。欧洲的天气类期货品种极少且没有交易量，化工类期货数量为零。截至目前，欧洲主要交易所[①]的农产品、金属、能源商品期货品种数分别为13个、10个和32个，合约数量分别为22个、88个和978个（见附图1－5）。

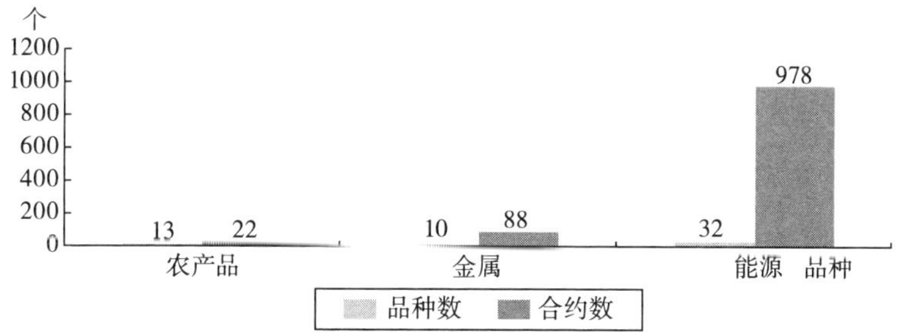

附图1－5　欧洲地区期货品种及合约数量

资料来源：欧洲主要交易所网站。

（4）商品期货交易"三国五所"鼎立。欧洲包括45个国家和地区，包含商品期货的交易所共计45家[②]。但欧洲商品期货活跃品种的分布相对集中。从国家来看，欧洲地区商品期货交易主要集中于英国、法国和德国这三个工业发达的国家。英国有商品期货交易所4家，法国有4家，德国有5家，其余32家交易所分布在欧洲21个国家。其中，英国的期货期权交易量最大，占欧洲地区90%以上；从交易规模来看，欧洲商品期货交易主要集中在Eurex、纽约伦敦国际金融期货与期权交易所（NYSE LIFFE Europe）[③]、美国洲际交易所欧洲市场（ICE Europe）、LME、纳斯达克北欧交易所（Nasdaq Omx Nordic Exchange）等5家交易所，其2011年交易量占欧洲地区的74.24%。另外，在这5家交易所中，3家具有美国著名交易所背景，均为收购或合并欧洲交易所的结果（见附表1－1）。

① 欧洲的主要交易所是指Eurex Group、NYSE Euronext(Europe)、ICE Europe、London Metal Exchange、Nasdaq Omx Nordic Exchange, Budapest SE。

② 45家交易所仅限于在互联网上有公开网站和资料的交易所。

③ 纽约伦敦国际金融期货与期权交易所(NYSE LIFFE Europe)是纽约泛欧交易所(NYSE Euronext)的下属子公司。

附表 1－1　欧洲主要交易所概况

交易所	是否具有美国背景	2011 年交易量/手	所占比例/%
Eurex Group	否	2043415593	40. 73
NYSE LIFFE Europe	是	1148497743	22. 89
ICE Europe	是	269003783	5. 36
London Metal Exchange	否	146597545	2. 92
Nasdaq Omx Nordic Exchange	是	117107284	2. 33
5 家总计	—	3724621948	74. 24
欧洲总计	—	5017124930	100. 00

资料来源：FIA。

三、印度商品期货市场

印度的商品期货市场出现于 19 世纪后半期，几乎与欧洲同步。经历了“两起两落”后，印度期货市场自 2003 年开始高速发展。截至 2010/2011 年度，印度共有商品期货交易所 24 家，其中 5 家为全国性交易所，商品期货品种和合约分别为 55 个和 132 个，年成交额达到 1194894. 2 亿卢比，折合 209062. 8 亿美元，同比增长 65%。

（1）印度商品期货市场与欧洲同时起步。自 15 世纪末到 1947 年，印度一直是欧洲国家的殖民地。受欧洲影响，19 世纪后半期印度具有现代意义的商品期货交易几乎与欧洲同时出现。1875 年，在孟买棉花交易协会（Bombay Cotton Trade Association）的组织下，印度推出了最早的商品衍生品——棉花期货。随后，印度陆续推出了花生、蓖麻子、棉籽、黄金等期货品种，先后新设交易所 300 余家，印度商品期货市场实现了迅猛发展。然而，出于对衍生品干扰宏观经济的顾虑，印度分别于 1943 年和 20 世纪 60 年代禁止了商品期货交易。直到 2003 年，印度政府才恢复了所有商品的期货交易，自此印度期货市场得以快速发展。但是与美国等市场相比，印度衍生品市场发育仍然不够成熟。

（2）商品期货期权交易量高速增长。在 2003 年之后，印度商品期货市场进入高速发展期。被允许进行期货交易的品种不断增加，并且随着期货市场的发展，成交额快速增长。2003/2004 年度①，印度全国商品期货成交额增长 98%，2004/2005 年度、2005/2006 年度、2006/2007 年度分别增长了 341.0%、276.81%、240.0%。受金融危机影响，2007/2008 年度商品期货成交额增幅仅为 17%，此后逐渐恢复，2010/2011 年度同比增幅回升至 65%，成交额达到 1194894.2 亿卢比，折合 209062.8 亿美元。以印度多种商品交易所（MCX）为例，MCX 是印度最大的商品期货交易所，其成交量占印度市场总量的 80% 以上。自 2003 年以来，MCX 的交易量快速增长，2011 年达到 3.46 亿手，同比增长 75.5%，是 2004 年的 132 倍，是 2003 年的 66884 倍（见附图 1－6）。

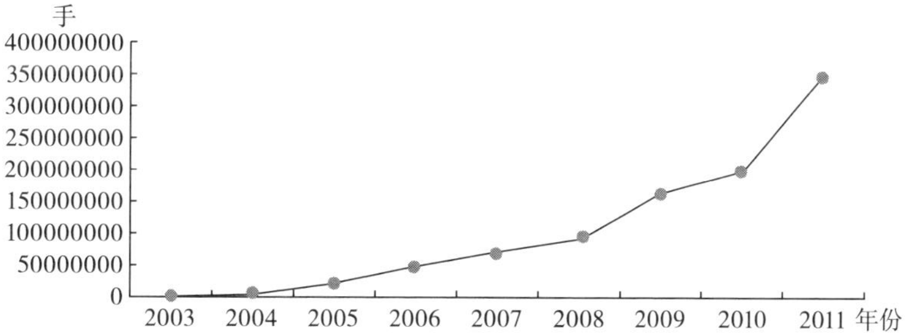

附图 1－6 2003—2011 年 MCX 商品期货成交量

资料来源：MCX 网站。

（3）商品期货品种以金属、农产品为主，部分区域性小品种成交活跃。印度各期货交易所上市品种和合约均较多，商品期货品种共计 55 个，合约共计 132 个。其中，农产品品种有 34 个，合约有 73 个，位列各品种之首；金属类品种有 11 个，合约有 45 个；能源类品种有 9 个，合约有 13 个；化工仅有 1 个 PVC 合约（见附图 1－7）。从交易额来看，2010/2011 年度印度贵金属交易额为 549389 亿卢比，基本金属交易额为 268767 亿卢比，二者合计占印度市场总成交额的 68.5%，其中金、银、铜、锌、镍为主要交易品种；农产品交易额为 145639 亿卢比，占总成交额的 12.2%，其中活跃品种多为一些小品种，因其价格波动剧烈而引来庞大的交易量，

① 2003/2004 年度指 2003 年 4 月 1 日至 2004 年 3 月 31 日，以下同。

如胍儿豆、鹰嘴豆、薄荷油等；能源类交易额为231096亿卢比，占总成交额的19.3%（见附图1－8）。总的来看，印度金属期货种类齐全，交易最为活跃；农产品期货品种和合约数量最多，部分区域性小品种成交活跃。

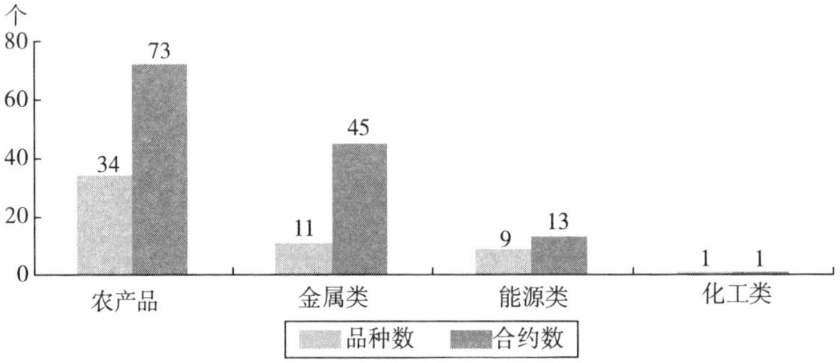

附图1－7　印度商品期货品种和合约数量

资料来源：5个国家级交易所官方网站。

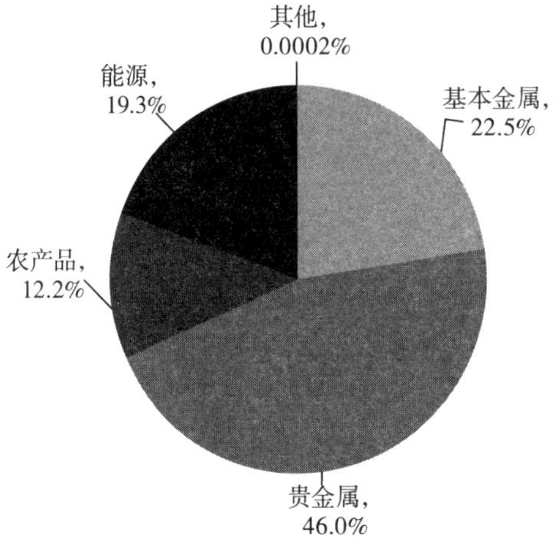

附图1－8　印度主要商品期货按交易额计算类别占比

资料来源：AnnalRcport 2010－11，Forward Markets Commission（FMC），India.

（4）商品期货交易所分为国家和区域两个层次。目前，在《远期合约法》的规定下，经印度政府认可的期货交易所共有24家。其中，5家为国家级商品期货交易所，其余19家为区域性期货交易所。这5家国家级交易所分别为MCX、全国商品和衍生品交易所（NCDEX）、全国大宗商品交易所（NMCE）、印度商品交易所（ICEX）和艾哈迈德商品衍生品交易所（ACE，Ahmedabad），全部实行公司制（股东主要是银行）。这5家交易所全部实行电子化交易，虽然起步晚，但是发展很快，其成交额占全国的99%以上（见附图1-9），是印度商品期货市场的中流砥柱。其他19家为区域性期货交易所，虽然它们也可以在全国市场开展业务，但是上市新品种需要首先得到远期市场委员会的批准，这些交易所一般为会员制。

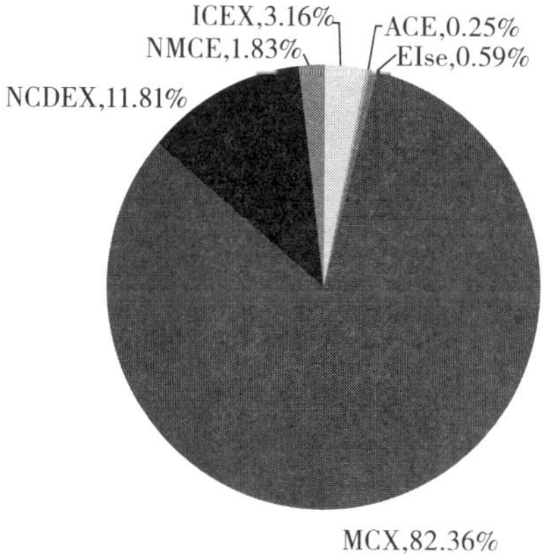

附图1-9　2011年印度全国性商品期货交易所成交占比

资料来源：Annal Report 2010-11，Forward Markets Commission（FMC），India.

（5）印度农民参与期货市场程度高。印度期货市场的参与者主要包括生产者、加工商、贸易商和投机者。其中，农民参与期货交易非常普遍，这主要得益于政府及主管部门对农民参与期货市场培训的重视。印度每年由交易所和相关机构组织的农民培训多达几百次，2009/2010年度为423次，2010/2011年度为485次[1]。农民一般以两种方式利用期货市场：第一，根据印度邮电局定期公布最新的期货和现货价格决定各种作物的种植面积；第二，利用期货市场来规避价格波动的风险，在预期价格可能出现下降时进行套期保值。

① 资料来源：Annal Report，Forward Markets Commission（FMC），India。

四、日本商品期货市场

日本期货市场的起源可以追溯到1620年的江户时代，当时的大阪“定屋米市”已经开展了稻米的远期合约交易。1710年，堂岛大米会所推出了世界上第一张大米期货标准合约和仓单，确立了日本公认的稻米期货市场。自20世纪80年代开始，为了加速期货行业的发展，日本掀起一阵兼并重组的高潮，初步形成七大商品交易所雏形①，其商品期货品种以农产品、金属、能源为主。然而，由于宏观经济环境恶化、日本期货市场改革措施过严、监管机构分割、交易所变动等原因，日本期货市场自2002年以来逐年萎缩，参与人数从2002年的11.82万人逐渐减少到2010年的7.90万人，保证金总额从2003年的5100亿日元减少到2010年的1520亿日元。这与快速发展的亚太地区商品期货市场形成鲜明对比。

五、新加坡商品期货市场

新加坡地处航运要道马六甲海峡，是亚洲乃至世界的重要航运贸易中心。在现货贸易的推动下，1978年，新加坡黄金交易所②成立，新加坡成为亚洲较早开展期货交易的国家，目前商品期货品种有11个，期货交易所有2家，其橡胶和黄金期货均为亚洲首创，自2011年以来铜期货快速崛起，并已占全国商品期货总成交量的一半以上。总体来看，由于新加坡商品交易的现货与场外市场高度发达，形成了较为完善的风险管理机制，相应地留给期货市场的发展余地较小，2011年，商品期货成交量为60余万手，市场规模较小。

---

① 七大商品交易所分别为东京工业品交易所（TOCOM）、东京谷物商品交易所（TGE）、大阪商品交易所（OTE）、中部商品交易所（C－COM）、横滨商品交易所（Y－COM）、关西商品交易所（KEX）以及福冈商品交易所（KCE）。

② 新加坡交易所历史沿革：1969年新加坡黄金市场成立，1978年更名为“新加坡黄金交易所”，1984年与CME联合创办了新加坡国际金融期货交易所（SIMEX）。1999年SIMEX与新加坡证券交易所（SGX）合并为新加坡交易所（SGX），2008年SGX收购了新加坡商品交易所（SICOM）。SICOM成立于1992年，前身为新加坡树胶总会土产交易所。

六、韩国商品期货市场

1999 年 2 月，韩国期货交易所（KOFEX）正式成立，交易品种为黄金。2005 年，KOFEX 与韩国证券交易所（KSE）、韩国创业板市场（KOSDAQ）合并，成立了韩国交易所（KRX）。2008 年 7 月，KRX 推出韩国的另一个期货品种瘦肉猪合约。目前，韩国商品期货品种共有 2 个，均采用现金交割，受国家经济总量以及较为严格的现货贸易政策限制，其期货成交规模极小，各品种年成交量总和从未突破 20 万手。

附件二　世界农业补贴政策发展趋势及对中国的启示

一、农业补贴的概念和基本内容

农业补贴是指所有有利于农业生产者或农业部门的政府支持措施①。目前，在农业支持水平量化测算方面，以经济合作与发展组织（OECD）和 WTO 的研究最具影响力。两者相比，在测算内容上有很大交叉，但 OECD 测定的农业政策支持水平要比 WTO 测定的更为全面。本书的研究将基于 OECD 的农业支持分析框架，结合 WTO 的“绿箱”“黄箱”“蓝箱”的补贴措施分类，并综合欧美农业法案最新修订结果②，阐述世界农业补贴政策的发展趋势。

现在 OECD 对农业支持的措施分为三个主要类别，分别是生产者支持等值（PSE）、消费者支持等值（CSE）和对农业部门的一般服务等值（GSSE），农业支持总量（TSE）为上述三者之和。由于 PSE 和 GSSE 与农业生产者直接相关，所以本书将此作为分析重点。OECD 的 PSE 范围较为广泛，涵盖了 WTO 的“黄箱”“绿箱”“蓝箱”三种政策箱，而 GSSE 则属于 WTO 的“绿箱”支出。

---

① 程国强．中国农业补贴制度设计与政策选择[M]．北京：中国发展出版社，2011：24.

② 美国《2014 年农业法案》于 2014 年 2 月 4 日通过，形成了 2014—2018 年美国农业政策的基本框架。现行的欧盟共同农业政策（CAP）于 2013 年底到期，2013 年 10 月初欧盟已就《2014—2020 年共同农业政策》以及 2014 年的过渡措施达成政治协议。

二、世界农业补贴发展趋势

当前，世界农业补贴的“绿箱化”特征显著，不挂钩补贴、收入支持成为演进趋势，农业科技产学研一体化结合得越来越紧密，农业保险也日益成为政府关注的重点。

（一）农业支持总量增长缓慢

从长期来看，随着世界经济的发展，农业领域的投资机会和投资收益不断增加，带动金融和社会资金更多地投入农业农村，但各国政府财政对农业支持的总量增长缓慢。1986—2011 年，世界农业支持总水平从 2750 亿美元增长到 4067 亿美元，年均增长 1.4%，低于过去 10 年全球农业生产年均 2.1%[①]的增长率。由于全球经济的增长速度高于农业支持水平，农业支持总量占国内生产总值的比值（TSE/GDP）从 1986 年的 3.10% 快速下降到 2011 年的 0.95%（见附图 2－1）。联合国粮农组织报告显示，世界农业已经由过去以政策驱动为主逐渐转变为以市场为导向的领域。

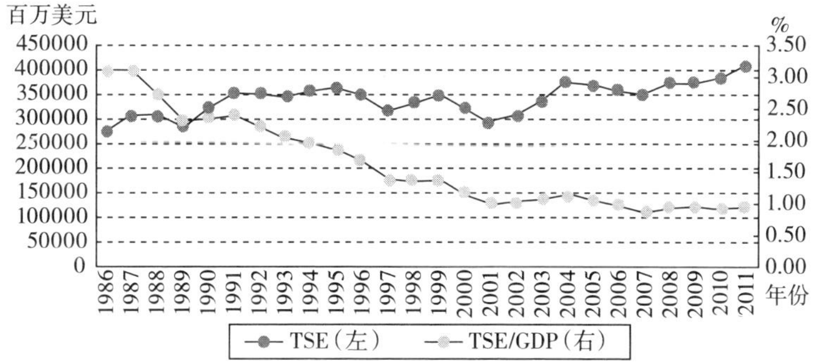

附图 2－1　1986—2011 年世界农业支持总量及占比变化情况

资料来源：OECD Agriculture statistics（database）。

① 资料来源：OECD 与 FAO 联合发布的《2013—2022 年农业展望》。

（二）生产者支持趋于“脱钩化”

OECD 的 PSE 计算范围广泛，大致可以分为四类，分别是市场价格支持、与生产挂钩的补贴、与生产不挂钩的补贴以及投入品使用补贴。根据 WTO 口径，与生产不挂钩的补贴属于“绿箱”政策，而市场价格支持和与生产挂钩的补贴则属于“黄箱”政策。从总量来看，自 1986 年以来，PSE 一直围绕 2500 亿美元上下波动，但其占农业产值（农场口径统计）的比重持续下降，从 1986 年的 37.6% 下降到 2011 年的 18.8%。25 年来，PSE 的结构发生了很大的变化。其中，与生产不挂钩的补贴占 PSE 的份额快速增长，从 1986 年的 0.98% 增长到 2011 年的 25.40%，而市场价格支持、与生产挂钩的补贴的份额则出现较大幅度的下降（见附图 2-2）。

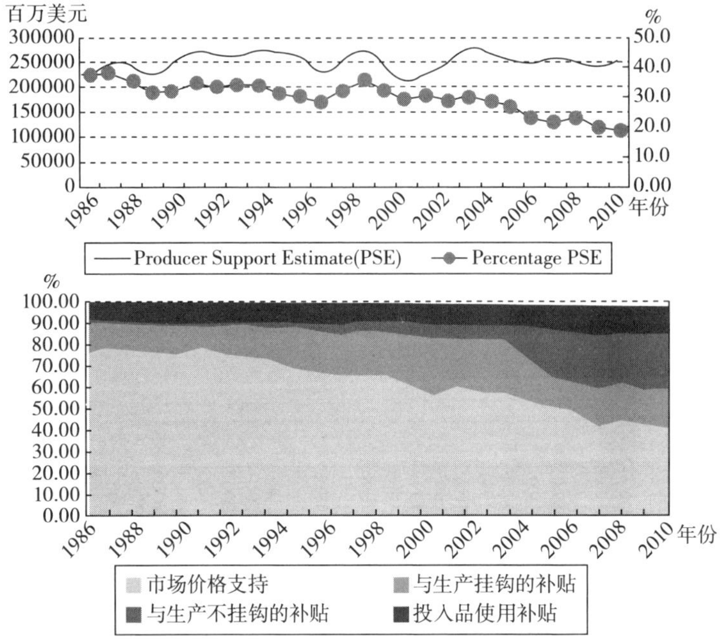

附图 2-2　1986—2010 年对农业生产者的支持及结构

注：与生产挂钩的补贴包括基于产量的补贴（Payments based on output）、基于现期 A/An/R/I（种植面积/牲畜数量/经营收益/所得收入）的补贴（Payments based on current A/An/R/I, production required）、基于非现期 A/An/R/I 的补贴（Payments based on non-current A/An/R/I, production required）。

资料来源：OECD Agriculture statistics（database）。

欧美农业法案最新修订结果显示，美国2014年农业法案取消或降低了目标价格和目标收入补贴、贸易支持、农场保护等政策，这些政策与生产挂钩，属于需要减让的“黄箱”政策①。同时，2014年法案将财政资金支持的重点转向收入和作物保险、农业科研、技术推广、农村发展等“绿箱”政策。自20世纪90年代后期以来，欧盟共同农业政策（CAP）逐步通过以“绿色”的不挂钩直接支付政策替代原有的价格支持对农民实施补贴。在2014年的CAP中，这种直接支付政策仍是主要发展方向，支持水平已经达到农业支持总量的30%。

（三）一般服务支持日渐增强

OECD的GSSE是为农业提供一般服务的转移支付，属于WTO的“绿箱”政策。自1986年以来，GSSE快速增长，总量从337亿美元增加到2011年的1115亿美元，年均增长5.0%；GSSE在农业支持总量中的比例也快速上升，从12.2%增长到2011年的27.4%。在GSSE结构中，市场营销与促销项目占比从1986年的37.4%增长到2011年的65.2%，增长最快，比例最大；农业研发、教育与培训、与质量控制和食品安全相关的检验检疫服务发展稳定，三者合计占GSSE的15.0%左右；而基础设施和公共储备费，尤其是公共储备费则出现显著下降（见附图2－3）。

欧美农业法案最新修订结果显示，美国2014年法案加强了农村基础设施建设；支持农村食品加工业发展；增加预算以继续鼓励开展关键性、前沿性研究和非营利研究机构的设立。同时，美国还将设立新农民发展项目，提供850亿美元用于退休农民将农场转让给新进入农民的补贴；为新农民提供较大数额农作物保险，降低了新农民的保险费，允许保险管理机构在计算损失时借鉴新农民以前的农业经验，对新农民提供更多技术指导；设立新农民发展项目，为新农民提供教育、培训、指导服务，从而保

① WTO《农业协定》规定国内农业支持措施主要分为两类：一类是不引起贸易扭曲的政策，即“绿箱”政策，可免予减让承诺；另一类是对贸易有扭曲作用的政策，即“黄箱”政策，要求各成员国必须逐步予以削减。

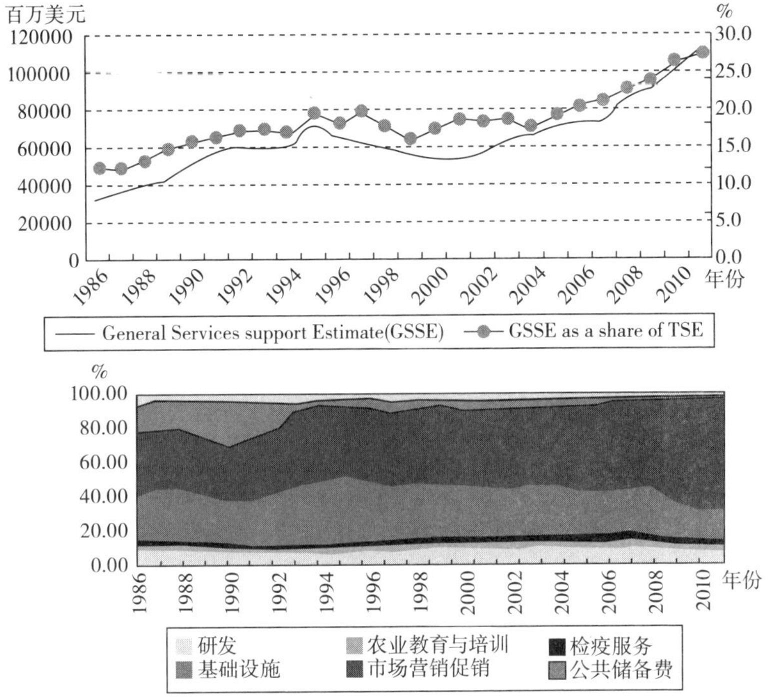

附图 2－3　1986—2010 年一般服务支持及结构

资料来源：OECD Agriculture statistics（database）.

证农民代际之间的平稳过渡。欧盟也非常注重对农业的一般服务支持投入，尤其在 2014 年的 CAP 中，将直接支付与环境措施挂钩，要求成员国努力保持作物多样化、保持永久性草地和创建“生态重点地区”等。同时，为了吸引更多的年轻人从事农业，欧盟将 2% 的直接支付专门用于支持 41 岁以下青年农民从事农业，强制实行青年农民创业援助计划，成员国也可以设立一个特定的计划对小规模农民进行更多的支持。

（四）农业保险作用越发凸显

农业保险是一种帮助农民管理生产风险的市场化手段，大多数国家都会对保费给予政策性补贴以促进农业保险的发展。这种补贴是一种不挂钩的收入支持政策，属于 OECD 的生产者支持范畴和 WTO 鼓励的“绿箱”支出，越来越受到各国政府的重视。世界上大约有一半的国家和地区开展了农业保险，农业保险业务在全球保险市场中的份额不断提高。目前，美国是全球最大的农业保险市场，其农业保险保费收入占世界总收入的一半以上，美国2014年法案作物保险的预算支出增加了57亿美元，增加额居各项预算计划之首。未来10年，美国将保险作物覆盖范围从传统的粮食作物扩展到花生、棉花、有机作物等品种，对所有农产品（包括蔬菜、水果）的赔偿标准提高。同时，2014年法案中设立对陆地棉生产者的叠加收入保险计划、针对其他作物的补充保险选择计划以及基于指数的天气保险计划等，并给予创业期农牧场主保险费10%的折扣。对于欧盟而言，从2010年开始，各成员国政府对农业保险保费补贴的比例上限由原来的50%提高到65%，其中由成员国政府支付1/4、欧盟委员会支付3/4。欧盟各成员国农业保险的发展程度不同，法国的农业保险在整个欧盟是比较发达的，其已拟进一步推动农业保险增加品种扩大范围，并研究将新风险纳入保障领域。

三、对我国农业补贴改革的启示

（一）农业补贴要与农业发展目标吻合

农业补贴发展的大趋势是不再以鼓励生产为目标，而是转向农民收入支持、农业可持续发展、环境保护等更高层次的目标，更多地将“黄箱”政策转化为“绿箱”政策。从长远来看，这也是中国农业补贴政策的发展方向。然而，中国目前正处于工业化、城镇化快速推进阶段，农产品需求刚性增长，农民收入水平相对较低。现阶段的农业补贴还是要与国家发展阶段和农业发展目标相吻合，围绕“构建新形势下的国家粮食安全战略”，按照稳定存量、增加总量、完善办法、逐步调整的方针，以支持粮食等主要农产品生产为重点，形成指向明确、重点突出、操作简单、受益直接的农业补贴政策框架体系。在此基础上，农业补贴必须兼顾农业可持续发展、环境保护和农产品质量安全等目标。

（二）加大农业一般服务支持力度

从规模上看，由于历史上我国城乡二元结构下形成城乡异体的基本公共服务供给制度，造成农村基本公共服务供给总量不足、效率不高，而农村基本公共服务的“短板”又严重制约着农业生产的发展和农民收入的提高。国际经验表明，对农业一般服务支持的重视，会带来本国农业生产长期、稳定的发展，不仅能减轻补贴对市场的扭曲，还可以有效减少国际贸易摩擦。因此，在保证农业现阶段发展目标的情况下，应逐步加大财政对农业一般服务支持的 投入力度，可有效改善当前我国农村地区基础设施建设滞后、科技研究及技术推广不足、农民生产技能偏低、农产品外销困难等困境，进而夯实农业发展基础，带动农业生产的顺利发展和农民收入的稳步提升。

（三）建立健全农业保险制度

从欧美等主要市场来看，农业保险作为符合 WTO 要求的一种市场化的风险管理工具，在农业支持政策中的重要性不断提高。当前，我国农业保险仍主要以保成本为主，产品不够丰富，风险保障水平较低，应尽快建立健全农业保险制度和支持体系，理顺农业保险发展体制机制，继续扩大农业保险补贴规模，增加品种，提高标准，健全管理制度，建立再保险和巨灾风险保险制度。同时，加大价格险等农业保险产品创新，促进我国农业保险保障水平从现有的保成本向保价格、保收入延伸，进一步服务广大农民。

附件三　美国农业保险实践及对中国的启示

农业保险是一种帮助农民管理风险的市场化手段，属于 WTO 鼓励的“绿箱”政策[1]，近些年越来越受到各国政府的重视。美国是全球最大、最成熟的农业保险市场，其农业保险发展历史悠久，具有完善的管理和实施体系。美国于2014 年2 月修订出台的《2014 年农业法案》（以下简称“新法案”）进一步强化了农业保险的重要地位。

一、美国农业保险发展及现行体系概况

（一）农业保险发展概况

早在 1922 年，美国政府就对农业保险及其作为政策工具的可行性进行了大量研究，同年财政部还专门成立了农业灾害保险部。在这些研究的基础上，20 世纪 30 年代初的经济危机和严重旱灾推动美国于 1938 年颁布了《美国联邦农作物保险法》，由此开启了联邦政府实施农业保险的历史。后来，这部法律分别于 1980 年、1994 年和 2000 年接受了 3 次重要的修订和改革。其间，美国国会每隔 5 年左右还会在《美国联邦农作物保险法》的框架下对农业法案中有关农业保险的内容进行修订。

在保险法的历次修订中，1994 年修订并出台的《克林顿农作物保险改

① WTO《农业协定》主要涉及市场准入（Market Entry）、国内支持（Domestic Support）和出口补贴（Export Subsidy）三大领域的规则。其中，“国内支持”可以根据对生产和贸易扭曲程度的不同分为“黄箱”“绿箱”“蓝箱”和“发展箱”政策。“绿箱”政策是不引起生产和贸易扭曲或扭曲程度很轻的政策，不需要承担削减承诺。

革法》对农业保险的经营管理方式和与之相关的灾害救助政策做出重大调整，建立了农作物巨灾保险计划，提高农业保险保费补贴水平，建立多层次保险产品体系[①]，完善农业保险操作办法，大大调动了农场的投保积极性，奠定了现今美国农业保险政策体系的基本框架。此后的保险法、农业法案及它们的修正案对农业保险的产品设置、操作办法、补贴水平等进行了多次调整，但1994年的基本政策框架延续至今。

（二）现行保险体系概况

当前，美国农业保险的管理体制和实施机制可以概括为“政府主导、商业运营、服务配套”的“三位一体”模式（见附图3－1）。

（1）政府主导。美国农业保险是由政府主导的，其管理机构是风险管理局（RMA）和联邦农作物保险公司（FCIC）。FCIC成立于1938年，当时的职责是管理和经营全国农作物保险，目前负责向商业保险公司提供再保险保障。RMA成立于1996年，FCIC的大部分职责转由RMA负责，如制定农业保险政策、对经营农业保险的商业保险公司进行补偿、对投保农户进行补贴、研发和初步审核农业保险险种、资助风险管理研究和推广项目等。RMA下设10个办事处，每个办事处分管3～14个州。

（2）商业运营。美国农业保险的直接业务全部由19家[②]实力强、信誉好的商业保险公司经营。这些公司都是经过RMA审核批准的，主要经营政府推行并给予补贴的农作物保险业务，同时开发保险新产品并将其上报RMA以期经批准后获得补贴。

对于商业保险公司的风险分担，美国建立了以政府再保险为主体、私营再保险公司为补充的保障体系。再保险业务通常由商业保险公司自主确定自留保险责任，并与FCIC签订《标准再保险协议》进行再保险。同时，商业保险公司可将自留责任向商业再保险人寻求支持。

---

① 多层次保险产品体系指保户在巨灾保险计划的保障水平(50%)的基础上，可再购买多重风险农作物保险，提高保险金额，还可以选择参加地区风险计划(GRP)；同时，建立针对不可保作物的“非保险作物救助计划”(NAP)。

② “Crop Insurance Providers List for 2014”, ARM, 2014－04－07.

（3）服务配套。在美国，有一些机构与农作物保险密切关联，对农作物保险制度的建立或农作物保险运作发挥积极作用。一类是为保险公司或从事保险工作的个人提供服务的组织，如全国农作物保险服务中心，担负着统计、培训教育以及与 RMA 的联系协调等工作。另一类是代表投保农户利益的，反映他们的诉求、介绍农业保险政策、帮助其选择适当的保险产品等，如全国农场局联合会（AFBF）、州立大学的农业推广中心等。

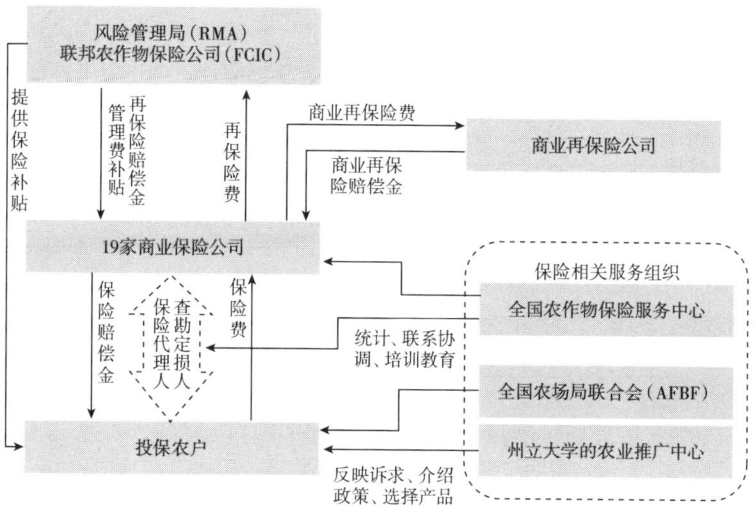

附图 3－1　美国现行农业保险管理与实施体系

二、美国农业保险的特点与趋势

（一）农业保险在农业政策框架中的重要性更加凸显

1938 年颁布的《美国联邦农作物保险法》实际是美国当时的农业法案《农业调整法》的第五部分，对开展农业保险的目的、性质、开展办法、经办机构等作了明确规定，为政府开展农业保险业务提供了法律依据。此后，农业保险成为农业法案最重要的组成部分和保障农户收益的主要手段，几乎在每一个农业法案中都会独立成章。尤其是，《2014 年农业法案》取消直接支付、反周期支付等财政补贴计划，农业保险在国内农业支持政策中的重要性更加凸显。在《2014 年农业法案》中，农业保险的预算支出将在未来 10 年增加 57.2 亿美元，是《2014 年农业法案》12 项内容中预算增加最多的一项。从总量来看，美国政府未来 10 年用于农业保险的预算额为 898.3 亿美元，仅次于第一大支出项目“营养计划”（见附表 3－1）。

附表 3－1　《2014 年农业法案》中农业保险预算及赤字削减情况

单位：百万美元

法案章节	CBO 基线	占比/%	2014 年法案预算	占比/%	赤字增减情况
商品计划	58765	6.04	44458	4.65	－14307
环境保护	61567	6.33	57600	6.02	－3967
营养	764432	78.60	756433	79.10	－7999
农业保险	84105	8.64	89827	9.39	5722
＊ 补充保障选择计划（SCO）					1716
＊ 叠加收入保护计划（STAX）					3288
＊ 作物收益保障					40
＊ 巨灾保险保费条款					－426
＊ 新进入农民和牧场主条款					261
＊ 花生收入保险					119
＊ 有机作物保险					8
＊ 天气指数保险					50
＊ 实际历史产量调整					357
＊ 研究与发展					36
＊ 实施与执行					70
＊ 其他					203
总计	968869	99.61	948318	99.16	－14829

注：①该结果为基于 CBO 2013 年 5 月的基线预测。其中，CBO 基线为按照 2008 年法案的标准计算的 2014—2023 财年预算总和。②商品计划、环境保护、营养和农业保险是《2014 年农业法案》中预算最多的 4 个项目。

资料来源：Congressional Budget Office（CBO）。

（二）收入保险在美国农业保险中占据主导地位

美国的农业保险种类繁多，目前可供选择的险种有 20 余个，覆盖 124

种农作物和牲畜。在此基础上，《2014 年农业法案》又增加了补充保障选择计划（SCO）和针对陆地棉的叠加收入保护计划（STAX）。这些险种大致可以分为以产量为基础的险种和以收入或收益为基础的险种。由于风险保障的覆盖范围从自然风险扩展到市场风险，以收入或收益为基础的保险产品受到普遍认可，因此近年来在农业保险业务中的比重逐步提高。2013 年，美国以收入或收益为基础的保险产品保费收入为 98.7 亿美元，是产量保险的 3.9 倍；收入或收益保险的保障水平为 964.7 亿美元，是产量保险的 2.6 倍。

（三）政府大幅度提高保费补贴规模

美国国会在 1980 年对《美国联邦农作物保险法》所做的修订中首次对农作物保险进行保费补贴①，为参与 FCIC 农作物保险和再保险的商业保险公司提供管理费和保费补贴。此后，美国多次提高补贴比例，投保农户可获得的保费补贴比例依险种不同从 38% ~100% 不等，目前平均补贴比例保持在 60% 左右（见附图 3 -2），商业保险公司获得的补贴比例为其所收保费的 18.5% 。

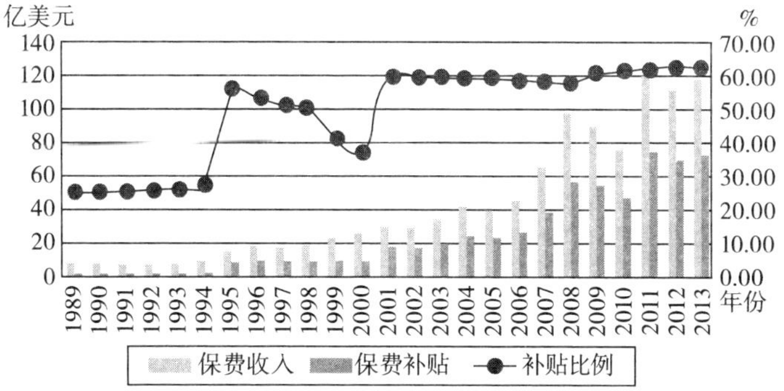

附图 3 -2 1989—2013 年美国农业保险收入及补贴情况

资料来源：RMA。

《2014 年农业法案》对新增的 SCO 和 STAX 两个险种分别给予了 65%

① 冯文丽. 美国农业保险法的修正历程与启示[J]. 农村金融研究,2010(9):61 -65.

和80%的补贴比例，均高于当前补贴的平均水平。同时，为了吸引更多人从事农业生产，政府将给创业期农牧场主增加10%的保费补贴。在SCO和STAX等条款的影响下，美国未来农业保险补贴比例呈上升趋势，未来10年，农业保险实际支出将有较大幅度的增长，甚至会超过89.8亿美元的预算额。

三、农业保险将与其他政策配合更为紧密

在《2014年农业法案》中，农业保险与其他支持政策之间配合地更为紧密，主要体现在：一是《2014年农业法案》规定在农业保险中有资格购买补充保障选择险（SCO）的人才能参加商品计划（Commodity）中的价格损失保障计划（PLC）；二是商品计划没有给予棉花、花生的生产者足够支持，农业保险则分别为棉花和花生种植者制订了叠加收入保护计划（STAX）和花生收入保险政策；三是购买农业保险的农户必须遵守湿地和高度腐蚀土地的环境保护条款，否则就得不到保费补贴。

由于期货市场具有价格发现功能，美国农业保险产品设计时参考期货市场确定政策执行价格，将保险政策与期货市场有机地联系在一起。

（一）收入保险中的价格确定参考期货市场

在美国农业保险体系中，收入保险占据主导地位，其以收入低于一定水平作为农业保险赔付的条件，而收入是价格和产量的乘积。农业收入保险产品设置了预期价格（Projected Price）和收获价格（Harvest Price）来衡量价格变动。在产量不变的情况下，当作物的收获价格低于预期价格一定水平时，农险公司将根据合同进行赔付。作物收入保险的预期价格和收获价格均参考期货市场，RMA还专门出台“商品交易所价格条款”（CEPP）[①] 来规范两个价格的选取，涉及10余种农作物和四种主要收入保

① Commodity Exchange Price Provisions（CEPP）（Released June，2013）仅适用于开展收入保险（包括地区收入保险）和产量保险（包括地区产量保险）的农作物，内容涉及相关价格定义、交易所及美国统计部门缩写介绍、价格统计和计算方法等。

险（RP、RPHPE、ARP、ARPHP①）（见附表 3－2）。这 10 余种农作物参与四种保险所得保费收入占美国农险保费总收入的 80% 以上。

附表 3－2　美国农业保险产品中期货价格的运用

作物名称	险种	期货价格来源	合约	需要转换	预期价格发现期	收获价格发现期
冬小麦	RP/RPHPE/ARP/ARPHP	CBOT	软红冬小麦		2013 年 8 月 15 日至 2013 年 9 月 14 日	2014 年 6 月 1—30 日
冬小麦	RP/RPHPE/ARP/ARPHP	KCBT	硬红冬小麦		2013 年 8 月 15 日至 2013 年 9 月 14 日	2014 年 6 月 1—30 日
春小麦	RP/RPHPE/ARP/ARPHP	MGE	硬红春小麦		2013 年 8 月 15 日至 2013 年 9 月 14 日	2014 年 8 月 1—31 日
硬质小麦	RP/RPHPE	MGE	硬红春小麦	★	2013 年 9 月 15 日至 2013 年 10 月 14 日	2014 年 6 月 1—30 日
硬质小麦	ARP/ARPHP	MGE	硬红春小麦	★	2014 年 2 月 1 日至 2015 年 2 月 28 日	2014 年 8 月 1 日至 2015 年 8 月 31 日
秋油菜	RP/RPHPE	ICE	油菜籽	★	2013 年 7 月 15 日至 2013 年 8 月 14 日	2014 年 6 月 1—30 日
长粒大米	RP/RPHPE	CBOT	大米		2013 年 12 月 15 日至 2014 年 1 月 14 日	2014 年 8 月 1—31 日
中短粒大米	RP/RPHPE	CBOT	大米	★	2013 年 12 月 15 日至 2014 年 1 月 14 日	2014 年 8 月 1 日至 2015 年 8 月 31 日
玉米	RP/RPHPE	CBOT	玉米		2013 年 12 月 15 日至 2014 年 1 月 14 日	2014 年 8 月 1—31 日
有机玉米	RP/RPHPE	CBOT	玉米	★	2013 年 12 月 15 日至 2015 年 1 月 14 日	2014 年 8 月 1 日至 2015 年 8 月 31 日
爆裂型玉米	RP/RPHPE	CBOT	玉米	★	2014 年 1 月 15 日至 2014 年 2 月 14 日	2014 年 8 月 1 日至 2015 年 8 月 31 日
高粱	RP/RPHPE	CBOT	玉米	★	2013 年 12 月 15 日至 2015 年 1 月 14 日	2014 年 8 月 1 日至 2016 年 8 月 31 日

① 四种保险具体指：RP－ Revenue Protection；RPHPE－Revenue Plot W Harvest Price Exclusion；ARP－Area Revenue Protection；ARPHP－Area Revenue Protection － Harvest Price。

续表

作物名称	险种	期货价格来源	合约	需要转换	预期价格发现期	收获价格发现期
油用向日葵	RP/RPHPE	CBOT	油用大豆	★	2013 年 12 月 15 日至 2014 年 1 月 14 日	2014 年 6 月 1—30 日
甜向日葵	RP/RPHPE	CBOT	油用大豆	★	2013 年 12 月 15 日至 2014 年 1 月 14 日	2014 年 6 月 1 日至 2015 年 6 月 30 日
冬大麦	RP/RPHPE	CBOT	玉米	★	2013 年 8 月 15 日至 2013 年 9 月 14 日	2014 年 6 月 1 日至 2016 年 6 月 30 日
春大麦	RP/RPHPE	CBOT	玉米	★	2014 年 2 月 1 日至 2014 年 2 月 28 日	2014 年 8 月 1—31 日
大豆	RP/RPHPE	CBOT	大豆		2014 年 1 月 15 日至 2014 年 2 月 14 日	2014 年 9 月 1 日至 8 月 30 日
有机大豆	RP/RPHPE	CBOT	大豆	★	2014 年 1 月 15 日至 2016 年 2 月 14 日	2014 年 9 月 1 日至 2015 年 9 月 30 日
棉花	RP/RPHPE	ICE	棉花 2#		2014 年 1 月 15 日至 2014 年 2 月 14 日	2014 年 10 月 1—31 日
有机棉花	RP/RPHPE	ICE	棉花 2#	★	2014 年 1 月 15 日至 2016 年 2 月 14 日	2014 年 10 月 1 日至 2015 年 10 月 31 日

资料来源：http：//www. rma. usda. gov/tools/pricediscovery. html。

（二）根据作物条件选择期货合约或替代方法

根据 CEPP，美国农业保险产品利用期货市场确定预期价格和收获价格大致可分为以下两种情况：

（1）作物保险产品有对应的活跃期货品种。如果一个作物保险产品有对应的期货合约，如长粒大米、玉米、大豆、棉花等，且合约交易活跃（日持仓量大于等于 25 手），则可以直接将发现期内相应期货合约结算价进行平均，以获得预期价格和收获价格。保险产品适用的合约月份和价格发现期由 RMA 根据作物生长期、所在州以及参与险种来确定。

（2）作物保险产品没有对应的期货品种或者合约不活跃。如果一个作物保险产品没有对应的期货品种或者合约不活跃，则保险产品设计时就必须选取一个相关性较高且活跃的期货合约作为参照（具体由 RMA 指定），通过一定转换来计算该保险产品的预期价格和收获价格。在附表 3－2 中，多数保险产品利用期货价格都需要进行适当转换，但具体操作方法并不相同。根据 CEPP，基本的转换思路是首先从国家农业统计服务局（NASS）或经济研究服务局（ERS）获得该作物的市场价（P_m），其次从期货市场获得可参照的期货结算价（P_f），计算 $\frac{P_m}{P_f}$，最后根据近 10 年的数据计算 $\frac{P_m}{P_f}$ 的平均值即可得到转换因子 β（$\frac{\sum_{t=t_0-9}^{t_0}\frac{P_m}{P_f}}{10}$，$t_0$ 为当前价格），价格发现期内转换因子与可参照期货价格的乘积（$\beta \times P_f$）的均值即为该保险产品相应的预期价格和收获价格。

四、美国经验对我国的启示

美国农业保险发展历程及其实践经验对我国期货市场更好地服务产业、服务“三农”具有积极的借鉴意义。

（一）充分重视期货市场对于完善农业保险政策的作用

目前，我国还没有收入保险，但已开始试点以价格为基础的保险产品，如蔬菜和生猪的目标价格保险，然而试点范围和赔付力度均较小。黑龙江的大豆、玉米、水稻等主要农作物价格保险试点仅处于方案设计阶段。以价格为基础的农业收入、收益或者价格保险能降低农产品的市场风险，相关政府部门应加强农业保险宣传力度并尽快出台优惠政策，推动以价格为基础的农业保险在全国范围推广实施。期货市场具有价格发现功能，在农业保险产品设计和保险政策实施时应借鉴美国经验，充分发挥期货市场优势，将保险政策与期货市场有机地联系在一起。

（二）加强农产品期货品种和交易工具开发

我国已经建立起了小麦、玉米、稻谷、大豆、棉花等重要农产品的期货市场，为相应农产品价格保险产品开发提供了良好基础。但是，与国际成熟市场相比，我国农产品期货市场仍有差距。建议首先对现有品种做深做细，不断结合产业发展需求完善合约设计和相关制度安排，逐步解决合约不活跃、不连续的问题，提高期货市场功能发挥水平；其次继续推出农产品期货品种，加快推出农产品期权、农产品指数、天气指数等交易工具，为产业客户、农险公司等机构投资者在风险管理方面提供更多选择。

（三）完善期货市场机构投资者引入机制

在我国目前的金融监管政策中，保险公司等机构投资者并无资格入市。然而，农险公司等机构投资者入市交易，不仅能提高自身的抗风险能力，还有助于提升期货市场活跃度和带来可观的增量资金，从而扩大期货市场规模并提升市场功能发挥效果。建议尽快研究机构投资者引入机制细则，允许符合条件的机构投资者以对冲风险为目的使用期货衍生品工具，清理取消对企业运用风险管理工具的不必要限制。

附件四　主要国家利用WTO规则支持农业发展情况及对中国完善农业支持政策的借鉴

我国取消了棉花、大豆的临时收储政策，开始实施“价补分离”的目标价格补贴试点工作，这是我国农业支持政策的一次重大改革。目标价格补贴试点和临时收储政策同属于WTO规则中的“黄箱”政策，但前者带来的市场扭曲小于后者。我国作为WTO成员国，对农业支持与补贴必须遵守“入世”承诺和WTO《农业协定》，深入了解相关规定的具体内容和主要国家的典型做法可以为我国政策制定提供参考。同时，越来越多的国家意识到提高农业自身竞争力离不开市场机制，高效的期货市场有助于农业支持政策的实施。我国期货市场经过20多年的发展，已经初步具备在更高层次上服务国民经济发展的能力，探索期货市场在完善我国农业支持政策中的作用，是更好地支持农业发展和保护农民利益的有益尝试。

一、WTO《农业协定》的发展历程及内容介绍

1986年以前，世界农产品贸易一直游离于多边贸易管理体制之外，发达国家农业保护盛行，农业贸易冲突不断。为了维护农业贸易秩序，1986年，关税与贸易总协定（GATT，即WTO前身）[①] 乌拉圭回合谈判将农业贸易问题纳入中心议题。由于欧美等主要成员分歧过大，谈判历时8年，各方最终于1993年12月15日签署了WTO乌拉圭回合《农业协定》（简称“WTO《农业协定》”），并于1995年1月1日起生效。由于乌拉圭回合谈判以发达成员为主导，因此谈判成果存在一定的局限性。根据WTO《农

① 关税与贸易总协定(GATT)生效于1948年1月1日。1990年12月在关贸总协定乌拉圭回合的布鲁塞尔部长级会议上,各国正式决定建立世界贸易组织(WTO)。

业协定》第 20 条规定，WTO 于 2000 年初开始了新一轮农业谈判。2001 年 11 月，WTO 多哈回合多边谈判启动后，农业谈判经授权成为《多哈发展议程》的核心议题之一。13 年来，多哈回合谈判因成员国之间利益难以平衡而屡受挫折，至今未达成实质性结果。

WTO《农业协定》主要涉及市场准入（Market Entry）、国内支持（Domestic Support）和出口补贴（Export Subsidy）三大领域的规则。其中，国内支持是指所有有利于农业生产者的国内农业支持政策，根据对生产和贸易扭曲程度的不同，可以分为“黄箱”政策和“绿箱”政策：“黄箱”政策对生产与贸易具有扭曲作用，超出规定标准需要承担削减义务，如市场价格支持、与生产挂钩的直接支付等。《农业协定》规定用综合支持量（AMS）来衡量“黄箱”政策的大小，其中免于承担削减义务的规定标准叫作微量许可，即 AMS 不能超过该产品相关年度国内生产总值的比例，发达成员为 5.0%，发展中成员为 10.0%，中国“入世”时争取到的比例为 8.5%。对于超过微量许可的部分，自 1995 年起，发达成员应在 6 年内削减 20%，发展中成员应在 10 年内削减 13%。“绿箱”政策对生产与贸易没有扭曲或扭曲程度很轻，免于承担削减义务，如基础设施建设、粮食安全储备支出、与生产不挂钩的直接支付、农业保险等。

《农业协定》还对发展中国家和部分发达国家的农业支持政策给予例外规定。为了满足部分发达国家的要求．农业协定》规定一些与农产品限产计划有关的“黄箱”政策纳入“蓝箱”政策，免予承担削减义务，如休耕补贴等。《农业协定》对发展中国家给予的特殊差别待遇即为“发展箱”政策，免于承担削减义务，主要包括：①发展中成员国农业可普遍获得的投资补贴；②低收入或资源贫乏生产者可普遍获得的农业投入补贴；③引导农民停种非法麻醉作物而给予生产者的国内支持（见附表 4－1））

附表 4－1　WTO 关于国内支持的分类和成员国待遇

国内支持政策构成	发达成员国	发展中成员国
削减基期	1986—1988 年	
实施期限	1995—2000 年，共 6 年	1995—2005 年，共 10 年

续表

国内支持政策构成		发达成员国	发展中成员国
“黄箱”政策	需要削减的“黄箱”政策	削减 20%	削减 13%
	微量许可	无削减承诺，仅允许产值的5%	无削减承诺，仅允许产值的10%、中国 8.5%
“绿箱”政策		免于削减承诺且无上限约束	
“蓝箱”政策		免于削减承诺且无上限约束	—
“发展箱”政策		—	免于削减承诺且无上限约束

资料来源：根据乌拉圭回合《农业协定》整理所得。

二、主要国家国内农业支持政策发展趋势

由于 WTO 成员国对国内农业支持和保护能力悬殊，自 1998 年以来，WTO 160 个成员国中仅有 63 个国家向 WTO 通报了国内农业支持政策情况，其中 33 个成员国使用了“黄箱”“绿箱”和“蓝箱”政策，另外 30 个成员国使用了“绿箱”和“发展箱”政策[①]。这里将根据 1998—2011 年 WTO 数据重点介绍美国、欧盟、日本和巴西四个主要国家的国内支持政策发展趋势。

一是各国将“绿箱”政策作为支持农业发展的最主要手段，近年来大幅度增加。据经济合作与发展组织（OECD）统计，自 1998 年以来，世界各国为农业提供一般服务的转移支付和与生产不挂钩的补贴从 696 亿美元增加到 2011 年的 1755 亿美元，年均增长 6.8%。这些均属于 WTO 规定的“绿箱”政策。据 WTO 数据，美国、欧盟、日本和巴西等四个国家和地区“绿箱”政策支持量占国内支持总量的比重为 74% ~96%，是国内农业支持政策的最主要手段。1998—2011 年，除日本外，美国、欧盟和巴西“绿箱”政策年均增幅分别为 6.8%、9.5% 和 8.3%。日本因国内财政问题农业预算整体下滑（见附图 4 -1）。

二是“黄箱”政策支持，特别是市场价格支持大幅下降，且“黄箱”政策主要集中在本国敏感重点农产品上。对于需要削减的“黄箱”政策开

① 成员国数据截至 2014 年 6 月 26 日。

支，主要国家都没有违反其承诺，“黄箱”政策支持水平趋于下降。1998—2011 年，美国、欧盟、日本和巴西的“黄箱”政策支持降幅分别为 55%、86%、27% 和 99%（见附图 4－1）。“黄箱”政策主要有市场价格支持（Market Price Support）① 和与生产挂钩的直接支付（Non－Exempt Direct Payments）② 两类措施，市场价格支持对市场具有直接的扭曲作用，与市场挂钩的直接支付对市场的扭曲作用小于市场价格支持。1998—2011 年，多数国家大幅度削减了市场价格支持的使用，其中美国、欧盟、日本年均降幅分别为 27%、88%、39%。WTO 成员国“黄箱”政策使用主要集中在本国几种敏感重点农产品上。如欧盟在 40 个特定产品（Product－Specific）③ 中重点支持了 5 种产品，分别是黄油、普通小麦、脱脂奶粉、牛奶和葡萄酒，2011 年这 5 种产品的支持量占“黄箱”政策支持量的 91.6%（见附表 4－2）。

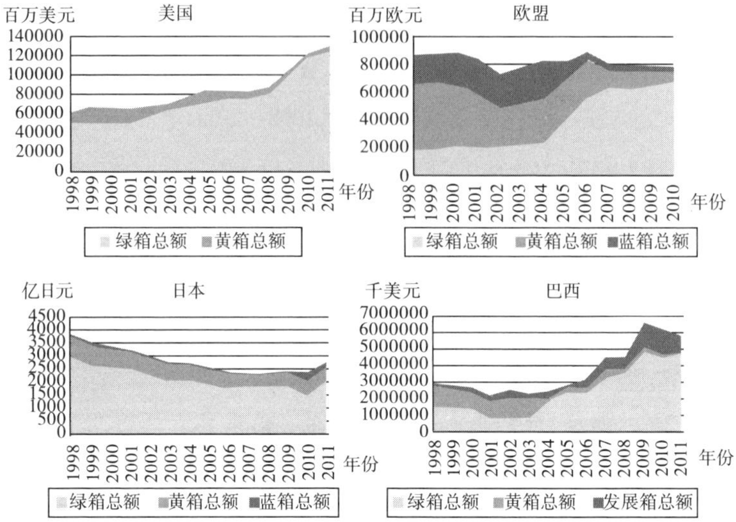

附图 4－1　欧盟、美国、日本、巴西四个国家和地区的政策箱执行情况

资料来源：WTO－Document Online。

① 市场价格支持主要是指政府通过保护性收购价格政策，来抬高农产品收购价格，使得农产品价格保护在市场均衡价格水平之上。

② 与生产挂钩的直接支付是指与当年的面积、产量或者价格挂钩的直接补贴。

③ 特定产品（Product－Specific）指受到“黄箱”政策支持的具体农产品。

附表 4－2　欧盟、美国、日本、巴西四国和地区“黄箱”政策重点支持品种

国家和地区	特定产品数目/种	重点支持品种	“黄箱”政策主要措施
欧盟	40	黄油、普通小麦、脱脂奶粉、牛奶、葡萄酒	市场价格支持、补偿支付、生产援助等
美国	22	乳品、糖、牲畜、棉花、小麦	市场价格支持、平均作物收入选择支付、商品贷款利息补贴等
日本	20	猪肉、牛肉、小麦	市场价格支持、与产量和价格挂钩的支付等
巴西	7	小麦	市场价格支持等

资料来源：根据 WTO 文件整理所得。

三是成员国对“蓝箱”和“发展箱”政策的利用水平依国情不同而差别较大。在 WTO 成员国中，使用“蓝箱”政策的国家仅有欧盟和日本，其中欧盟 2011 年的使用规模较 1998 年大幅减少 85%，而日本 2011 年的使用规模比 1998 年增长了 2 倍。自《农业协定》生效以来，已有巴西、墨西哥、韩国、泰国、委内瑞拉、哥伦比亚等十几个发展中国家使用过“发展箱”政策，其中巴西 2011 年的使用规模是 1998 年的 6～7 倍。

三、主要国家规避 WTO 限制支持农业发展的典型做法

从 WTO 成员国的执行情况来看，虽然“黄箱”政策使用在下降，但是农业支持总量依然保持增长或持平，削减承诺对其并没有产生实质性影响。其原因主要在于，一些国家将减少的“黄箱”政策转入不需要承担削减义务的“绿箱”“蓝箱”或“发展箱”政策之中。表面上，这是遵守 WTO 规则、履行承诺；实际上，发达国家实施的一些“绿箱”“蓝箱”政策只是符合政策的部分标准，而不是全部标准，是在 WTO 规则下打“擦边球”。但是，WTO《农业协定》第 13 条中的“和平条款”要求对农业补贴诉讼适当克制，而且由于农业补贴证据隐蔽，要证明一国的“绿箱”政策“不绿”是非常困难的。因此，自 1995 年以来，WTO 受理的贸易争端

近500件，而关于农产品补贴的争端案件不足20件。现以美国、欧盟、日本、巴西为例，介绍其“黄箱”政策转换并创新农业补贴手段以支持本国重点产业发展的典型做法。

（一）美国：充分发挥农业保险市场和期货市场的作用

美国《2014年农业法案》取消直接支付、反周期支付等商品补贴计划，大大增加了农业保险在国内农业支持政策中的分量。未来10年，美国农业保险的预算支出将增加57.2亿美元，是《2014年农业法案》各项内容中预算增加最多的一项。以美国棉花为例，美国在2014年新的农业法案中取消了棉花的全部商品补贴（见附表4-3）。取而代之的是，美国设立了棉花叠加收入保险计划（STAX），将棉花生产保障覆盖水平提高到90%，同时政府提供80%的保费补贴。棉农可以通过交付低廉的保费得到较高的保障，也就是说，棉农仅需承担10%的损失风险，基本可以高枕无忧地进行棉花生产。如此规模的保险支持力度，可以预见将对美国棉花产生重大影响。虽然农业保险补贴过度也会扭曲生产和贸易，并已经引起了国际上的关注和讨论，但是根据WTO现在的规定，农业保险仍然属于“绿箱”政策。

附表4-3　美国农业法案对棉花的支持政策比较

美国农业支持项目	性质	2002年农业法案	2008年农业法案	2014年农业法案
市场营销贷款援助	“黄箱”	√	√	√
与生产脱钩的直接支付	“绿箱”	√	√	取消
反周期补贴	“黄箱”	√	√	取消
平均作物收入选择方案	“黄箱”	—	√	取消
作物保险	“绿箱”	√	√	√
收入保险补贴	“绿箱”	√	√	√
叠加收入保险计划	“绿箱”	—	—	√

值得指出的是，美国高度发达的农产品期货市场在促进农业保险市场发展中发挥了巨大作用。在美国农业保险体系中，收入保险占据主导地

位，保费收入占比超过了 80%。收入保险以农民种植收入低于一定水平作为赔付条件，而收入是价格和产量的乘积。保险公司既要考虑自然风险，又要考虑价格风险。美国农产品期货市场良好的价格发现功能和套期保值功能，为收入保险市场的发展奠定了基础，保险公司参照期货价格设计产品、确定费率、进行赔付，并到期货市场对冲风险。美国农业部风险管理局为此专门出台了"商品交易所价格条款"（CEPP），对农业保险产品中期货价格的选取进行规范。

此前，美国也积极探索利用期权费补贴的方式稳定农民收入。1990 年农业法案和 1996 年农业法案均要求美国农业部实施期权试点项目（Option Pilot Program），补贴农民购买农产品期权以管理价格波动风险。该项目先后在玉米、小麦和奶制品等品种上进行试点，参与试点项目的农民在期货交易所购买看跌期权，政府提供期权权利金和交易费用补贴。这种做法不与生产和贸易直接挂钩，既符合 WTO 规则，又有效地转移价格下降给农民带来的收入损失。

（二）欧盟：直接支付与生产脱钩，扩大农业保险范围

欧盟于 2013 年年底通过了《共同农业政策改革法案（2014—2020 年）》（简称"新 CAP"），整体来看，新 CAP 将更加"绿色"。新 CAP 的两大支柱——直接支付（Pillar 1）和农村发展（Pillar 2）名义预算维持 2013 年的水平，其中 94% 的直接支付将与产量、价格脱钩，农村发展项下的农业保险覆盖范围也将进一步扩大。

目前，欧盟的农业保险以灾害险、产量险为主。从 2010 年开始，各成员国政府对农业保险保费补贴的比例上限由原来的 50% 提高到 65%，其中由成员国政府支付 1/4、欧盟委员会支付 3/4。欧盟也正在积极探索发展收入保险，欧洲议会已就此进行了诸多讨论，并形成了一些共识。主要包括：欧盟的收入保险制度要符合 WTO 规则要求，以私营化为主，要同时适合于南、北欧国家等。此外，关于收入保险的标的内容、农作物产量或畜产品数量计算方法、价格采集方法、政府再保险安排等方面也都在讨论

当中。其中，关于收入保险产品价格的选取将重点考虑 CBOT 的期货价格。

（三）日本：大幅度增加“蓝箱”政策以保护本国重点品种

大米政策是日本农业政策中最重要的政策之一。1996 年之前，日本政府通过行政手段对大米流通、销售许可、价格形成等进行直接控制和干预①。据测算，当时水稻生产者收入的 60% 来自这类“黄箱”政策。在 WTO 谈判中，日本对于削弱本国农业保护的问题起初非常抵制，但考虑到国际社会和国内财政的压力，日本不得不调整国内支持政策。自 1998 年开始，日本开始实施“蓝箱”政策保护本国大米产业发展。近 5 年来，日本实施的“蓝箱”政策主要是“限产计划下对稻农的直接支付”。不过，日本“黄箱”转“蓝箱”不仅是考虑 WTO 规则，更是因为多年保护造成大米生产严重过剩，适当限制大米种植并没有触及大米保护的根本。2009—2012 年，日本因债务危机大幅度削减涉农预算，然而此间对大米的国内支持年平均水平比 2008 年平均增长了 50%；2012 年的“蓝箱”政策支持为 155.2 亿日元，是 2009 年的 7 倍。日本大米市场在“蓝箱”政策的支持下严重扭曲。

（四）巴西：以农业优惠信贷和期权补贴项目为特色

巴西从 2005 年开始大幅度增加“发展箱”政策的使用规模，2011 年发展箱政策支持为 10.4 亿美元，占国内支持总量的 18%。其主要内容包括为农村基础设施建设、农业机械设备等提供投资信贷，以优惠利率提供农业生产信贷等。另外，巴西政府依靠自己完善的期权市场建立了“公开出售期权合约体系”以支持农业生产的发展。该体系由政府授权的巴西食品供应公司具体实施。在播种期，巴西食品供应公司公开宣布将要提供的期权合同，包括农产品名称、数量和执行价格等。当期权购买者决定执行合约时，巴西食品供应公司负责购买所有农产品，保证农民最低销售价格以规避市场价格风险。

---

① 日本的食管制度是由 1942 年出台的《粮食管理法》确定的，1996 年被废除。

农业作为一个特殊部门，各国普遍倾向于实施农业保护。但是，随着经济全球化、农业国际化进程加快，许多国家开始注重通过市场提高农业部门自身竞争力。例如，对于期货市场发达的国家，农业领域生产、经营、服务主体通过参与期货市场提高了自身的抗风险能力，在一定程度上代替了某些农业支持政策的功能，也就不用顾忌 WTO 规则对农业支持的诸多规定。在美国、欧盟等国家和地区，农民根据风险承受能力与各类合作组织、仓库签订远期合约，合作组织和仓库则根据合约种类及风险情况在期货或期权市场建立头寸进行套期保值。这种“组织（公司）＋农户”“期货（期权）＋订单”的模式是美国农产品市场的基本操作模式，有效规避了价格风险，保证了农民收益，实现企业风险可控。

四、思考与建议

当前，我国农业支持政策正处于从临时收储政策为代表的市场价格支持政策向“价补分离”的目标价格支持政策过渡阶段。根据 WTO 规则，目标价格补贴属于挂钩的直接支付，其带来的市场效率损失小于市场价格支持，但依然属于“黄箱”政策。按照当前市场情况匡算，我国棉花、大豆目标价格补贴预计将分别占棉花、大豆产值的 9.2% 和 6.0%，其中棉花已经超过 8.5% 的微量许可水平。随着未来目标价格补贴政策的范围进一步扩展至油菜籽、食糖和玉米等其他品种，对特定农产品和非特定农产品补贴水平受 WTO 限制，引发贸易争端的风险将进一步加大。借鉴国际经验，并结合我国实际情况，提出以下建议。

（一）大力增加“绿箱”政策支持

根据“入世”承诺和 WTO 规则，在三个免于削减的政策箱中我国仅能使用“绿箱”政策。今后我国应重点发挥“绿箱”政策的作用。首先，我国应根据经济增长情况，不断增加“绿箱”政策支持投入并以法定形式确定下来；其次，我国要调整“绿箱”政策支持结构以完善农业支持政策体系。如继续增加对农业基础设施建设、农业科研等传统重点领域的投入，进一步加大对与生产不挂钩的直接支付、资源储备、区域发展、结构调整补贴等新领域的支持力度，根据新时期国家粮食安全战略需要适当调低粮食安全储备支出，同时确保全部投入真正用于农业部门。另外，我国要以更加主动的姿态参与全球经济治理，积极推动多哈农业谈判进程，促进建立更加公平合理的国际农业贸易新秩序。

（二）积极调整“黄箱”政策并突出支持重点

近年来，我国已经逐步调整了“黄箱”政策，如减少价格补贴措施、流通领域补贴，采取直接补贴等方式。今后，我国首先应尽量把“微量许可”的空间用足，调整农业支持补贴的目标，将关系国计民生和对外依存度高的粮棉油糖等大宗农产品作为支持重点，完善现行农业补贴政策，提高农业补贴的精准性和指向性；其次对棉花、大豆以及后续试点品种加强市场监测，科学、合理地确定目标价格和市场价格，以保证补贴水平符合WTO规则要求；不断完善实施细则，保证补贴足额发放到农户手中，提高政策执行效率。

（三）发挥期货市场作用，推动完善农业保险市场体系

国外农业支持政策实践表明，农业保险作为WTO规则鼓励的“绿箱”政策，日益受到各国政府的重视。我国农业保险市场总体发展较为滞后，农业保险产品仍以“保成本”为主，缺乏能在更高程度保障农民收益的收入保险或价格保险，难以适应农产品价格市场化改革后农产品价格波动程度加大的要求。目前，我国正在探索开展目标价格保险试点，农业保险经办机构在提供价格保险产品时，缺乏市场化的价格发现机制，定价基础不充分，也难以通过期货市场来对冲系统性风险，影响了试点的积极性。建议充分发挥期货市场价格发现和套期保值作用，研究农产品价格保险与农产品期货市场的有效对接途径，推动完善农业保险市场体系。

（四）利用农产品期货期权丰富农业支持政策工具

相比期货，期权的资金使用效率更高且在风险管理方面具有独特优

势。美国等发达国家，巴西、墨西哥等发展中国家均在利用农产品期货期权补贴实施农业支持政策，帮助农民在管理价格波动风险方面进行了积极探索。我们组织的期货市场服务实体企业问卷调查也显示，推出期货期权交易是实体企业提出的主要建议之一。我国农产品期货市场经过 20 余年的发展，已经具备开展商品期权交易的基础条件。建议加快推出农产品商品期权，丰富农业企业管理风险工具，研究利用商品期权开展农业补贴的可行性，充分发挥财政资金的杠杆作用，降低补贴成本，提高补贴效果。

（五）开展并扩大期货订单农业试点

国际经验表明，大部分农民由于资金实力、操作经验以及抗风险能力所限，一般通过合作社、仓库、农业企业等间接参与期货市场管理风险。我国农业以千家万户小生产为主，规模化、标准化程度低，农民更不适宜直接参与期货市场。近年来，我们指导期货交易所先后挖掘、总结了湖北白银“公司 + 合作社 + 农户，订单 + 期货”、九三粮油“延期点价”及期货公司风险管理子公司参与的“风险管理子公司 + 合作社 + 农户，订单 + 场外期权 + 期货市场”等期货订单模式试点，相关农业企业或合作社在实践中利用期货市场开展期现一体化经营，对稳定经营、发展订单农业有一定效果。建议国家财政出资支持，整合农业产业化龙头企业，期货交易所，信贷、期货、保险机构的力量，按照自愿及市场化运作模式，在特定农业主产区开展上述模式试点，对相关模式进行评估和完善，探索可行方式，促进农业与企业双赢，提高农民收入。

附件五　国际四大粮商运作模式研究

第二次世界大战之后，经济全球化趋势日渐形成。前些年的国际粮价飙升、近期的国内进口激增一次次地证明了农业国际化进程正进一步加快，不论是发达国家还是发展中国家都主动或被动地融入其中。国际四大粮商（ABCD）是跨国农业企业的代表，也是农业国际化的推动者，均有百年以上的发展历史，并在世界范围内搭建起了一个集农业生产、储运、贸易、加工、销售为一体的产业链。根据2014年中央一号文件要求，我国应合理利用国际农产品市场，着力培育具有国际竞争力的粮棉油等大型企业。因此，深入研究四大粮商百年不倒的发展经验及其运作模式，对推动我国农业企业在跨国企业主导的国际农产品市场上发展壮大具有重要意义。

一、国际四大粮商基本情况

国际四大粮商是指美国ADM、邦吉（Bunge）、嘉吉（Cargill）和法国路易·达孚（Louis Dreyfus）四大跨国公司，根据英文名字首字母，人们将其简称为“ABCD”。四大粮商都是拥有百年以上历史的跨国粮商。其中，除路易·达孚规模较小外，其余三家均为财富世界500强企业。截至2011年，四大粮商销售收入合计达2788亿美元，加工贸易粮食达3.4亿吨以上，占全球谷物产量的14.2%，在全球拥有1500多个工厂，雇用员工超过26万人。据统计，在2012年财富世界500强企业中，农业产业经营收入超过总收入60%的企业有16家（不包含食品、饮料等物流商和零售商），2011 年经营收入[①]合计为 7144 亿美元，ABCD 的年营收为 16 家合计的 39%。四大粮商在世界范围内优化配置资源，搭建起了集种植、生产加工、仓储物流以及销售于一体的巨大网络，并呈现出经营规模大、全产业链化、地域分布广、贸易呈西东流向等特点。

就业务范围来看，四大粮商业务各有侧重，ADM 注重研发、生物燃料，邦吉注重以南美洲为基地进行产业链布局，嘉吉的物流体系发达，而路易·达孚注重风险管理。但是，它们在农业和食品领域重点发展的基础上，均努力纵深发展全产业链，从农场、储存、运输、加工、分配，直到销售终端。

就地域分布来看，四大粮商已经进入了除南极洲以外的非洲、亚洲、大洋洲、欧洲、南美洲和北美洲等 6 大洲。但各洲的功能有所差异，北美洲、南美洲以农业生产加工为主。以巴西压榨行业为例，ABCD 四大粮商在巴西设厂扩能，其压榨能力已占巴西总压榨能力的 54%。种种迹象表明，非洲也正在悄悄转变为四大粮商的生产基地。亚洲和欧洲以农产品加工和消费为主，成为四大粮商的销售目的地。

就贸易格局来看，四大粮商运用上百年的国际贸易经验，将北美洲、南美洲生产的粮食和原料运往亚洲、欧洲等消费地区，贸易呈现从西（半球）到东（半球）流向，世界形成“哑铃形”产运销结构，哑铃的两端分别是数量庞大的生产者（农民或农场主）和消费者，哑铃的中间部分则是跨国企业，将生产者和消费者有机地连接在一起。

二、国际四大粮商的运作模式分析

ABCD 四大粮商之所以能够发展成这样的规模与实力，是其用上百年的时间整合全球农业资源稳健运作的结果。纵观其发展历史，ABCD 的核心运作模式可以概括为“三化”：纵向一体化、横向一体化和运营金融化

① 因世界企业报表制度不同，有些企业年报终止月份为每年 3 月，有些企业则为 6 月，因此一些企业目前的财务数据缺少 2012 年度。为了数据统一，这里采用 2011 年度的报表数据。

（见附图5－1）。一般来讲，农业企业的生产过程除了需要原材料、初级加工品、深加工品的投入外，还要经过批发、中转、零售等渠道来完成销售活动。因此，处于产业链任一环节的厂商都有控制上下游的动因，同一环节的企业也都有强强联合的意图，这便形成了纵向一体化和横向一体化组织框架。在纵向和横向一体化过程中，农业企业运营越来越多地结合金融要素，呈显著金融化趋势。

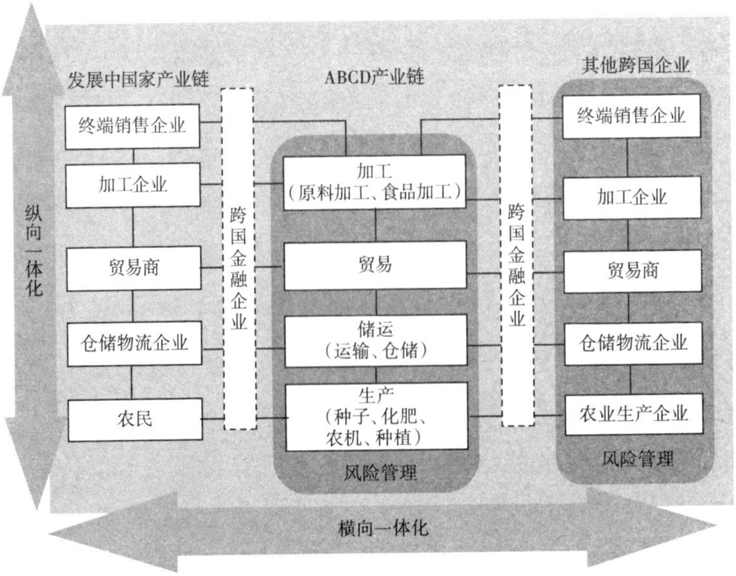

附图5－1　世界范围内农业产业链示意图

（一）纵向一体化

纵向一体化，又称垂直一体化，是指将产业链上下游业务整合在一起的组织架构[①]，这种组织架构可以降低交易成本、增加垄断利润和保障供应。在ABCD中，ADM以亚麻籽加工业起家，其余三家以物流贸易起家，它们均有前向和后向一体化的动机。

在生产环节，ABCD通常是在播种初期与农民签订合约，提前给农民

① 芮明杰. 产业经济学：第二版［M］. 上海：上海财经大学出版社，2012：348.

提供种子、化肥、农药等，等到收获时再从农民手中收购粮食。而 ABCD 提供的种子、化肥、农药等农资则是与孟山都、先正达、杜邦等国际生物技术公司合作的结果。如 1998 年孟山都与嘉吉各出资 50% 组建瑞耐森有限责任公司（Renessen LLC），目的是将孟山都在种子和生物科技方面的优势与嘉吉在粮食加工、销售、风险控制方面的优势结合起来；又如，ADM 与诺华（Novartis）合资组建了先正达（Syngenta），现已成为世界第三大种子（杂交种子与转基因种子）公司。

在加工环节，ABCD 以独资、收购、合资、租赁等方式后向延伸产业链。以邦吉为例，邦吉最初于 1818 年在荷兰阿姆斯特丹成立粮食贸易公司，1905 年进入巴西开展小麦碾磨业务，自此开始构建食品产业链；1923 年收购了一家棉籽加工企业，开始产业多元化经营；1967 年在美国德斯特罕市（Destrehan）建立首家大豆加工厂，十几年后又在爱荷华州建立了美国最大的大豆压榨和精炼工厂；20 世纪 90 年代以后，邦吉进一步延伸自己的农业产业链，分别收购了美国 Carline 食品有限公司、在欧洲提供大豆加工和瓶装油的 Cereol 公司、与从事可再生石油和生物制品生产的 Solazyme 公司在巴西组建合资企业，在德国曼海姆成立了一家生物柴油合资企业等。

在物流和贸易环节，四大粮商主导的局面可追溯至 19 世纪中后期。四大粮商在产业链前向、后向延伸后，大量的贸易活动只在跨国企业内部进行即可。具体来看，ABCD 旗下都有多个贸易公司，这些贸易公司大多设立在新加坡等给予优惠税收的地区。ABCD 将农产品原料卖给旗下的贸易公司，再由贸易公司卖给消费地区的加工企业。为了配合贸易活动，ABCD 不断壮大自有物流网络。以 ADM 为例，在运输方面，最新数据显示，ADM 在全球拥有 1700 艘驳船、58 艘拖船、29 艘固定线路船只、24700 节铁路车皮、1600 辆拖车和 7 艘海轮；在仓储方面，ADM 的仓储设施遍布全球，仅在南美就有 80 多个，主要分布在巴西、玻利维亚和巴拉圭，其中巴西约有 40 个，存储能力达 220 万吨。此外，ADM 控股的托福公司、益海集团在阿根廷、乌克兰、罗马尼亚、中国等地也有许多物流仓储设施。

纵向一体化组织架构可使 ABCD 在贸易环节低卖高买，进行内部价格转移，实现整个产业链条的高额回报。

（二）横向一体化

横向一体化是指处于价值链同一环节竞争对手之间的合并，具有协同收益和规模经济效应①。ABCD 的横向一体化既有相互间的，也有与其他企业同一价值链环节进行的横向整合。ABCD 之间的横向整合主要集中在 20 世纪 90 年代，如路易·达孚与 ADM 在 1993 年的合资项目、邦吉与嘉吉在 1995 年的交换合作、路易·达孚与嘉吉在 2001 年的合资项目等②。近几年，ABCD 的横向整合基本都发生在与其他企业之间，内容涉及不同产品和产业链各环节。以嘉吉为例，嘉吉的产品与服务包括 12 大类③，几乎每一类产品的生产加工均有扩展。

在动物营养方面，嘉吉 2001 年收购普瑞纳（Purina）、2007 年收购乐恩贝（LNB）、2011 年收购普罗维美（Provimi），逐步奠定了其全球最大的饲料生产和销售商的地位。

在动物蛋白方面，嘉吉作为全球最大的畜禽肉类生产商和加工商仍在不断完善自己的分销体系，如 2005 年收购了巴西领先的肉类企业红太阳及阿根廷牛肉加工和出口商 Finexcor，2011 年兼并澳大利亚第二大牛肉加工商 Teys 兄弟，收购德克萨斯州的猪肉、饲料加工企业，2012 年收购 AFA 食品公司的牛肉加工厂等。

在谷物加工方面，2011 年，嘉吉从 Agrium 收购了澳大利亚小麦局

① 芮明杰. 产业经济学：第二版[M]. 上海：上海财经大学出版社，2012：350.

② Brewster Kneen. Invisible Giant：Cargill and its Transnational Strategies[monograph]. Pluto Press，Sep 20，2002.

③ 12 大类分别是嘉吉动物营养、谷物与油籽、糖与乙醇、棉花、淀粉与甜味剂、特种配料、亚洲可可与巧克力、动物蛋白、国际钢材、石油、煤炭、海洋运输，资料来源于“嘉吉中国”（http://www.cargill.com.cn）。

（AWB）的大宗商品管理业务[①]，主要包括AWB的粮食销售、粮食池运营、国际粮食贸易、粮食流通和仓储以及其他国际运营业务；2013年，嘉吉与美国ConAgra Foods、CHS将北美面粉加工业务合并成为一家名为Ardent Mills的新公司。

在可可与巧克力加工方面，2011年，嘉吉收购德国巧克力制造商Schwartauer Werke GmbH & Co，并将其并入嘉吉可可及巧克力业务的网络。

（三）运营金融化

金融化是指在国内外经济运行中，金融市场、金融动机、金融机构和金融精英的重要性不断上升的过程[②]。ABCD的经营发展和金融要素越来越多地结合在一起，金融化趋势显著，主要表现为日常经营与期货市场紧密结合和与金融资本结合加快企业扩张。

1. 日常经营与期货市场紧密结合

ABCD精通期货市场并将其与日常经营紧密结合。其一，四大粮商不管是在产地收购粮食与农民定价，还是在销地进行报价，均是根据期货市场交易情况。如在路易·达孚（中国）每天上午10：30上半节期货交易收盘时，根据收盘价报出当天的油脂油粕销售价格。其二，四大粮商充分利用期货市场对冲市场风险。在ABCD，期货市场被作为采购销售的虚拟渠道，与现货市场统筹考虑，企业面临的市场风险取决于敞口头寸，即现货采购的数量加上期货市场多单减去现货销售合同再减期货市场空单[③]。ABCD能够实时掌握企业信息流、商品流并计算出敞口头寸，利用自己高效的信息系统和优秀的研发团队评估期现价差、预测市场趋势和把握波动节奏，套保操作团队适时在期货市场上进行操作，尽量做到采购比竞争对手价格更低，销售比竞争

---

① 2010年12月加拿大化肥及农业巨头公司Agrium以12.36亿澳元收购澳大利亚小麦局（AWB），并在2011年改名为Agrium亚太有限公司。收购前AWB的业务分为两个部分：Landmark农村服务（Rural services）和大宗商品管理（Commodity Management）。

② G. Epstein. Introduction：Financialzation and the World Economy. in G. Epstein（ed.）Financialization and the World Economy，Edward Elgar：Cheltenham，UK，2005.

③ 费忠海. 企业如何运用期货市场进行风险管理［R］. 第六届国际期货大会演讲实录，2010.

对手价格更高，以有效管理生产成本。ABCD将这样的风险管理运用到从种植到销售的每一个环节，控制每一个环节的敞口状态风险，以稳定甚至降低成本。鉴于期货市场对日常经营的重要性，ABCD极力对所在国下游企业推广“升贴水+期货价格”的基差合同；另外，一些企业在进入农业领域投资时首先考虑的是有没有对应的期货产品进行避险。

2. 与金融资本结合加快企业扩张

企业发展离不开雄厚的资本，即便是套保避险也需要巨大的资金保障①，企业扩张更是需要资本支持。ABCD借助雄厚的自有金融资本和在其他金融机构的融资，实施“合纵连横”，以谋求利润最大化。

ABCD旗下都设有多个金融子公司（见附表5-1），以其资本和金融团队为母公司的其他业务发展提供信托、银行、期货、投资咨询等领域的服务和资本后盾。近些年，这些金融子公司呈现扩张趋势，在ABCD母公司中的地位不断提升。

附表5-1　四大粮商旗下金融企业一览

企业名称	旗下金融企业
ADM	ADM Investor Services Archer Financial Services Baralie Capital Management
邦吉	Bunge Limited Finance Corporation Bunge Global Market Climate Change Capital Limited
嘉吉	Cargill Risk Management Black River Asset Management Cargill Trade and Structured Finance Carval Investors Cargill Energy and Risk Management Solutioons

① 以100万吨大豆加工厂为例，按照豆粕4000元/吨，四级豆油7000元/吨，保证金比例10%计算，1万吨大豆（折合7950吨豆粕和1850吨豆油）需要448万元保证金。若实行三个月内的用量全部套保策略，且考虑100%备用保证金，则套保资金需要1.3亿元左右。若300万吨的大豆加工厂则需要5亿元左右的套保资金。

续表

企业名称	旗下金融企业
路易·达孚	Alpha Fund Calyx Agro

资料来源：各公司网站。

单单依靠自有资本显然是有限的，在全球金融市场上进行筹资是必然选择。依靠自身实力，ABCD积极从机构投资者、退休基金、信托或银行等投资者中募得海量资金。利用这些资金，他们可以开启新业务和在世界各国进行收购和并购。目前，为ABCD提供资金支持的国际债权人包括荷兰的荷兰银行、荷兰商业银行、拉博银行，法国的巴黎银行、里昂银行、法兴银行、法国农业银行，美国的美洲银行、花旗集团、摩根大通集团，德国的商业银行、德意志银行，以及瑞士的信贷集团、英国的汇丰银行、意大利的联合银行等世界著名投行。以德意志银行为例，它的6个农业资产管理基金已为ADM投资超过2亿美元。

三、四大粮商的发展趋势

ABCD的运作模式并不为其独有，国际大型企业也在利用这样的模式来发展。ABCD上百年的“家底”虽然厚实，但也不是不可撼动。在2007—2008年国际粮食危机之后，许多跨国公司、国家基金纷纷加快进军粮食原产地的步伐，全球农产品贸易秩序正在悄然变化。

（一）以亚洲为代表的跨国公司、国家基金进军粮食原产地

由于土地增值、需求刚性，农业利润空间长期看涨，加上国际粮食危机带来的恐慌，自2007年以来，以亚洲为代表的一些跨国公司、国家基金形成了一股进入农业行业，特别是进军世界粮食原产地的潮流。

在2012年世界500强企业中，农业收入超过100亿美元的企业有26家，除了16家传统农业跨国企业外，还有嘉能可（Glencore）、来宝（Noble）、三菱（Mitsubishi）、三井（Mitsui）、陶氏化学（Dow Chemical）、丸红（Marubeni）、伊藤忠（Itochu）、拜耳（Bayer）、住友（Sumitomo）、杜

邦（Dupont）等国际能源、化学化工以及新型粮食贸易商。具体来看，全球最大贸易商嘉能可2012年以60亿加拿大元收购加拿大最大粮商Viterra，能源巨头Gunvor、Vitol和Mercuria分别通过组建或挖角[①]农业贸易团队进军农产品市场；日本丸红株式会社收购美国第三大粮商Gavilon，伊藤忠商事株式会社收购世界最大新鲜果蔬生产及营销商美国都乐食品公司的全球罐装水果与果汁饮料加工业务，以及亚洲水果与蔬菜业务；新加坡淡马锡控股（Temasek Holdings）是新加坡财政部100%控股公司，近年来重点投资了农业贸易公司Olam国际、国际肥料和农业化工企业Mosaic公司、印度农业企业Godrej Agrovet并成立非洲基金投资农业。日本的三井、三菱、住友、亚洲新崛起的粮食贸易商NOW[②]也是这次进军农业浪潮的佼佼者。另外，一些国家，如韩国、卡塔尔、沙特阿拉伯等，支持本国企业购买或租赁海外土地进行农业生产。

（二）四大粮商的发展正在受到威胁

随着国际市场上新生力量的崛起，ABCD的一些地盘被竞争对手收购，其发展正在受到威胁。比如，2010年，巴西淡水河谷（Vale）收购了邦吉在巴西的钾矿和磷矿；2012年，欧洲化肥企业Yara International ASA收购了邦吉在巴西的年营收超过26亿美元的化肥业务；2013年5月，嘉吉宣布将与加拿大粮商P&H共同运营嘉吉位于安大略省的一个谷物码头，这意味着嘉吉将这个码头一半的资产出售给P&H成立合资公司。在国内，受政策影响[③]，2011年之后，以四大粮商为代表的外企几乎没有再获得新的压榨项目，其直接结果是四大粮商压榨份额在国内持续缩水，从2010年的29.7%下降到2012年的26.9%，而同时国内大型企业占比不断增加，如中粮从2010年的9.7%增加到2012年的12.4%。

---

① 2013年4月，Vitol从Viterra挖角前高管Donald Chapman为首的一组贸易员组建了其粮油贸易团队；2012年年底，Mercucia从摩根士丹利（Morgan Stanley）挖角一组农产品交易员加入其公司并组建独立的农产品贸易部门，跨足农产品贸易。

② NOW分别代表来宝集团（Noble）、奥兰国际（Olam）和丰益国际（Wilmar）。

③ 2011年，国家发改委公布《产业结构调整指导目录（2011年本）》。

四、对我国的启示与借鉴

四大粮商历经百余年发展，虽然现在面临诸多挑战，但是其短期内在业界地位依然稳固。借鉴 ABCD 等跨国企业经验，我国本土农业企业应加快“走出去”的步伐，逐步建立全产业链经营网络，切实提高风险管理水平，同时政府应对本土农业企业国际化给予引导和支持。

（一）“走出去”农业企业应积极建立全产业链经营网络

我国农业企业“走出去”起步晚、规模小，主要是以独立、合资或参股等形式租赁或购买土地种植、购买捕捞许可证、建立生产基地等，仅集中于生产、初加工等初级环节，较少参与境外农产品仓储流通及精深加工等高层次的经营活动。目前，各国都越来越慎重于土地问题，如巴西国土资源局在 2010 年出台了新法令，禁止外国人、外国企业和外国控股的巴西企业购买 250 公顷以上或租赁 5000 公顷以上的土地，也禁止购买或并购拥有土地所有权的巴西企业。因此，我国农业企业国际化仅参与初级环节，不仅不利于长期可持续发展，也将受到越来越大的环境制约。借鉴 ABCD 等跨国企业的经验，我们应重视投资仓储、加工和贸易环节。在农业产业链中，仓储、加工和贸易环节是国际大型农业企业所热衷投资的领域，农业企业“走出去”也应以上述环节先行。这些环节所受到的政策限制少、经营风险低、运营成本低，企业能够赚取的利润较高。中国企业规模较小，较适合重点投资仓储、加工和贸易环节，最大限度地发挥资金的增值潜力。同时，通过收购、并购、合作等方式加强企业的横向联合，不仅可以获得对方企业的上下游生产、销售等资源，还可以学习其生产经营技术、管理理念和食品安全体系等。

（二）“走出去”农业企业应切实提高风险管理能力

风险管理是企业的生命线。中国农业企业在“走出去”的过程中，不仅受自然条件、技术适应性、农产品价格波动等因素影响，还受投资国政局变动、经济政策变化等特殊风险的影响。面对这些不确定性，“走出去”

农业企业应借鉴跨国企业的经验，切实提高风险管理能力。首先，企业可利用保险、期货、信贷等多种金融工具抵御风险、减少企业不必要的损失，如通过远期现货合同和期货合同来管理商品价格风险，通过使用同一种货币对购销进行结算和外汇远期交易合同来管理外汇风险，通过利率掉期合同来管理利率风险，通过信用凭证等工具来管理信用风险；其次，企业应积极构建完善的信息采集体系和人才培养体系。在尽量大的范围内建立信息采集体系和相关数据库，尽量精确地把握市场。对于期现复合型人才的培养，企业和政府应分层次设立培养基金，每年选派后备人才到境外的交易市场以及公司的境外代理机构进行定期学习。

（三）政府和国家金融机构应给予“走出去”企业引导和支持

目前，我国部分已经“走出去”的农业企业陷入困境，其主因是缺乏必备的资金支持。ABCD 善于利用国际金融市场进行融资，而韩国、中东国家也以国家基金或援助等形式支持企业“走出去”。而我国企业当前利用金融市场筹资的能力较弱，政府和国家金融机构应给予一定的支持和引导。借鉴国际经验，我国应探索发展并购投资基金，并对企业自建或者并购码头、仓储、加工等物流设施的给予特别支持；同时，有关金融机构在贷款利率、期限、额度上给予重点倾斜；鼓励和支持商业投资公司对境外农产品基地建设企业提供担保，帮助涉外农业企业解决融资困难；鼓励具备条件的企业，在境外发行股票、债券，直接进入国际资本市场融资。

附件六　加快衍生品市场创新，推进农业保险健康发展

农业保险是在 WTO 框架下支持农业发展的重要手段。近年来，我国农业保险快速发展，有效发挥了农业灾害补偿的重要作用。但总体来看，我国农业保险仍处于发展的初级阶段，其制度安排、产品结构以及风险分散机制等诸方面不够完善，难以适应多元化、多层次的农村风险管理需求。经过 20 多年的发展，中国衍生品市场在定价和风险管理等方面的作用逐渐凸显。加快衍生品市场创新发展，支持和推进农业保险健康发展，将更有效地为农户及相关农业企业提供风险保障。

一、我国农业保险发展历程与现状

（一）发展历程

中国近代的农业保险至今已有 80 余年的发展历史。20 世纪 30—40 年代，农业保险曾经在小范围地域尝试了合作组织、股份有限公司等形式，商业保险机构也曾试办过农业保险。但是，由于农业保险的高风险性，以及当时既缺乏一定的经济基础，又没有政策保护，致使这些尝试大多是昙花一现。1949 年 10 月，中华人民共和国政府批准建立了国有的中国人民保险公司，并开始试办农业保险。1950—1958 年，我国农业保险从无到有，开办了牲畜保险、养猪保险、农作物保险等险种。随着农业“大跃进”的深入以及政社合一的人民公社的建立，人们普遍认为“一大二公”的人民公社就是一个大保险公司，商业性保险已经完成了其历史使命。在此背景下，从 1959 年

1 月开始包括农业保险在内的国内保险业务基本全部停办。

直到 1982 年，中国人民保险公司恢复办理农业保险业务。我国农业保险在经历了 20 世纪 90 年代初期的快速增长后，自 1993 年以来逐年萎缩。2003 年，党的十六届三中全会《中共中央关于完善社会主义市场经济体制若干问题的决定》首次提出“探索建立政策性农业保险制度”后，新一轮农业保险试点开始推进。2007 年，中国政府开始对农业保险给予财政、税收等各项支持政策，财政部正式对农业保险补贴设立财政预算科目，农业保险进入了快速发展时期。2012 年，中国颁布了第一部农业保险法规——《农业保险条例》，农业保险结束试点阶段，自此进入稳定发展时期。

（二）发展现状

1. 我国农业保险规模已位居全球第二

自 2007 年以来，我国农业保险规模增长显著。2007—2013 年，我国农业保险累计实现保费收入达 1155. 03 亿元，年均增速为 37. 29%（见附图 6 -1），农业保险承保主要农作物从 2. 30 亿亩增加到 11. 06 亿亩，目前已覆盖全国所有省份，涵盖农林牧渔的各个方面，水稻、玉米和小麦三大口粮作物的保险覆盖率分别达到 64. 9%、67. 3% 和 61. 8%。2013 年，农业保险保费收入达 306. 59 亿元，提供风险保障达 1. 39 万亿元，参保农户达 2. 14 亿户，向 3177 万户受灾农户支付赔款达 194. 94 亿元。目前，我国农业保险业务规模仅次于美国，成为亚洲第一、全球第二的农业保险市场。

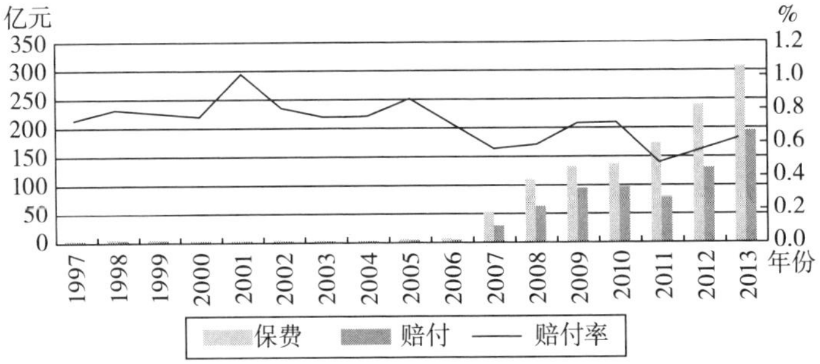

附图 6 -1　1997—2013 年农业保险保费收入及赔付情况

资料来源：国家统计局网站。

2. 农业保险的保费补贴持续增加

自2007年以来，中央、省、市、县各级财政都对参保农民给予保费补贴。其中，中央财政政补贴35%（西部地区补贴40%），省财政补贴25%，县（市、区）财政补贴15%，参保农户（龙头企业、专业合作经济组织）承担20%。部分省市补贴比例更高，如北京市财政对农民参加农业保险给予50%的保费补贴，各区县财政补贴10%～40%，累计补贴比例最高可达90%。中央财政安排的农业保险保费补贴预算资金从2007年的21.5亿元增长到2013年的120.38亿元，地方配套补贴也超过110亿元。在具体操作上，先是县市财政根据农民参保情况向承保公司拨付应分摊的保费补贴，然后省财政再据此向承保公司拨付中央和省级的保费补贴。各级政府的财政补贴调动了农民的参保积极性，为农业保险的迅速发展发挥了重要的引导作用。

3. 农业保险的险种和承保品种不断丰富

随着农村经济的发展，我国农业保险的险种不断丰富，不仅有种植业、养殖业保险，还增加了“涉农保险”，如农房保险、农机保险、捕捞渔业的渔民和渔船保险等。其中，种养两业保险是最主要的险种。近年来，种养两业保险的承保品种不断增加，承保品种达到90余个。以上海为例，为满足农户需求，有针对性地开发地区主要农产品险种并不断细化，使农业保险的承保品种基于区域特色不断增加。自1992年农业保险在上海10个区（县）推开起，在巩固传统种养殖业险种的同时，上海不断开发出适应其生产形势的特色险种。由于蔬菜种植业在上海农业生产中占据了重要地位，1993年开发了大棚蔬菜保险，1995年开发了蔬菜附加财产保险，1996年开发了蔬菜种子保险，2001年开发了蔬菜出口保险，2008—2010年又试点并逐步完善蔬菜保单价格保险。目前，上海农业保险险种已有30多项，初步形成了生猪、奶牛、水产、家禽、水稻、蔬菜、油菜、瓜果、食用菌、淡水养殖等品种较为齐全的农村两业保险系列。随着上海“都市农业”的发展，上海安信农保将继续开发苗木、经济林、花卉、西甜瓜、网围养蟹、养鳖、梅花鹿和鸵鸟保险等新险种。

4. 农业保险经营体系初步形成

2003年底，由中国保监会牵头，邀请有关部门、保险公司和专家学者就发展农业保险问题进行了深入的专题调研，形成了《建立农业保险制度的初步方案》，认为我国不能走单一主体经营的道路，应逐步建立多层次体系、多渠道支持、多主体经营的符合中国国情的农业保险制度。从目前在全国部分省市的情况来看，国内农业保险主要有以下五种模式：一是政府主办模式，即由地方政府出资成立专业性农业保险股份公司，如上海安信农业保险股份有限公司；二是政府主导下的商业保险公司经营模式，如吉林安华农业保险公司；三是政府支持下的互助合作经营模式；四是外资公司的经营模式，如法国安盟保险公司成都分公司；五是相互制保险公司模式，如黑龙江阳光农业保险公司。除此之外，还有一些其他类型的供给主体，如中国渔业互保协会，一些地方的谷物协会、苹果协会、西瓜协会、奶牛协会等。

5. 一批创新性保险产品进入开发试点阶段

我国目前市场上的保险品种以产量保险为主，保障标准较低，只能保障种植或养殖成本。为进一步提高农业抗击自然风险和市场风险的能力，农业保险正在“由保成本向保产量、保收入和保市场价值转变”，逐渐开发出了农产品价格保险、区域产量保险、天气指数保险、小额信贷保证保险和农产品质量保证保险等保险产品。如上海的蔬菜价格保险、北京的生猪蔬菜等价格指数保险、江苏的农产品价格指数保险等已经成为国内农产品规避市场风险的范例。安徽的天气指数保险试点也已经成功开发指向当地的水稻天气指数保险和小麦天气指数保险。另外，一些创新性保险产品正处于积极研发阶段或已进入试点。

二、当前农业保险发展中存在的突出问题

虽然我国的农业保险发展迅速，但是尚处于不断完善的阶段，现行农业保险制度还存在一些比较突出的问题，如产品设计和结构滞后、补贴政策设计不合理以及缺少风险分散机制等，不利于农业保险的持续发展。

（一）农业保险产品设计滞后

近年来，农业生产的各项费用大幅度上涨，而农业保险保障金额并未随之调整，不仅与农业生产总成本的差距越来越大，即使与直接物化成本比也有较大距离。2007—2012 年，黑龙江省的玉米亩均总成本由 345.3 元上升到 924.2 元，其中亩均物质和服务费用由 155.9 元上升到 344.6 元，均出现较大幅度上涨。但在此情况下，玉米的保障金额仅为 150 元/亩，一直未发生变化，导致风险保障水平大幅下降。同时，农业保险的产品单一，缺少选择性。如目前大宗农产品的政策支持体系正在改革，临时收储等政策将逐渐退出。在市场风险逐渐加大的情况下，粮食品种的价格保险、指数保险、区域产量或收入保险等产品仍是空白。此外，现行农业保险产品以省为单位统一规定，实行统一费率、统一保额，农民的可选择余地很小。但在一省范围内的不同地区间，农业生产的成本不同，有高有低；面临的灾害风险不同，有轻有重；农民对参加农业保险的不同需求不能得到满足。

（二）保险补贴政策设计不合理

农业保险补贴是对国家、地方、保险公司和农民都有利的好政策，但实践中表现出政策设计上还有一些不合理的地方需要改进：一是政策性农业保险一开始仅限于大宗农产品，而不同部门对大宗农业产品的理解又有所不同，由此导致一些属于区域性主导产业、农民收入重要来源的产品也没有纳入种养财政保险保费补贴范畴；二是主产区地方政府迫于财政紧张的压力，缺少组织动员农民参加农业保险的愿望和冲动。因为按现行的保费分摊办法，参加农业保险的农民越多，农业保险覆盖农作物面积就越大，地方财政支出也就越多，而这种支出却不会为地方财政带来增收。

（三）农业保险缺少科学的风险分散机制

目前，我国在分散农业保险风险方面主要采用的是商业办法。一是传统的成数分保，如某保险公司承保的农业风险实行 25% 成数分保，即将

25%的保费、风险责任同时转移到国内外的再保险公司。这实际上将公司的业务量缩减了25%。二是购买超赔再保险，如某保险公司对成数分保后公司自担风险部分，还对赔付在80%～120%部分购买超赔再保险，2012年，公司支付超赔再保险费用达500万元。三是设立农业大灾基金，如北京市规定赔付率为300%以上，即超过再保险赔偿限额的农业巨灾风险，由政府启动应急预案，采取一事一议的方式予以解决。市政府专门设立了农业巨灾基金，每年按农业增加值的1‰提取存入专户，实行专款专用。尽管采用商业性再保险方法能够起到风险分散的作用，但对以财政补贴为主要保费来源的中国农业保险来讲，弊端是显而易见的。一是成数分保为国际再保险公司开展国内农业保险业务提供了通道；二是不管是成数分保，还是购买超赔再保险，都需要支付大量的费用，致使国家财政补贴资金外流。

三、衍生品市场对农业保险的发展支持

根据国际经验，衍生品市场的价格发现和套期保值功能可以辅助农业保险产品定价和农业保险公司分散风险，有助于推动农业保险持续发展。

（一）辅助完善和创新保险产品

衍生品市场通过连续不断报价和良好的流动性，提供透明、连续和即时传播的价格信息，可以为部分农业保险产品提供价格参考，以计算保险产品的保障水平、保险费率及赔偿等。经过多年的发展，我国涉农期货品种共计19种，晚籼稻、玉米淀粉品种已获国务院批准，农产品期权、农产品指数等新型避险工具的研发都在进行中。目前，我国农产品衍生品市场基本覆盖关系国计民生的大宗农产品，并积累了服务实体经济的经验，铜、白糖、大豆等品种已经成为现货市场的重要风向标，初步具备在更高层次上服务国民经济发展的能力。这可以解决部分农产品价格保险产品、收入保险、价格指数保险产品设计中的定价难题，提升此类农业保险的推广速度。如安华农险公司在2011年就启动了这方面的研究，但由于没有经

验数据，至 2013 年此类保险才真正实施。

（二）辅助分散农业保险风险

由于农业保险具有高风险的特征，要大规模地开展农业保险业务，仅将农业保险风险留存于保险业内部自行消化或者通过财政体系消化是不可行的。因此，借鉴国际现代风险分散方式，通过农业保险衍生品，如保险期货、保险期权、保险互换、保险债券等可将农业保险风险转移至资本市场。根据我国当前情况，可考虑将农产品衍生品市场的相关品种与农业保险相结合，通过套期保值转移农业保险资金的风险。以北京的生猪价格指数保险为例，2013 年 5 月，安华农业保险股份有限公司北京分公司在北京市顺义区签订了国内首款农业保险创新型指数产品——生猪价格指数保险，为顺义区等区县的 143 户专业化大型生猪养殖场出栏的 41 万头生猪，提供了 5 亿元的价格风险保障。该保险纳入了北京市政策性农业保险补贴范围，政府各级财政累计补贴保费 80%，生猪养殖户仅需承担 20% 的保费。在 2021 年猪肉价格连连下跌的行情中，当时投保的养殖户获得了 410 万元的保险赔款，这保护了生猪养殖户的利益，稳定了生猪生产市场。作为金融创新服务农业实体经济的一个成功典型，该模式已经推广至北京市各区乃至山东省生猪调出大县邹平县等地。根据该保险合同条款约定，如果一年内猪粮与指数平均数之比低于 6∶1，则安华农险需要给予被保险人理赔金。尽管目前国内还未上市生猪期货，但是保险公司可以通过期货市场规避猪粮比中的“粮”的上涨风险。以豆粕期货主力合约为例，相较于 2013 年 5 月开盘的 3161 点，到 2014 年 5 月底，豆粕期货已经上涨了 693 点报收 3854 点，涨幅接近 22%。保险公司可以通过豆粕期货的套期保值来规避生猪饲养成本上升的风险。正鉴于此，保险公司的避险需求恰好与期货公司目前正在转型风险管理的初衷高度契合。

四、政策建议

针对当前农业保险发展中存在的问题和衍生品市场的作用以及发展状

况，特提出如下建议。

（一）完善和创新农业保险产品

适应农业生产成本不断上升和农户市场风险保障的需要，稳步提高农业保险的风险保障水平和创新农业保险产品。一是拓展风险保障范围。短期内，不仅应将保障范围扩展到全部直接物质成本，还应将人工成本、土地租金、机械作业服务费用等全部成本纳入保障范围。从长远来看，应逐步实现由保成本向保产量以至保收入的转变。二是动态调整农业风险保障水平。建议以三年为周期调整风险保障水平，以前三年的农业生产平均成本为基数，确定后三年的风险保障水平，建立农业保险的风险保障水平动态调整机制。三是提供多种档次的风险保障，设计高、中、低不同档次保险金额的产品，对不同档次实行差别化的补贴标准，由农民根据缴费和补贴标准以及自身风险防范的需要自由选择参保档次。四是建议相关政府部门尽快出台优惠政策，推动以价格为基础的农业保险在全国范围推广实施。在农业保险产品设计时，应充分利用期货市场信息作为参考。此外，应积极推进森林保险、指数保险等，为农业发展提供全面保障。

（二）调整发展农业保险的政策思路

扩大农业保险覆盖范围，把更多产品和更多的农户纳入风险保障体系。一是扩大农业保险的品种范围。逐步将一些区域性重要农产品纳入中央财政保费补贴范围，支持地方发展这些品种的农业保险。二是提高已纳入补贴范畴的种养业保险覆盖面，实现应保尽保。关键是调整中央与地方政府保费分担关系，减轻主产区地方政府财政补贴保费的负担，调动其组织动员农民参加农业保险的积极性，解决农业保险覆盖面窄的问题。

（三）健全农业风险分散机制

我国可从全国层面来建立政府支持下的农业风险分散制度。一方面，由经办农业保险业务的机构出资建立农业大灾风险共保基金。保险公司每年在其保费收入中提取一部分注入基金，在发生巨灾风险的情况下可从风险互助基金获得补偿，基金结余部分由各公司按照注资比例享有相关权益。另一方面，推动人保等保险公司进入资本市场避险的资格审批进程。农险公司等机构投资者入市交易，不仅能提高自身的抗风险能力，还有助于提升期货市场活跃度和带来可观的增量资金，从而扩大期货市场规模并提升市场功能发挥效果。建议尽快完善机构投资者引入机制细则，加快审批步伐，允许符合条件的机构投资者以对冲风险为目的使用期货衍生品工具，清理取消对企业运用风险管理工具的不必要限制。

附件七　金融衍生品工具在农业支持政策中的应用：巴西的经验

一、引言

巴西位于南美洲东南部，国土面积为851万平方公里，居世界第五位，2014年国内生产总值为23494亿美元，居南美洲首位，世界第七位。巴西是世界农业生产和出口大国，2014年，农业总产值约为1116亿美元，占国内生产总值的5%；巴西也是金融业较为发达的新兴市场国家，2013年，巴西资本市场总市值为3.19万亿美元，在全球市场中居第十五位。

众所周知，农业是国民经济的基础部门，但又是高风险的弱质产业。财力许可的国家都会采取措施对农业实施支持与保护，巴西也不例外。20世纪80年代，巴西放弃了“进口替代”战略和“以农养工”政策，逐步确立了“优先发展农业和粮食”的经济发展战略。此后，巴西不断加大对农业的支持力度，重视金融体系对农业发展的促进作用，逐步建起了一套农业支持政策体系，并在其中嵌入多种金融衍生品等市场化工具，有效地促进了巴西农业生产的稳步增长、农民收入的提高和贫困的下降，维护了社会公平与稳定。

二、巴西农业支持政策体系介绍

20世纪90年代后期，巴西结束了农业的“负保护”状态，同时不断完善政策体系，农业支持水平呈现快速增长趋势。目前，巴西的农业支持政策主要包括农业信贷、最低价格保证政策、农业保险及其他相关政策（见附图7－1）。

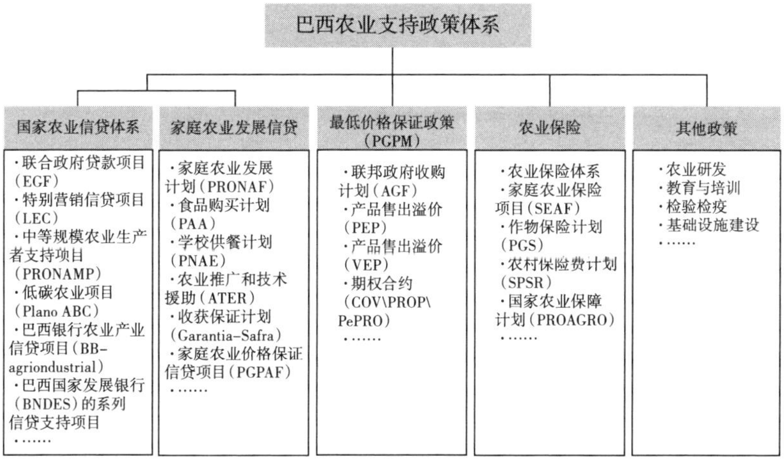

附图7－1　巴西农业支持政策体系

资料来源：WTO、经济合作与发展组织（OECD）。

（1）农业信贷。农业信贷是巴西最主要的农业支持措施，主要包括两个层次：第一层次是“国家农业信贷体系”（SNCR），这是1965年第4829号法令确立的制度框架，由中央银行负责管理。截至2012年年底，SNCR共由468家金融机构组成，包括国有银行、合作银行、私有商业银行以及获准经营农业信贷的合作社等①。第二层次是“家庭农业发展信贷”系列项目，由农业发展部（MDA）专门负责，其最主要信贷项目“家庭农业发展计划”（PRONAF）始于1995年，主要为年收入低于16万雷亚尔的小规模农业生产者家庭提供信贷。2011/2012年度，巴西各类农业信贷贷款总额达507.0亿美元，其中PRONAF项目贷款规模为61.4亿美元。其中，巴西的农业营销信贷项目多使用“期货/远期合约＋信贷”的运作模式。

（2）最低价格保证政策。最低价格保证政策（PGPM）是巴西于1966

① WTO，Trade Policy Review：Brazil，2013.

年开始实施的主要农业政策，由国家食品供应公司（CONAB）[①] 负责实施。CONAB 在每年农民播种前，根据国内需求、库存情况以及国际市场形势提出“最低保护价”方案，报农业部（MAPA）和国家货币委员会（CMN）审议，经总统批准后，在播种前两个月以政令形式颁布实施。CONAB 将在收获后以多种方式从农民手中购买农产品，如 AGF 项目是按照最低保护价从农户和合作社手中收购农产品，再如 COV、PEPRO、PROP 等项目是通过期权合约方式收购农产品。2011/2012 年度，最低价格保证政策支出总额达 7.6 亿美元。

（3）农业保险。巴西农业保险始于 1939 年国家再保险公司 IRB 的建立。目前，巴西政府建立了较为完善的农业保险体系和国家农业保障计划（PROAGRO），其中农业保险体系直接建立在财政支持基础上，给予保费 50% 的补贴，主要由 IRB 和圣保罗州立国有农业保险公司 COSESP 经营；PROAGRO 是由农业部、财政部、中央银行、巴西银行等组成的管理委员会监督实施，为参加计划的农民提供贷款，为给农民贷款的银行提供相同保障金额的保险，参加该计划的农户需缴保险金。现在，巴西农业保险体系覆盖范围包括农业、畜牧、水产、森林等领域。2011/2012 年度，农业保险中的 PROAGRO 计划赔付额达 7.7 亿美元[②]。

三、金融衍生品工具在农业支持政策中的应用

金融衍生品是市场化的风险管理工具，既可以减轻国家财政负担，又符合 WTO 规则。1995 年以后，巴西先后推出了三种期权类最低价格保证政策，包括公共期权合约、私人部门期权风险溢价和农产品私人销售期权溢价。在信贷项目中，巴西使用农业期票、农业期票副本以及农业信贷票

① 20 世纪 70 年代，巴西政府成立了巴西食品供应公司、巴西仓储公司、巴西农业生产金融公司三大国营企业对粮食等实行垄断经营。80 年代初，巴西政府因粮食增产和财政困难而逐步退出粮食流通市场，并将三大公司合并为巴西国家食品供应公司（CONAB），其主要职能包括：一是参与制定实施粮食最低价格政策，并负责国家的储备粮；二是实行帮助贫民的“食物篮子”等特殊计划。

② WTO Trade Policy Review：Brazil，2013.

据等“期货/远期合约+信贷”的运作模式，以支持国内农业发展。

（1）期权类最低价格保证政策。巴西在最低价格保证政策中嵌入三种期权工具，具体如下：

第一，公共期权合约（COV）。COV于1996年推出，是政府通过公开拍卖为生产者和合作社提供的在未来某一时间以“执行价格”向政府出售产品的权利。其中，执行价格由“最低保护价”加仓储和金融成本确定。CONAB公布将要提供的期权合同，包括农产品种类和合约数量，并通过交易所对外竞价出售。当期权购买者决定行权时，CONAB将在合约到期前通过两种方式执行合约，一种方式是由政府把市场价格与期权价格之间的差额直接补给农民，但产品仍由农民自己销售；另一种方式是由第三方，如学校、慈善组织等承担CONAB的职能以期权执行价格购买相应的农产品。自实施以来，COV的签约率和执行率都有所提高，目前已经覆盖玉米、小麦、水稻、高粱、棉花和咖啡等作物。2000/2001年度，由于巴西雷亚尔兑美元大幅贬值，COV支持水平为-1.2亿美元。2004/2005年度，COV支持水平由负转正，并不断增长。2011年，COV运用于3.64万手、98.3万吨的大米合约，价值3.4亿美元。

第二，私人部门期权风险溢价（PROP）。2004/2005年度，巴西又推出了一种期权类政策工具——私人期权风险溢价（PROP）。PROP的运作流程与COV相似，但合约规定的农产品购买者是私人部门，政府的角色是组织贸易流通和为私人部门提供风险溢价。PROP通过拍卖方式为私人部门购买农产品提供最高售价和执行价格之间的差价，愿意接受最小差价者中标。其中，出售农产品的最高售价由政府制定。从实施情况来看，PROP能覆盖大部分农产品，但巴西政府对该工具启动较少，2004/2005年度和2005/2006年度分别对棉花、大米、木薯、玉米、大豆和小麦执行了923手和3046手合约（见附表7-1）。该期权工具最近一次运用是在2008/2009年度，执行了1.24万手大米期权合约，价值1130万美元。

附表 7－1 2004/2005 年度、2005/2006 年度 PROP 与 PEPRO 两种期权类政策工具实施情况

单位：手

年份	支持工具	品种						
		棉花	大米	木薯	玉米	大豆	小麦	合计
2004/2005	PROP	272	328	76	94	0	153	923
	PEPRO	0	0	0	0	0	0	0
2005/2006	PROP	0	239	161	2059	587	0	3046
	PEPRO	311	0	0	0	1324	0	1635

资料来源：OECD. Agricultural Policies in Non－OECD Countries. 2007.

第三，农产品私人销售期权溢价（PEPRO）。在 PROP 推出后一年，巴西政府又推出了“农产品私人销售期权溢价”。该工具是通过拍卖方式为生产者和合作社出售农产品提供执行价格和市场价格之间的差价，并在行权时直接付给生产者或合作社。该工具于 2005/2006 年度运用于棉花和大豆（见附表 7－2），2011 年，巴西政府再次为 6.43 万吨大米和 5.27 万吨小麦的 PEPRO 期权持有者支付了价值 1050 万雷亚尔的溢价。

（2）“期货/远期合约＋信贷”模式。巴西农业信贷大致可分为营销信贷、生产信贷和投资信贷三类。其中，营销信贷多用“期货/远期合约＋信贷”的模式运作。

第一，农业期票（Rural Promissory Note，NPR）/农业期票副本（Rural Duplicata，DR）。NPR 是农业产业下游代理商在规定日期购买一定数量农产品的远期书面信用凭证，DR 是农业生产者在规定日期卖出一定数量农产品的远期书面凭证。因而，NPR 和 DR 实际是远期农产品买卖合同。下游代理商等买方可将 NPR 作为抵押物从巴西银行或者其他金融机构获得 30 天的短期贷款，但是国家层面的农村信贷资源用于 NPR 和 DR 的比例不能超过 7%。NPR 也可以被看作一种便利下游农产品购销的信贷工具。2009 年，NPR 和 DR 项目合同价值超过 1700 万美元。1998—2004 年巴 NPR 和 DR 实施情况见附表 7－2。

附表 7－2　1998—2004 年巴西 NPR 和 DR 实施情况

NPR 和 DR（1000 雷亚尔）	1998 年	1999 年	2000 年	2001 年	2002 年	2003 年	2004 年
小麦	0	4	3	1	2	4	—
玉米	1	3	5	3	2	2	—
水稻	0	1	0	0	1	4	—
大豆	19	14	15	11	8	7	—
棉花	8	1	0	1	2	5	—
咖啡	2	1	2	2	3	9	—
甘蔗	33	13	19	17	25	44	—
橙子	16	1	5	12	6	11	—
屠宰牲口	78	29	20	15	16	31	—
牛奶	69	15	0	25	21	36	—
合计	173436	567221	799440	1142143	1236690	962269	273736

资料来源：OECD. Review of Agricultural Policies－Brazil－ISBN 92－64－01254－0－OECD 2005.

第二，农业信贷票据（Rural Product Certificate，CPR）。为了应对极度通货膨胀和信贷危机、解决农业融资难题，巴西于 1994 年创设了 CPR 工具。CPR 是一种非标准合约，承诺在未来某个时间、某一地点、交付一定数量产品的凭证，实际上是附加了农产品远期合约功能的债券。CPR 实行“以产量控制发行量”的两级登记制度。农业生产者发行 CPR 工具，必须在当地财产登记机构登记农作物种植信息，然后才能作为民间直接融资载体进行流通。如果 CPR 要进入金融系统流通，必须在巴西中央银行授权的证券登记托管机构登记。登记结算机构实际上对民间流通的 CPR 与金融系统流通的 CPR 进行了风险隔离。在初创阶段，CPR 由国有银行和国家再保险公司进行担保，结算方式为实物交割，是一种纯粹的远期合约，在控制风险的同时，也限制了 CPR 的流动性。2001 年，CPR 增设了现金结算方式，为银行业金融机构参与 CPR 买卖提供了便利，此时 CPR 发展成为“远期合约＋债券”模式。2004 年，巴西银行创造出了 CPR 指数，直接在巴西期货交易市场上市流通，提高了 CPR 工具标准化程度和流通效率。截至2011年年末，在巴西托管结算所（Cetip）和证券清算所（BM&F Bovespa）两大巴西央行授权托管机构托管的CPR余额超过200亿美元，民间利用CPR工具进行融资的规模是正规金融系统登记规模的10倍。因此CPR开辟了农业直接融资渠道，开辟了农业融资多元化发展的道路。[①]

巴西在农业政策中不仅善于运用金融工具，还非常注重让多种金融工具相互协调配合来发挥合力。如EGF－COV，就是信贷与期权的结合，即巴西联合政府信贷项目（EGF）为农业生产者提供短期优惠信贷，并将其农产品或畜产品作为抵押；根据合同规定，借款人可以选择以约定价格放弃抵押品来还贷，即EGF附带以农产品销售为目的的公共期权合约（COV）。

四、巴西农业政策实施效果分析

巴西政府实施的一系列农业支持政策取得了良好效果，不仅促进了粮食产量、出口量和农民收入的提高，也维护了社会稳定。

（1）粮食产量和出口量不断增加。据FAO数据，20余年以来，巴西农牧业生产能力明显增强，种植面积从1990年的3040万公顷增加到2013年的3753万公顷，年均增幅近1%；粮食产量[②]从0.54亿吨增长到1.85亿吨，年均增幅为5.5%，尤其是2000年以后，年均增速提高至6.7%。这不仅能满足本国粮食需求，还能大量出口创汇，农产品出口额从1990年的87.6亿美元增长到2010年的796.3亿美元，年均增幅为11.1%，特别是2000年以后年均增速显著提高至18.1%。

（2）有效提高收入、减少贫困和促进社会公平。自20世纪80年代末以来，巴西一系列农业支持政策的实施也使社会指标得以明显改善。1990—2013年，巴西国家贫困线以下人口占总人口的比重从41.9%下降到8.9%，最低20%人口收入占总收入的份额从2.2%上升至3.4%。

① 黄德勇．联结民间金融和正规金融的桥梁——巴西CPR工具制度设计及启示[J]．区域金融研究，2012(8)：80－82.

② 粮食产量为FAO口径统计数据“谷物”和“粗粮”的合计值。

另外，根据 Deser 于 2005 年所作的政策评估结论来看①，最低价格保证政策、食品采购计划等措施直接从家庭农业生产主体购买食物，CONAB 发布的最低价格也积极影响所有自治市市场上的食物价格，进而对改善收入、稳定家庭农业生产组织以及从数量和质量上提高受助家庭的食物和营养状况方面起到了积极作用。其中，期权类政策工具的实施在保证农民收益和公共储备的同时又在一定程度上减少了相应的财政预算。

五、对我国完善农业支持政策的启示与借鉴

近年来，我国粮食领域呈现高产量、高库存、高价格、高进口的“四高”叠加特征，严重依赖财政的主要农业支持政策面临巨大挑战。巴西在农业政策中灵活运用市场化工具的做法将为我国完善农业支持政策体系、理顺农业产业链条提供重要思路和政策借鉴。

（一）继续加大农业支持力度并完善操作方法

根据“入世”承诺和 WTO 规则，我国不能使用巴西所用的“发展箱”政策支持农业发展，而仅能使用“绿箱”政策。今后我国应大力加强投入“绿箱”政策支持和调整“黄箱”政策结构并补贴的方式。首先，不断增加“绿箱”政策支持投入并以法定形式确定下来，进一步加大对与生产不挂钩的直接支付、资源储备、区域发展、结构调整补贴等新领域的支持力度，并适当调低粮食安全储备支出，同时确保全部投入真正用于农业部门。其次，我国今后应完善现行农业补贴政策的操作方式和实施细则，理顺农业、财政、统计、国土、司法等相关部门之间的关系，增强农业补贴的精准性和指向性，提高政策执行效率。

（二）加大市场化农业政策工具创新力度并有效推广

根据巴西经验，金融工具不仅可以丰富农业支持政策，还可以让市场

① DESER. *Compras governamentais*: o Programa Brasileiro de Aquisição de Alimentos. Brasília, 2005.

在农业资源配置中发挥更大作用。因此，我国应加快推出农产品期货期权、农产品指数等交易工具，推动农产品场外期权健康发展；研发农产品价格保险、指数保险等产品，与当前的农业支持政策相互衔接，比如研究探索利用农产品期权、新型农业保险开展农业补贴的可行性，这些既属于WTO“绿箱”政策，又可以全面保障农业发展。同时，加强与相关监管部门的沟通协调，消除新型政策工具发展的障碍，比如风险管理子公司开展场外期权的税收问题、统一结算问题、新产品开发所需信息的共享机制等。

（三）探索信贷、保险、金融衍生品等工具协调发展

借鉴巴西经验，我国应积极探索信贷服务、保险服务与金融衍生品抵押和套期保值业务相结合的有效途径，构筑保障农民基本收益的金融安全网机制；继续推动“订单＋场外期权/保险＋期货市场＋信贷”等订单农业模式创新，推动将涉农主体期货套保情况作为发放农业信贷的授信要素之一；支持保险公司在开发设计收入保险、价格指数保险等新型农业保险产品时，将期货市场价格信息作为参考，并利用期货、期权工具对冲风险；清除对银行、保险等机构投资者运用衍生品工具对冲风险的制度障碍，取消对企业运用风险管理工具的不必要限制。

附件八　关于期货市场与农业保险合作发展的“十三五”规划建议的报告

自2014年以来，我国改革进程全面深化，农业领域包括目标价格改革在内的各项改革措施陆续出台、逐步落实，更好地发挥了市场机制的作用，受到普遍欢迎。市场化改革在提升效率的同时，也使市场主体面临的价格波动风险加大，对构建更为完善的农业风险管理体系提出了迫切的要求。期货市场和农业保险都是农业风险管理体系的重要组成部分，两者相互合作，将有效推动我国农业的可持续发展。

一、期货市场与农业保险合作的基本路径与国际实践

一般认为，期货市场与农业保险有三种基本的合作路径。

1. 在农产品价格保险使用期货市场价格

价格发现是期货市场的两大功能之一，农产品期货市场为部分农业保险产品提供价格参考，以计算保险产品的保障水平、保险费率及赔偿等。以美国为例，美国收入保险产品设置了预期价格和收获价格来衡量价格变动。收入保险的预期价格和收获价格均参考期货市场价格，美国风险管理局还专门出台“商品交易所价格条款”来规范两个价格的选取。加拿大也有此类实践经验，其农业保险主要依据国内各省该类农产品平均市场收购价格确定，但需参考期货市场信息来调整收割期的市场价格。

2. 保险公司在期货市场进行风险管理

保险公司售出农业保险产品后将大量的市场波动风险聚集在自己手中，其分散风险的传统途径有两个：一是通过大数定理将风险均摊给每个

投保者；二是通过再保险将风险转移给其他保险公司或者再保险公司。除此以外，保险公司还可以通过期货市场分散和转移农产品市场波动风险，这实际是让农业保险公司充当了参保户与期货市场的中介者，将参保户与期货市场联结起来以分散市场波动风险。从国际实践来看，一些发达国家的保险投资基金，特别是养老保险基金已成为资本市场上最大的机构投资者。有些经营农业保险的公司，如 ADM Crop Risk Services，其母公司 ADM 本身由于从事大规模的农产品贸易，因而在农产品期货和期权市场中进行了大量的对冲交易。但总体而言，由于农业保险大多依靠政府补贴维持运营，进入期货市场进行风险管理的实践较少。

3. 农业保险公司与期货交易所合作推动产品创新

"新常态"下的经济发展需要打破禁锢，推动不同市场间的合作创新。农业保险公司与期货交易所联合创新的空间很大，如保险期货、保险期权、保险互换、保险债券等将农业保险风险转移至资本市场，有效地满足了农户、农业企业的风险管理需求。如芝加哥交易所于 1992 年推出了自然灾害风险的期货和期权等保险衍生品，这是最早在资本市场对冲保险风险的尝试。加拿大气象指数保险也利用天气指数期货对冲风险，从而实现自身和客户利益的最大化。

二、当前我国期货市场与农业保险合作发展中存在的障碍

从我国实践来看，期货市场与农业保险的合作发展尚存在一些突出问题。

1. 期货市场与农业保险均存在产品单一的问题

目前，我国期货市场上市了 20 个农产品期货品种，占已上市商品期货品种总数的近一半，覆盖粮棉油糖的农产品期货品种体系基本形成，并向鲜活农产品、林产品拓展，农产品期货市场规模居世界第一；农业保险承保农作物品种达 90 多个，水稻、玉米、小麦三大口粮作物的保险覆盖率分别达 64.9%、67.3% 和 61.8%，保险业务规模已跃居世界第二。但是，从期货市场来看，我国农产品期货市场仍以商品期货为主，农产品场外期权

处于试点阶段，农产品期货期权上市虽已提上议事日程，但期权市场的建立与完善仍需时日；从农业保险市场来看，我国农险产品以成本保险为主，受限于产量、价格等基础信息不完善等因素，国际上发展比较成熟的产量保险和收入保险尚未推出，价格保险、天气指数保险、小额信贷保证保险产品也仅处于试点阶段，定价粗放，保障水平较低。

2. 当前农业补贴机制不利于农产品期货与保险的发展

自2004年以来，我国实施的最低收购价和临时收储政策对实现粮食增产、农民增收发挥了重要作用，但在实际操作中呈现刚性上浮趋向，使国内价格大幅度高于国际市场，政策的可持续性面临挑战。对于期货市场而言，在价格支持政策的调控下，大宗农产品市场价格波动区间缩小，使得农业主体缺乏期货市场避险动力，影响了期货市场的功能发挥水平。对于农业保险而言，政策性农业保险的支持力度相对不足，中央财政支持比例小，省、县级政府迫于财政紧张的压力，补贴比例难以足额到位。然而，大量的补贴通过最低收购价和临时收储政策分配，不仅扭曲了市场，而且农民并不是最大受益者。

3. 保险、期货等金融工具配合存在制度障碍

已出台的各类政策及实践中，保险、期货、信贷等金融工具协调配合不够，甚至个别政策还限制金融工具发挥作用。以参与期货交易为例，国际上企业参与期货市场套期保值，往往更容易获得信贷支持或信贷成本更低，而在我国不仅没有优惠，部分银行甚至禁止贷款企业参与期货市场交易；商业银行和保险公司在贸易融资、农业保险等业务面临价格波动风险加大的背景下，仅能针对金融期货做卖出套保，尚不能参与商品期货交易。虽然农业主体、保险公司、期货市场等各方合作热情较高，但是推进工作具有一定难度。

三、“十三五”规划建议

针对当前农业保险与期货市场合作发展中存在的问题，特提出如下建议。

1. 加大创新力度，丰富期货与保险市场产品

在尽快推出农产品期货期权的基础上，支持保险公司在开发设计目标价格保险、收入保险、价格指数保险等新型农业保险产品时，将期货市场价格信息作为参考。同时，研究符合我国国情的农业保险与期货市场结合在一起的创新产品，如保险期货、保险期权、保险互换等新型风险管理工具。

2. 探索市场化农业支持政策，大力推进保险与期货市场发展

当前，最低收购价格和临时收储政策面临巨大挑战，棉花和大豆的目标价格补贴试点也面临具体操作成本高，而且受 WTO 规则制约等局面。建议加大对市场化农业支持政策的研究力度，探索利用期货市场完善目标价格补贴政策的同时，与保监会等机构努力推动目标价格保险产品的开发，并争取中央财政的大力支持。这既有利于农业保险的快速发展，也有利于农产品期货市场的功能发挥和机构投资者的引入。此外，借鉴国外经验，加强与相关部委沟通，研究探索利用农产品期货期权开展农业补贴的可行性，帮助农民锁定最低销售收入，丰富市场化农业支持政策工具。

3. 加强保险、期货、信贷等金融工具的协调配合

开展“订单 + 场外期权/保险 + 期货市场 + 信贷”等订单农业模式创新，推动将涉农主体期货套保情况作为发放农业信贷的授信要素之一。同时，加快审批步伐，允许符合条件的保险公司以对冲风险为目的使用期货衍生品工具，清理取消对企业运用风险管理工具的不必要限制，支持农产品期货、期权市场的健康发展。

4. 加强对农业主体的宣传及业务培训

新型农业保险及期货市场的健康发展需要农业主体对风险管理工具的理解和有效使用。建议由政府相关部门牵头实施对农民、合作社、涉农企业等农业主体的风险管理教育培训计划，或者直接资助委托相关市场机构，比如明确各级农广校、农民科技教育培训中心、各级农业技术推广机构等现有农民培训渠道的培训任务，在农业主体中普及市场风险管理知识。

索　引

J

K

L

N

Q

R

S